应用型院校财会类专业核心课程规划教材

"互联网+"融媒体系列教材

会计制度设计

殷丽媛　朱淑梅　主　编
张　越　徐丽宁　副主编

图书在版编目（CIP）数据

会计制度设计 / 殷丽媛，朱淑梅主编. -- 上海：立信会计出版社，2025.1. -- ISBN 978-7-5429-7792-2

Ⅰ.F233

中国国家版本馆CIP数据核字第2024Y0H916号

策划编辑　　郭　光
责任编辑　　张忠秀
美术编辑　　吴博闻

会计制度设计
KUAIJI ZHIDU SHEJI

出版发行	立信会计出版社
地　　址	上海市中山西路2230号　　邮政编码　200235
电　　话	(021)64411389　　传　　真　(021)64411325
网　　址	www.lixinph.com　　电子邮箱　lixinaph2019@126.com
网上书店	http://lixin.jd.com　　http://lxkjcbs.tmall.com
经　　销	各地新华书店
印　　刷	上海万卷印刷股份有限公司
开　　本	787毫米×1092毫米　　1/16
印　　张	15.75
字　　数	345千字
版　　次	2025年1月第1版
印　　次	2025年1月第1次
书　　号	ISBN 978-7-5429-7792-2/F
定　　价	49.00元

如有印订差错，请与本社联系调换

前　言

会计制度是会计工作的规范和准则，设计会计制度是会计管理的一项基础性工作。科学地设计企事业单位会计制度，是加强经济管理的要求，也是会计制度设计人员着力研究的重要问题。"会计制度设计"作为会计学科的分支学科，是对会计学专业基本理论和方法的综合运用和实践。

本书遵循现行的《中华人民共和国会计法》《企业会计准则》和其他有关会计法规的要求，并充分考虑近期我国会计制度改革的最新要求以及结合有关的研究成果编写。全书以"设计"为主线，共设置八章内容，系统地阐述了会计制度设计的基本理论、基本组织、基本方法与操作技能，力求体系完善、结构合理，既突出理论深度，又为实践所需。

本书的主要特点如下。

（1）系统性。本书系统阐述企业会计制度设计的基本理论、基本原则、基本程序和基本方法，详细介绍会计工作组织制度、会计科目、会计核算系统、内部控制制度、成本核算制度、责任会计制度等传统的会计制度设计内容，最后还介绍了会计政策的选择。

（2）丰富性。为明确各章架构、突出重点，每章前设"知识导航""学习目标"和"寓德于教"，将思政教学和理论教学有机结合。为帮助学生更好地掌握各章内容，每章后设有"复习思考题"和"课堂结账测试"。

（3）时代性。本书具有前瞻性，书中内容与会计规范理论的发展和国家相关法规制度的完善保持同步。

（4）适用性。本书紧密联系企业的会计实践，着重阐述企业会计制度的设计原理与方法。书中有大量企业的凭证、账簿和报表的示例和模板，便于学生了解企业实际工作。

本书既可作为会计学、审计学、财务管理学等专业的"会计制度设计"课程教材，也可作为有关部门培训会计师、助理会计师的教材，还可作为会计教师以及财政、税务、银行、审计等专业人员和自学者的参考书。

  本书由殷丽媛、朱淑梅、张越、徐丽宁、王一平、刘燕、李满林编写。在编写过程中，编者参考和借鉴了相关教材等资料，得到了立信会计出版社的大力支持，在此表示诚挚谢意！

  由于编者水平有限，本书难免有疏漏之处，欢迎广大读者批评指正，以便我们进一步修订与完善。

编 者
2025 年 5 月

目 录

第一章　会计制度设计概述 ·· 1
　　第一节　会计制度与会计制度设计 ··· 1
　　第二节　会计制度设计的内容和原则 ··· 8
　　第三节　会计制度设计的程序和方法 ··· 12
　　课堂结账测试 ·· 19

第二章　会计工作组织制度的设计 ·· 21
　　第一节　会计机构的设置 ·· 22
　　第二节　会计人员及岗位责任制的设计 ··· 26
　　第三节　会计档案管理制度和会计工作交接制度的设计 ··············· 34
　　课堂结账测试 ·· 39

第三章　会计科目的设计 ·· 41
　　第一节　会计科目设计的意义和原则 ··· 42
　　第二节　会计科目设计的内容 ·· 45
　　第三节　总分类科目的设计 ·· 53
　　第四节　明细分类科目的设计 ·· 62
　　课堂结账测试 ·· 69

第四章　会计核算系统的设计 ·· 71
　　第一节　会计凭证的设计 ·· 72
　　第二节　会计账簿的设计 ·· 85
　　第三节　财务报告的设计 ·· 96
　　第四节　会计核算组织程序的设计 ·· 113
　　课堂结账测试 ·· 117

第五章　内部控制制度的设计 ·· 119
　　第一节　内部控制制度设计概述 ·· 120
　　第二节　货币资金业务内部控制制度的设计 ································ 135
　　第三节　采购业务内部控制制度的设计 ·· 142
　　第四节　资产盘存业务内部控制制度的设计 ································ 146

第五节　销售业务内部控制制度的设计 ……………………………… 150
　　第六节　对外投资业务内部控制制度的设计 …………………………… 163
　　第七节　筹资业务内部控制制度的设计 ………………………………… 175
　　课堂结账测试 ……………………………………………………………… 183

第六章　成本核算制度的设计 …………………………………………… 185
　　第一节　成本核算制度设计概述 ………………………………………… 186
　　第二节　成本核算基础制度的设计 ……………………………………… 188
　　第三节　成本计算对象的设计 …………………………………………… 192
　　第四节　费用要素与成本项目的设计 …………………………………… 195
　　第五节　费用归集、分配程序和成本计算方法的设计 ………………… 199
　　课堂结账测试 ……………………………………………………………… 209

第七章　责任会计制度的设计 …………………………………………… 211
　　第一节　责任会计制度设计概述 ………………………………………… 212
　　第二节　责任中心的设计 ………………………………………………… 217
　　第三节　责任会计核算系统的设计 ……………………………………… 221
　　第四节　责任会计报告的设计 …………………………………………… 227
　　课堂结账测试 ……………………………………………………………… 231

第八章　会计政策及其选择 ……………………………………………… 233
　　第一节　会计政策概述 …………………………………………………… 234
　　第二节　会计政策的选择 ………………………………………………… 238
　　课堂结账测试 ……………………………………………………………… 245

第一章 会计制度设计概述

知识导航

$$
\text{会计制度设计概述}\begin{cases}\text{会计制度与会计制度设计}\begin{cases}\text{会计制度}\\ \text{会计制度设计}\end{cases}\\ \text{会计制度设计的内容和原则}\begin{cases}\text{会计制度设计的内容}\\ \text{会计制度设计的原则}\end{cases}\\ \text{会计制度设计的程序和方法}\begin{cases}\text{会计制度设计的程序}\\ \text{会计制度设计的方法}\end{cases}\end{cases}
$$

学习目标

1. 了解会计制度和会计制度设计的含义
2. 掌握会计制度设计的内容
3. 熟悉会计制度设计的原则、程序和方法

寓德于教

任何制度的制定都是有章可循、有法可依的。党的二十大报告指出,法治社会是构筑法治国家的基础。弘扬社会主义法治精神,传承中华优秀传统法律文化,引导全体人民做社会主义法治的忠实崇尚者、自觉遵守者、坚定捍卫者。

资料来源:中国政府网,2022-10-25,《党的二十大报告》,https://www.gov.cn/xinwen/2022-10/25/content_5721685.htm。

试回答:我国的会计制度的设计必须遵循的法律法规有哪些?

第一节 会计制度与会计制度设计

一、会计制度

会计制度是指由政府有关部门和企事业单位制定的,用来约束会计具体工作的一种会计规范。它是进行会计核算、监督的工作准绳。作为会计制度体系的组成部分,会计制度

是随着会计的发展不断演变并日趋完善的。

（一）会计制度的演变

会计制度的丰富和完善，是在漫长的历史长河中逐渐形成、演变的结果。会计制度的演变是一个从简单到复杂、从随意到规范、从松散到严密的发展过程。依据会计的发展过程，会计制度的发展可以分为四个阶段，即自发阶段、随意阶段、准则阶段和法制阶段。

1. 自发阶段

在会计产生的初期，会计只是生产职能的一个附带部分，并没有单独从生产中分离出来，通常由生产者或经营者自行进行操作。此时的会计工作规范大多具有相当程度上的自发性，一般称为会计制度的自发阶段。

2. 随意阶段

随着社会生产的不断发展，特别是伴随着工商企业的出现，企业与企业之间出现了竞争。企业的所有者或经营者由于精力有限，将更多的时间用于企业的经营管理，而不是会计工作。此时所有者和经营者为了保障会计工作的进行，开始雇用专门的人员，即账房先生进行该项工作。会计规范由从事会计工作的账房先生来掌握，不同的账房先生的会计工作经验各不相同，因此具有一定的随意性，这一阶段称为会计制度的随意阶段。

3. 准则阶段

随着科技的飞速发展和商品交易的日益发达，特别是到了20世纪初期，股份公司的大量出现，企业所有权与经营权发生了分离，企业债权、债务增多，经济责任关系日益深化，投资者对会计处理的程序和方法以及财务报告的要求有所提高。为了取得投资者和社会的信任，使其提供的财务报告具有一定的可比性，一些经济发达国家制定发布了企业会计准则，用于指导会计工作的实践，这一阶段称为会计制度的准则阶段。

4. 法制阶段

随着工农业生产的发展和市场经济的日益繁荣，为了加强会计管理和维护资产所有者的权益，一些国家制定会计法作为会计制度的制定依据，故这一阶段可称为会计制度的法制阶段。

（二）会计制度的种类

会计制度可以根据不同的分类标准分为不同的类别，主要分类标准包括设计权限、单位性质和规范内容等。

1. 按设计权限分类

会计制度按照设计权限可分为国家统一的会计制度和单位内部会计制度。

国家统一的会计制度是指国家权力机关或其他授权机构制定的，用于指导和约束会计核算实务、规范会计管理行为、做好会计基础工作、约束会计机构和会计人员等规范性文件的总和。国家统一的会计制度适用面广，规范的主要对象是共性的会计业务处理。

单位内部会计制度是指各会计主体根据国家统一的会计制度，结合自身特点自行或委托中介机构设计的会计制度。这类会计制度一般仅适合本单位使用,针对性和适用性较强,但适用面较窄。

2. 按单位性质分类

会计制度按单位性质可分为预算单位会计制度和企业会计制度。

预算单位会计制度是规范各级政府部门、行政单位和各类非营利组织的会计工作的制度,如《财政总预算会计制度》《行政单位会计制度》等。这类会计制度反映预算资金的收支过程,一般不涉及成本核算及盈亏计算方面的规定。

企业会计制度是规范营利性单位会计工作,真实完整地提供会计信息的制度,如《企业会计准则》等。这类制度不仅要反映企业资金运动的循环周转规律,而且要能满足企业核算成本和计算盈亏的需要。

3. 按规范内容分类

会计制度按规范内容可分为综合性会计制度、业务性会计制度、会计人员制度。

综合性会计制度是规范全国会计工作,内容较为广泛和综合的制度,如《中华人民共和国会计法》(以下简称《会计法》)《会计基础工作规范》等。这类会计制度具有高度的概括性和普遍的适用性,各单位必须贯彻执行,如违背将受到一定的处罚,甚至可能受到刑事处罚。

业务性会计制度是规范具体交易或事项的政策程序和处理方法的制度,如《企业会计准则》《会计档案管理办法》等。这类制度规定了业务的具体处理标准和方法,适用面较窄,但具有较强的技术性和可操作性。

会计人员制度是规范会计工作者行为和会计人才选拔、管理方面的制度。这类制度涉及规范会计人员的职责、权限、奖励、选拔办法和管理体制等内容,如《会计人员职责条例》《总会计师条例》《会计人员继续教育暂行规定》等。这类会计制度规范的对象是会计行为主体。

(三)会计制度的特点

会计制度主要有以下几个方面的特点:

(1)目的性。会计制度的这一特点表现在两个方面:一是以规范、指导特定主体的会计工作,从而适应一定的经济管理为目的;二是以向各利益相关者提供会计信息为目的。

(2)合法性。会计制度是根据国家的会计法律和会计行政法规制定的,它符合各种法律法规的要求。

(3)实践性。会计制度是会计实践经验的总结,它源于会计实践并经过提高升华后指导会计实践。

(4)系统性。会计制度是一个由各种具体制度所组成的有机系统,并且是一个既能发挥各种制度个体作用又能确保其整体功能的系统。

(5)强制性。会计制度要求在特定主体范围内执行,且执行者必须承担相应的责任,包括经济责任、行政责任和法律责任。

（四）我国现行的会计制度体系

我国现行的会计制度体系由五个层次构成，如图1-1所示。

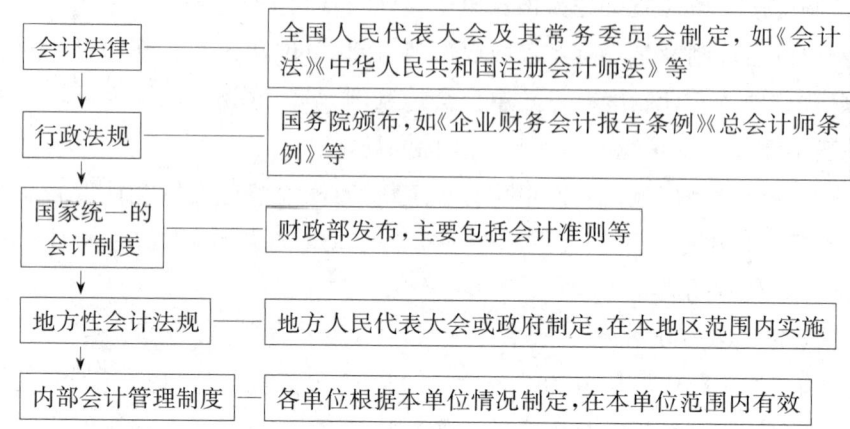

图1-1 我国现行的会计制度体系

1. 会计法律

法律是由国家最高权力机关——全国人民代表大会及其常务委员会制定、修改并颁布，并由国家强制力保证实施的基本法律和普通法律的总称。在会计领域中，属于法律层次的会计制度主要是指《会计法》《中华人民共和国注册会计师法》（以下简称《注册会计师法》）。它是会计制度体系中权威性最高、最具法律效力的规范，是制定其他各层次会计制度的依据，是会计工作的基本大法。

（1）《会计法》。我国的《会计法》经历了多次修订。最早的《会计法》于1985年1月21日经第六届全国人民代表大会常务委员会第九次会议审核通过，并于1985年5月1日实施。1993年12月29日，第八届全国人民代表大会及其常务委员会第五次会议对其进行了第一次修订。1999年10月31日，第九届全国人民代表大会及其常务委员会第十二次会议对其进行了全面修订。2017年11月4日，第十二届全国人民代表大会及其常务委员会第三十次会议通过了对《会计法》的第二次修订。2024年6月28日，第十四届全国人民代表大会及其常务委员会第十次会议通过最新修订的《会计法》，自2024年7月1日起实施。

（2）《注册会计师法》。《注册会计师法》于1986年首次颁布，于1986年10月1日施行。1993年10月31日经第八届全国人民代表大会及其常务委员会第四次会议通过并进行了第一次修订。2014年8月31日，第十二届全国人民代表大会及其常务委员会第十次会议通过了对《注册会计师法》的第二次修订。

2. 行政法规

行政法规是由国家最高行政机关——国务院制定的。会计行政法规是根据会计法律制定的，是对会计法律的具体化或对某个方面的补充，一般被称为条例。

(1)《企业财务会计报告条例》。《企业财务会计报告条例》是国务院于2000年6月21日发布的,自2001年1月1日起实施。2006年12月15日,国务院发布了对《企业财务报告条例》的第一次修订。2010年12月20日,国务院发布了对《企业财务报告条例》的第二次修订。

(2)《总会计师条例》。《总会计师条例》是国务院于1990年12月31日发布的,并自发布之日起施行。2011年1月8日,国务院发布《国务院关于废止和修改部门行政法规的决定》,对《总会计师条例》进行了修订,但未改变核心内容。

3. 国家统一的会计制度

国家统一的会计制度是指国家主管会计工作的行政部门——财政部以及其他部委制定的关于会计核算、会计监督、会计机构和会计人员以及会计工作管理的制度。它包括会计规章和规范性文件。

(1)会计核算制度。国家统一的会计核算制度,即会计准则。会计准则一般按会计对象要素、经济业务的特点或会计报表的种类分别制定,主要规范会计要素的确认、计量与报告,一般不涉及会计科目和会计分录列示。会计准则作为会计制度的一种形式,关键在于确认、计量、报告的标准、方式和内容是否适应本国的社会和经济环境、是否趋同国际惯例以及是否便于国际交流。

会计准则是对会计实践活动的规律性总结,是进行会计工作的标准和指导思想,是一个包括普遍性指导意义和具体指导会计业务处理意义在内的具有一定层次结构的会计规范。会计准则包括企业会计准则和非企业会计准则两个方面。

企业会计准则是规范企业会计确认、计量、报告的会计准则,如《企业会计准则》《小企业会计准则》。非企业会计准则是企业之外的其他单位适用的会计准则,如《事业单位会计准则》《政府会计准则》。

(2)会计监督制度。作为会计两大基本职能之一的会计监督在我国会计规范体系中占有重要的地位。作为会计制度体系第一层次的《会计法》中,专门有一章来规定"会计监督"。在这一章中,第25条明确规定:各单位应当建立、健全本单位内部会计监督制度,并将其纳入本单位内部控制制度。其他各条分别就会计监督的基本要求、内容、方式、责任等作了规定。

财政部根据《会计法》的规定,制定了《会计基础工作规范》。在规范中,要求各单位的会计机构、会计人员对本单位的经济活动进行会计监督。

(3)会计机构和会计人员管理制度。现行的国家统一的会计机构和会计人员管理制度除《会计法》中的有关规定外,还有专门规范会计人员的制度,如《会计从业资格管理办法》和《会计人员继续教育规定》等。

(4)会计工作管理制度。现行的国家统一的会计工作管理制度主要包括《会计档案管理办法》和《会计电算化管理办法》等。

4. 地方性会计法规

地方性会计法规是指省、自治区、直辖市的人民代表大会及其常务委员会在与宪法、法律和行政法规不相抵触的前提下，根据本地区情况制定、发布的会计规范性文件，如《广东省会计从业资格管理实施办法》。

5. 内部会计管理制度

内部会计管理制度是指各单位根据国家会计法律、法规、规章和制度的规定，结合本单位经营管理和业务管理的特点及要求而制定的旨在规范单位内部会计管理活动的制度、措施和办法。

二、会计制度设计

会计制度设计是指根据国家有关会计法律法规，并结合会计工作实际，运用文字、图表等形式对会计工作应遵循的原则、应采用的程序和方法、应达到的要求等作出明确的规定，并作为会计工作的指导规范。

（一）会计制度设计的意义

会计制度设计作为会计管理的重要组成部分，具有重要的意义，主要表现在以下几个方面。

1. 有利于贯彻国家的财经政策和法规制度

认真设计会计制度必须以国家的财经政策和法规制度为依据，不能与之相背离。进行会计制度设计，在一定程度上有助于推进财经政策和法规制度的贯彻落实。

国家统一制定的法律和会计制度着重解决企业会计工作中带有普遍性的问题。各单位是国民经济的细胞，每一个单位在经营内容、经营规模、人员构成、文化等方面的具体情况千差万别。为了保证《会计法》和国家统一会计制度真正在每一个单位中得到贯彻落实，各单位必须针对自身的具体情况，根据有关国家法律、法规制定企业会计制度。

2. 有利于维护社会主义市场经济秩序和社会安定团结

从社会生活看，在市场经济条件下，会计信息已成为一种重要的社会资源，为社会公众所关注。例如，随着证券市场的建立和发展，证券投资者不断增多，企业的股东和投资者都迫切需要了解上市公司财务会计方面的真实信息，以进行风险判断，作出投资决策。上市公司制定合理、合法、科学的企业会计制度，直接关系到上市公司能否提供真实、可靠、完整的会计信息，从而直接关系到广大股民的利益，关系到社会的稳定。

3. 有利于真实、可靠、完整地进行会计核算和客观提供会计信息

会计制度是各单位准确计量资产、负债和所有者权益，客观反映财务状况的基础；也是准确计量收入、成本费用和利润，分析盈亏原因，加强经济管理，提高经济效益的基础。只有设计科学、合法、合理的会计制度，才能依法保证会计资料的真实、可靠、完整；也只有在科学、合法、合理的会计制度基础之上，才能使微观财务会计信息，在经过逐级统计、

汇总、分类、整理后，成为宏观国民经济决策的可靠依据，提高宏观经济决策的准确性和有效性。

4. 有利于加强单位内部管理和抑制会计工作混乱的局面

从单位管理的角度看，要把依法做好会计工作放到经济和单位管理工作的重要位置。事实证明，单位会计工作的混乱，必然会导致经济管理的混乱，造成经济效益低下，以致出现经济犯罪行为。各行各业、各单位都必须严格依照《会计法》的规定和国家统一的会计制度进行会计核算，实施会计监督，整顿会计工作秩序。会计制度的设计与制定是进行会计核算、实施会计监督、整顿会计工作秩序的一项制度保证。通过会计制度的约束，可以纠正一些单位会计工作混乱、管理松懈的现象，杜绝不设账、造假账等违法行为。

(二) 会计制度设计的任务

会计制度设计的任务是对会计工作进行规范，使会计信息能够完整、及时、真实、经济地反映企业的经营情况，并且为信息使用者提供一个全面的制度系统。会计制度设计主要有以下几个方面的具体任务。

1. 明确会计机构的设置和会计人员的职责

会计的主要职能是对经济活动进行核算与监督，为了完成这些职能，要明确会计机构的设置和会计人员的职责。会计机构的设置和会计人员的安排要充分考虑单位的规模、业务量的大小。《会计法》第34条规定，各单位应当根据会计业务的需要，设置会计机构，或者在有关机构中设置会计岗位并指定会计主管人员；不具备设置条件的，应当委托经批准设立从事会计代理记账业务的中介机构代理记账。由此可以看出，企业的会计机构设置和会计人员的安排有三种形式，即：独立的机构，独立的人员；没有独立的机构，但有独立的人员；既无独立的机构，又无独立的人员，委托有关中介机构代理记账。到底采取何种形式，有关人员在其中应当承担何种责任，单位应当在会计制度中进行明确。只有这样，才能够有组织、有领导地进行会计工作，建立起会计工作的正常秩序，充分发挥大部分人员的积极性，提高会计工作的效率。

2. 设计科学的会计核算制度

会计核算制度主要包括会计科目的设置、会计凭证和会计账簿的设计、会计报表的设计以及会计核算形式的设计等，对日常业务进行确认与计量，并最终生成报表。任何单位的会计业务都是频繁连续发生的，因此运用科学的方法和程序对各项经济业务进行整理、分类、登记、分配、计算和汇总至关重要。设计出一套科学的会计核算制度，为进行日常会计核算工作提供依据即成为会计制度设计的任务之一。

3. 建立合理的会计指标体系

会计指标体系是确定会计报告的种类和项目、设置会计科目、设置账户、进行会计分析的依据。会计指标体系应包括：为国家宏观调控提供服务的综合性指标、对企业外部利益相关者提供相关信息的指标、为企业管理当局决策服务的指标，各指标之间要相互联系、相互补充,从而形成一套完整的指标体系。

4. 制定完整的会计业务流程制度

为了确保各项经济活动不违反国家有关法令、政策和各项财经制度,完成各项计划或预测,保护各项资产物资的安全和完整,就需要对各会计业务流程进行规范和管理,如货币资金业务流程、采购与付款业务流程、销售与收款业务流程等,设计出一套完整、合理、科学的会计业务流程制度。

第二节 会计制度设计的内容和原则

一、会计制度设计的内容

设计会计制度,要求根据会计工作的程序,用系统的理论和方法将会计科目、会计凭证、会计账簿、会计报表的种类和格式以及内部控制制度、成本核算制度、会计核算形式等加以规范化,形成一套可以实施的会计程序和方法。为此,组织和从事会计工作所需要的一切规定、标准和要求,都属于会计制度设计的内容。

会计制度设计的内容可以概括为以下几个方面。

(一) 会计工作组织的设计

会计工作是由会计机构与会计人员来完成的,它们构成一个会计工作组织系统。会计组织系统设计主要包括会计机构的设置和会计人员的配备以及两者的协调关系。在设置会计机构时,要明确其职责范围以及具体承担的工作任务。配备会计人员,要确定好会计人员的分工,规定会计人员的岗位责任制和会计人员的工作轮换制度等。另外,会计工作组织系统还包括会计档案管理和会计工作交接的规定,要求对会计档案的保管、调阅和销毁以及会计工作的交接作出明确规定,保证会计档案的完整性、安全性,会计交接的有序性、责任感。

(二) 会计信息系统的设计

会计是一个以提供会计信息为主的信息系统。会计信息系统的设计涉及会计信息的诸多方面:一是设计科学的会计指标体系,主要是设计科学合理的会计科目,设置会计科目是会计制度设计的重要内容,每一个会计科目具有特定的内容,能够提供一项会计指标,从而会计科目体系就形成一个完整的会计指标体系;二是会计信息载体的设计,主要是确定原始凭证、记账凭证、会计账簿、会计报表的种类与格式以及它们之间的有机结合模式;三是会计信息处理程序的设计,主要是设计会计信息收集、整理、加工、处理和输出的程序,也就是会计核算组织程序,从原始凭证到记账凭证,再到会计账簿,最后到会计报表,需要经过一系列的处理程序,不同的处理程序效率与效果不同,需要根据企业的实际情况选择合适的账务处理程序。

(三) 会计管理制度的设计

会计管理制度主要是针对企业的会计决策、会计控制、会计分析、会计检查等内容作出的规定。设计这方面的会计制度,目的在于强化会计的管理功能,提高会计管理水平,并保证会计核算工作的质量。这需要设计的会计制度内容比较广泛,且层次较高,企业之间的差别较大。一般地讲,会计管理制度的设计应当考虑以下几方面的内容:

(1) 成本核算和成本管理制度。它要求企业根据具体情况,确定成本计算对象、成本计算期、成本项目、费用的归集和分配程序、成本计算方法以及成本管理方面的规章制度,保证成本核算的准确性和客观性,促进成本管理工作。

(2) 内部控制制度。它要求对经济活动实施会计控制的目的、方法、程序、手续等作出严密的规定,确保各种经济活动的有序运行,从制度上避免业务处理过程中可能出现的各种漏洞,杜绝营私舞弊行为的发生。

(3) 责任会计制度,或称内部结算制度,是指为了加强企业内部经济核算,完善岗位责任制,调动各部门、各车间的工作积极性并考核其工作业绩而设计的会计制度。

(4) 其他有关制度。如会计预测、会计决策、会计分析、会计考核、会计检查等方面的制度,这是企业会计制度中层次较高的内容,各企业可根据自身的管理要求和会计工作现状确定是否设计,在小型企业里可不予考虑。

除了上述四个方面,进行财产清查、实行会计电算化以及企业破产清算等,都需要设计相应的会计制度。需要指出,由于各单位的情况不同,会计制度设计的内容也不完全相同。各企事业单位只有针对自身情况,实事求是,并注意借鉴成功的经验,才能设计出科学、合理的会计制度。

二、会计制度设计的原则

进行会计制度设计时,应遵循一定的设计原则,主要内容如下。

(一) 合规性原则

1. 符合《会计法》的法律规定

进行会计制度设计时,要符合《会计法》的法律规定和国家统一的会计制度的规定。

我国实行的经济体制是以公有制为基础的社会主义市场经济。企业单位是组成社会主义市场经济的基本细胞,在社会主义市场经济中,企业的组织形式多样化,具体包括:既有国有独资企业,又有国有资产占控股或主导地位的企业;既有股份有限公司,又有有限责任公司;既有外商投资企业,又有私有的民营企业。不管是什么类型的企业,在社会主义市场经济中,它们都是独立自主、自负盈亏、自我经营的独立组织,在市场经济的竞争中取得自我发展。为了维护社会主义市场经济秩序,营造一个公正、公平的竞争环境,国家需要从宏观上颁布一系列法律,对企业的经济行为进行制约。《会计法》就是其中之一。

随着依法治国方略的实施和法制化进程的加快,依法行政、依法管理经济活动已成为必然趋势,以往在会计管理工作中普遍运用的行政手段、经济手段也必须纳入法制化的轨道,以法律形式肯定会计工作的地位、作用,规定会计工作的原则和程序,规定违法会计行为应当承担的法律责任。尤其在社会主义市场经济条件下,会计工作作为维护市场经济正常运转的重要手段,更应该加强会计立法。这样,才能保证会计工作在处理各种复杂的社会主义市场经济关系中发挥应有的作用。

因此,企业制定的会计制度必须与国家颁布的《会计法》的要求相一致。

2. 符合国家统一的会计制度的规定

国家在进行国民经济的宏观调控中,不仅需要各基层单位提供真实、完整的会计资料,还需要各单位的会计工作在处理各种利益关系中符合国家的方针、政策和法律、法规。会计制度既是各单位组织会计管理工作和产生相互可比、口径一致的会计资料的依据,也是国家财政经济政策在会计工作中的具体体现。

会计制度作为法制化经济管理手段的重要组成部分,必须纳入政府部门的管理范围。所以,《会计法》第8条规定,国家实行统一的会计制度。国家统一的会计制度由国务院财政部门根据《会计法》制定并公布。《会计法》在第48条中具体解释了国家统一的会计制度的含义,国家统一的会计制度,是指国务院财政部门根据《会计法》制定的关于会计核算、会计监督、会计机构和会计人员以及会计工作管理的制度。这里的"制度"与"规章"同义,包括制度、准则、办法等。国家实行统一的会计制度,是规范会计行为的重要保证。

统一会计制度既是规范各单位会计行为的标准,是各单位组织会计管理工作和产生相互可比、口径一致的会计信息的依据,也是国家财政经济政策在会计工作中的具体体现,更是维护社会经济秩序的重要保证。国家实行统一的会计制度的规定,突出了国家统一的会计制度的法律地位,有利于强化会计制度的统一性和权威性,有利于保障国家统一的会计制度的贯彻实施。因此,一切基层单位在本单位会计制度的设计中,必须执行国家颁发的统一会计制度,严格遵守财政部统一制定的各项准则、制度等规定与要求。

(二) 真实性原则

会计资料是管理者、投资者、债权人以及政府部门改善经营管理、评价财务状况、作出投资决策的重要依据,企业的会计行为是否规范直接影响会计资料的质量。随着我国经济和资金市场的不断发展,会计行为和会计资料的质量受到广泛关注。

会计是一项理财工作,也是一项管理活动。一般而言,每个独立核算单位都设有会计,进行会计核算。进行会计核算的主要目的是对企业的整个再生产过程,包括投入的资金、消耗的物化劳动(财产物资的消耗)和活劳动(发生的人工费用)、劳动成果的产出、实现的销售、赚取的利润或产生的亏损等,进行连续、系统、全面的记录、计算和分析。这些记录、计算和分析用会计语言表达出来,就是会计信息(也称会计资料)。

会计信息的作用至少表现在以下两个方面:

一方面，就一个单位而言，会计信息是改善内部经营管理的重要依据。会计信息是记录本单位经济活动发生情况和结果的数据资料，能够准确、全面地反映本单位生产经营过程中存在的薄弱环节、存在的问题和发展变化趋势。会计人员据此提出改进建议，管理者据此作出改善管理、提高效益的决策。

另一方面，就整个社会而言，会计信息是引导社会资源优化配置和维护社会经济秩序的重要依据。企业财务会计报告提供的会计信息反映了一个单位财务状况和经营成果。一个理性的投资者，往往是在充分了解被投资单位财务状况和经营成果的基础上才作出投资决策的。如果投资者通过对企业财务会计报告信息的分析，认为该企业值得投资，投资者就会增加投资力度，向企业注入资金。反之，投资者则改变投资方向，从企业撤出资金。因此，会计信息对社会资源的流动起导向作用。不仅如此，会计信息还是国家财政、税收和宏观经济调控的重要依据。

由于一个单位的会计核算以及通过会计核算所提供的会计信息不仅仅是单位内部事务，它关系到投资者、债权人、国家、社会公众等方面的利益。法律上对会计核算，尤其是对会计信息的生成和披露问题作出了规定，以规范会计核算秩序，保证会计信息真实和完整。因此，企业在进行会计制度的设计时，对会计核算的依据、会计核算的内容和基本程序的设计等必须符合法律制度有关信息生成和披露的规定，以规范会计核算秩序，保证会计信息真实、完整。

(三) 科学性原则

科学性原则包括两方面的含义：一是系统性，二是适用性。

系统性是指设计会计制度要从整体上考虑，设计出的会计制度不能与其他制度相矛盾，必须口径一致、相互协调、互为补充，并与之构成一个有机的制度体系。为此，应当按照系统理论科学组织、统筹规划、规范设计，确保所设计的会计制度从内容到体例结构上都能形成一个完整的体系。

适用性是指设计出的会计制度既要有利于提高会计工作质量，又要简便易行；既要符合会计理论，又要有利于会计实践；既要适应于手工操作，又要能适应会计信息化要求。

(四) 针对性原则

会计制度是对各单位生产经营活动进行会计管理的章程，这就决定了会计制度设计一定要从实际出发，针对单位的具体实际来进行设计。企业作为国民经济的组成细胞，其设立形式、组织机构、规模大小、经营范围和经营方式等千差万别，即使同一部门的不同行业、同一行业的不同企业之间，也各有其具体特点。例如，企业的规模、生产经营业务的性质和范围、产品的种类和工艺技术过程、组织机构的设置、人员的配备以及专业人员的业务水平等千差万别，互不一致。因此，设计会计制度切忌生搬硬套，必须符合客观实际，才能行之有效。

（五）效益性原则

对任何一个方案或项目均应比较其成本和收益，从中选择效益最好的方案。对会计制度设计来说，就是在目前的经济发展水平和经济政策下，在进行制度设计时，通过制度收益和制度成本的比较来选择制度效益最大的设计方案。一是要尽量节约设计费用，如能自行设计的，尽量避免聘请注册会计师或咨询顾问，能小范围修订的，就不要全面修改；二是要充分考虑会计制度运行的经济性，如一项会计信息能用一个指标反映出来，就不要设计两个指标。因此，在进行会计制度设计时，要尽量以最少的花费取得最佳的监督、核算效果。

（六）稳定性原则

会计制度不是一成不变的，应随着客观形势的发展变化不断改进，因而会计制度设计也不是一劳永逸的。但是，如果变更过于频繁，将违反会计核算的一贯性原则，会给会计工作带来不利，造成核算的混乱和会计信息的失真。《会计法》第 18 条规定，各单位采用的会计处理方法，前后各期应当一致，不得随意变更；确有必要变更的，应当按照国家统一的会计制度的规定变更，并将变更的原因、情况及影响在财务会计报告中说明。在一定时期内，各单位设计的会计制度应保持其相对稳定性，不要频繁地变动，一般在一个会计年度内不宜作较大的变动。

（七）简便易行原则

只有简便易行的会计制度，才能发挥会计制度应起的作用。健全的会计制度，要求核算细致精确，但是过于追求精确会消耗较多的人力、物力和财力，往往造成经济上的不合算，得不偿失。健全的会计制度要求手续严密，否则，容易出现漏洞，造成不可估量的损失，而手续过于严密，流于繁琐，往往会影响工作效率，不易为各部门（包括会计部门）人员所接受。因此，会计制度设计必须妥善而又谨慎地处理精确与所费、严密与繁琐、详尽与简明的辨证关系，做到既符合会计工作的规律和要求，又简便易行。

第三节　会计制度设计的程序和方法

一、会计制度设计的程序

会计制度设计的程序，是指设计各项会计制度时应分为几个阶段，按什么步骤进行，它是从确定设计项目到具体进行设计，然后付诸实践的全过程。会计制度设计的程序主要包括三个阶段，分别是准备阶段、设计阶段、试行和修订阶段。

（一）准备阶段

设计工作的准备阶段是基本程序的第一个环节。能否达到预期的目的，在很大程度上取决于会计制度设计的准备工作做得是否充分、细致、周全。这一阶段应做好以下几个方面的具体工作。

1. 确定设计的内容和目的

会计制度的设计工作,从设计工作所涉及的范围可以分为全面设计和局部设计两种类型。全面设计是指设计整套的会计制度,包括会计机构的设置,会计人员的配备,会计科目的设置及使用说明,会计凭证、账簿、报表的设计,会计核算组织程序的设计,内部控制制度的设计以及主要业务的会计处理程序。局部设计是指对部分经济业务的设计,包括修订性设计和补充性设计两种。

会计制度设计从设计内容方面可分为会计组织、会计核算、会计业务流程三方面。不同类型、不同内容的会计制度在设计上有不同的要求。因此,在设计之前,要明确设计的内容和设计的目的,以便更合理地安排设计工作、提高工作效率。

2. 制订设计方案

制订设计方案,其内容一般包括如下几个方面。

1) 确定设计的时间安排

时间安排要根据设计类型来确定,如全面设计时间要长一些,否则可短一些,即要有一个进度表。

2) 明确设计的内容

设计的内容,是指设计什么项目。例如,全面设计,要求列出一个设计清单、列明所要设计的项目;局部设计则应列出设计所涉及的具体部分及这些部分所涉及的具体项目,局部设计中的修订性设计还要列清修改的项目和修改的内容。

3) 配备一定的设计人员

根据设计的内容和工作量,要配备一定数量的设计人员。选派设计会计制度的工作人员时,要配备各方面的人员,包括:具有丰富实践经验、对本单位情况了如指掌的高级会计师、会计师;来自会计教学和会计研究战线、具有深厚理论功底的会计专家;见多识广、对不同行业和不同企业会计工作现状有充分了解的注册会计师等。参加设计的人员数量要根据设计内容来确定。

3. 调查研究

调查研究是设计会计制度的基础,只有在充分调查研究的基础上,才能设计出高质量的会计制度。调查研究的内容一般包括以下几方面。

1) 了解企业生产经营的实际情况

工作人员主要调查企业的性质与规模、产品的特点、生产工艺过程与特点、原材料供应情况、市场情况与产品销售情况、生产设备情况、职工人数、筹资方式与资本构成情况、盈利和利润分配情况、机构设置与人员配备情况、定额管理情况、历年的生产经营情况和经济效益等。凡与会计制度设计有关的所有生产经营情况,均须详细调查,作为会计制度设计的参考。

2) 了解企业现行会计制度的执行情况

工作人员可以选择几个主要问题进行调查，如：材料采购、验收、货款结算的情况；存货的收、发、结存、清查盘存情况；销售的开票、发货、运输与结算情况；生产费用核算与成本计算方法；内部核算情况以及固定资产、职工薪酬、货币资金、往来款项的核算情况等。要了解现行会计制度基本内容、特点、存在的问题和缺陷；科目、报表（包括内部报表）、凭证、账簿的设置及其格式；原始记录的设置及实施情况；主要产品的成本核算方法；成本核算组织体系及其有关凭证表单格式等。

3) 征询意见

征询企业领导、各职能部门特别是会计部门以及主要会计人员对新设计的会计制度的要求和意见。例如，材料按什么成本价格进行日常核算，采用什么产品成本核算方法、是否实行定额成本法，实行定额成本法是否具备条件等。

4) 调查其他相关情况

其他相关情况主要有以下内容：

(1) 了解目前统计核算、业务核算的实施情况，存在的主要问题，所用凭证、表单、原始记录的种类及格式等。

(2) 了解组织机构与人员情况，主要了解企业各职能部门与财会部门的机构与人员情况和分工情况、岗位责任情况等。

(3) 搜集本企业的有关规章制度，如厂规、技术操作规程等。分析其与企业会计制度设计的关系，了解财务、统计、业务核算的实施情况和存在的问题，作为设计会计制度的参考。

(4) 熟悉企业会计准则、具体会计准则、企业会计制度等国家颁发的有关统一会计制度和财经法规等的内容，特别要了解和掌握国家最近颁布的有关法律、法规、制度和准则，将其作为设计会计制度的依据。

(5) 搜集同行业先进企业的会计制度。设计会计制度时，要注意搜集同行业先进企业的各种会计制度，作为设计本企业会计制度的参考。

(二) 设计阶段

1. 拟定设计大纲

设计大纲是企业会计制度设计的纲领性文件。一个科学的会计制度设计大纲可以引导企业以最快的速度、最高的质量、最少的投入完成企业的会计制度设计工作。一般来说，会计制度的设计大纲应当包括以下内容：

(1) 根据国家统一会计制度的要求初步拟定的本企业会计科目。

(2) 初步拟定的账簿组织系统图。

(3) 主要产品成本流程图。

(4) 主要业务工作流程图。

(5) 原始记录流程图。

(6) 关于采购、销售、筹资、投资、成本和利润等的核算方法与要求。

(7) 会计管理工作的总体思路。

(8) 会计制度设计的进度计划。

2. 实施设计

1) 设计程序

以最合理的程序设计企业会计制度可以少走弯路,提高企业会计制度设计的效率。企业可以按下列先后顺序具体实施会计制度的设计工作:

(1) 设计企业的会计机构和人员配备以及机构人员之间的控制与相互制约制度。

(2) 设计企业所采用的会计核算程序。

(3) 设计收入、成本、费用的核算和业务流程制度。

(4) 设计资金、财产的核算和业务流程制度。

(5) 系统设计确定会计科目、原始记录、会计凭证、会计账簿和会计报表。

(6) 进行全面综合整理,修繁补缺,形成一个完整体系。

(7) 写成正式的书面会计制度草案。

2) 设计会计制度时应注意的问题

(1) 要贯彻国家的方针、政策和法律法规。

(2) 要符合企业会计准则、企业会计制度和其他国家会计制度的规定,不能与之抵触。

(3) 各项会计制度要具体、全面、准确,满足本企业的需要,但不要脱离企业实际,更不能模棱两可。同时,要防止简单化,不能只有原则,没有具体内容。

(4) 要适应企业业务流程的要求。设计会计制度要充分体现出业务流程的要求,以利于控制,提高管理水平。

(5) 正确处理各部门的关系。设计会计制度时,要注意处理好会计部门与其他各有关业务部门的关系,相互配合,相互支持,以便协同推进企业生产经营管理。

(6) 正确处理会计制度与其他制度的关系。设计会计制度时,要注意正确处理会计制度与其他制度的关系,应该从一盘棋出发、相互配合,不能各自为政、相互背离。

(三) 试行和修订阶段

会计制度设计不可能一次就设计得很完善,由于会计制度涉及面广,难免有考虑不周到之处,必须检查验证。

试行阶段中,设计者应深入基层进行现场观察和测定,去发现草案中的缺陷和薄弱环节,并听取群众意见,尤其应特别注意各职能部门和会计人员对制度草案正反两方面的意见。试行中,设计者还可根据反馈,对某些部分另行拟订几种不同方案对比试验,进行优选。

经过试行后,应将试行情况进行小结,对正反两方面意见进行筛选,肯定正确部分,对缺陷部分进行修改补充,最后修正定稿,作为正式会计制度,贯彻实施。

二、会计制度设计的方法

会计制度设计的方法是指对会计制度的内容用一定形式予以反映。这些方法一般包括文字说明法、表格法和流程图法,现分别加以介绍。

(一) 文字说明法

用文字说明会计制度的有关内容,是会计制度设计中使用最多的方法。该方法在使用时可用文字单独说明,如会计制度的总体说明、会计科目及其使用说明、会计业务流程要点等,也可以文字辅以图示说明,如对会计组织结构及岗位职责、凭证、账簿、报表的使用说明,对各类业务会计处理程序的说明等。不论如何应用文字说明法,都要能恰当表达有关内容,行文要规范,定义要严谨,语句要准确,避免无关紧要的修饰,防止过于冗长,避免使用易于误解的语句。以文字说明法表示的会计制度的内容要注意排列得体,同一层次的语句段落要采用相同的字号排列,不同层次的要采用合适的语句段落编号形式,如一、(二)、1、(1)等。

(二) 表格法

表格法是指用表格形式反映会计制度中使用的凭证、账页和报表格式的方法。应用表格法时应主要掌握以下三方面要求。

1. 表格尺寸统一

表格尺寸统一要求会计凭证、账页和报表用纸格式统一。统一会计凭证用纸大小,有利于会计凭证的编制及装订和保管;统一账页用纸大小,便于账页的登记和装订保管;统一报表用纸大小,则既便于编制、装订、保管又便于阅读。总之,便于装订、保管是统一会计凭证、账页和报表用纸的共同目的;便于会计凭证、账号的编制和登记,是会计人员自身工作的要求;便于会计报表的阅读,则是从使用人的角度来考虑的。

为了保证表格用纸规格统一、节约而有效,有关主管部门应规范用纸规格,以便设计人员能在相对集中的用纸规格中选择适合的纸张尺寸。

2. 表格画线标准

在会计工作中所使用的表格,其画线方法通常有以下要求:

(1) 表格空边的画线。表格一般由表首、表体和表尾组成。表首反映表的名称、日期等内容;表体以线条划分项目、金额等内容;表尾说明表格经办人员等情况。表格空边则是表体与纸张边缘的空间,设计时,要对表格空边作出统一规定,表格装订部分空边和表格表首部分空边通常要留宽些。另外,表体部分的画线也有统一规定。例如,表体外围用粗线,表体内部标题线用次级粗线,表体内部空格线用细线。有条件的,亦可对表格画线的颜色作出规定,以规范醒目。

(2) 表格栏次的画线。将表格分为几个大部分的垂直线即为表格栏次的线。例如,用垂直线将账页的金额栏划分为借方、贷方及余额栏。在金额栏中不同货币单位的线也应有所区别。例如,元与角之间、百元与千元之间、十万元与百万元之间等可用粗线,其他可用细线,以便记账人员定位。在表格中的横线较多、较密的情况下,可每隔五条线采用一条较粗的线,这样既可以防止记录串行,又便于统计记录的笔数。

3. 表格制作控制

会计业务中的表格数量,在企业所有管理用表格中一般占有较大的比例,为了降低表格制作成本,提高表格使用效率,应对表格制作予以控制。其方法就是实施表格制作、修改及废止的申请审批程序。其具体做法是:凡表格制定、修改和废止,均须填制申请单。随后连同表格样本,送会计主管审核。表格审核要点主要有:表格是否必要,表格内容是否与其他表格有重复或冲突之处;表格制定和修改对有关部门是否有影响;使用是否经济有效;表格联数、尺寸及印数是否经济合算;表格废止理由是否正当,其相关业务是否已不存在或其内容已由其他表格代替或合并等。申请单位经审核批准后,对制定、修改后的表格予以编号,并将其样本及使用说明向有关部门或人员公布,对废止的表格要在限期内及时收回,集中处理,会计主管部门要定期检查表格使用情况,作为表格使用、改进及审查的依据,同时,定期编制表格控制报告。

(三) 流程图法

流程图法是会计制度中用一定的图形反映各项业务的处理程序的方法。该方法反映业务处理程序要比文字说明法更容易为人们所了解和掌握,使用流程图有利于提高工作效率,能为会计电算化创造条件,同时也有助于审计人员进行内部控制测试,从而确定审计重点和需予审查的详细程度。流程图有多种类型,常见的有以下几种。

1. 框图式流程图

框图式流程图是用矩形框图和直线组成的一种流程图,框图内反映所处理的内容,直线反映信息及其载体的传递;框图亦可反映信息及其载体,直线反映处理要求。它常用于简单的业务处理流程,如会计核算形式图、业务处理主要环节图等。

2. 符号式流程图

符号式流程图是用具有一定意义的符号,形象反映业务处理过程的图表。它比框图式流程图更直观全面,不仅能反映业务处理部门、人员的情况,还能反映信息传递、变换的过程和信息载体生成、传递、记录、存档的情况。因此,它被广泛用于业务处理程序设计中。符号式流程图要事先规定符号及其含义,并规定绘制方式,现分别阐述。

(1) 符号及其含义。目前,国际会计界没有专门统一用于流程图的符号,但在一些国家已有专门规定,由国家、行业或协会专门规定流程图符号,如美国、澳大利亚、日本等。我国尚未制定出统一的业务流程图符号。

(2) 绘制方式。业务流程图的绘制方式一般有两种:一种是纵式流程图,另一种是横式流程图。纵式流程图的绘制方法是:将一项业务处理过程按照次序先后,用一条主线垂直串联起来,业务处理过程中发生的单据、凭证以及凭证的分类、记录、归集、汇总等处理步骤,都用具体图示描绘出来。纵式流程图的一个显著特点是对每个处理步骤都有相应的注释,以简明扼要的文字阐明各步骤的工作内容、业务性质和特点。纵式流程图较易为人理解,但难以反映各部门之间的联系。横式流程图的绘制方法则以业务处理过程中各部门的操作和实施范围以及部门之间的联系为基础,横向表示凭证、单据在部门之间和部门内部的传递、分配、记录、归档等步骤。这种方式可系统、完整地反映业务处理过程中各职能部门之间的联系,但不便于对各步骤的活动作出简单的文字叙述,如果业务内容过于复杂,或图形符号过多,就较难明确整个业务流程系统。

复习思考题

1. 什么是会计制度？会计制度可以如何分类？
2. 什么是会计制度设计？为什么要进行会计制度设计？
3. 会计制度设计的基本内容有哪些？
4. 在进行会计制度设计时,需要遵循哪些原则？
5. 会计制度设计有哪些步骤？每一个步骤有哪些具体工作？
6. 设计会计制度时,有哪些方法可供选择？

课堂结账测试

班级_____ 姓名_____ 学号_____ 日期_____ 平时分_____

一、单项选择题（每小题6分，共30分）

1. 根据规定，我国制定企业会计准则和统一会计制度的部门是(　　)。
   A. 全国人民代表大会常务委员会　　B. 国务院
   C. 财政部　　D. 中国会计学会

2. 会计制度设计程序的第一个环节是(　　)。
   A. 调查研究　　B. 设计编写
   C. 试点修改　　D. 组织准备

3. 下列选项中，不属于会计制度设计内容的是(　　)。
   A. 会计工作组织的设计　　B. 会计信息系统的设计
   C. 会计档案管理的设计　　D. 会计管理制度的设计

4. 在我国会计规范体系中，居于最高层次的规范是(　　)。
   A.《会计法》　　B.《企业财务会计报告条例》
   C.《企业会计制度》　　D.《会计基础工作规范》

5. 下列选项中，不属于会计制度设计准备阶段工作的是(　　)。
   A. 明确设计的内容和目的　　B. 制订设计方案和设计规划
   C. 调查研究　　D. 拟订设计大纲

二、多项选择题（每小题6分，共30分）

1. 我国统一的会计制度包括(　　)。
   A. 统一的会计核算制度　　B. 统一的会计监督制度
   C. 统一的会计机构和会计人员制度　　D. 统一的会计工作管理制度

2. 会计信息的载体通常有(　　)。
   A. 原始凭证　　B. 记账凭证　　C. 会计账簿　　D. 会计报表

3. 会计制度设计应遵循的原则有(　　)。
   A. 合规性　　B. 科学性　　C. 针对性　　D. 稳定性

4. 会计制度设计的任务包括( )。
   A. 设置会计机构、配置会计人员
   B. 设计一套科学的会计核算制度
   C. 设计一套科学的会计指标体系
   D. 设计一套科学的会计业务流程制度
5. 会计制度设计的方法主要包括( )。
   A. 文字说明法   B. 表格法
   C. 全面设计法   D. 流程图法

三、判断题(每小题 5 分,共 40 分)

1. 我国的《企业会计准则》包括基本准则和具体准则两个层次。   (   )
2. 会计制度作为指导会计工作的规范性文件,一经建立,不允许修改。   (   )
3. 会计制度设计的基本内容主要有三个方面：会计工作组织的设计、会计信息系统的设计和会计管理制度的设计。   (   )
4. 会计工作是会计人员的职责,也是一份具有很强专业性的工作,因此,会计工作任务应当全部由会计人员承担。   (   )
5. 会计制度设计的准备阶段要求先制订出设计方案和设计规划。   (   )
6. 企业会计工作中,应该将能应用到的表格、凭证、账簿和报表进行统一。   (   )
7. 在设计会计制度时,必须遵循效益性原则。   (   )
8. 会计制度设计方法包括文字说明法、表格法和流程图法。   (   )

第二章　会计工作组织制度的设计

> **知识导航**
>
> 会计工作组织制度的设计
> ├── 会计机构的设置
> │   ├── 会计机构设置的原则和意义
> │   ├── 会计机构与财务机构的分设与合设
> │   └── 会计机构设置的方式与内容
> ├── 会计人员及岗位责任制的设计
> │   ├── 会计人员从业资格基本要求
> │   ├── 会计专业职务与会计专业技术资格
> │   ├── 会计岗位责任制具体设计
> │   └── 会计人员职业道德和继续教育
> └── 会计档案管理制度和会计工作交接制度的设计
> 　　├── 会计档案管理制度的设计
> 　　└── 会计工作交接制度的设计

学习目标

1. 了解会计机构和会计档案管理制度的含义
2. 掌握会计档案管理制度的内容
3. 熟悉会计工作交接的原则、程序和方法

寓德于教

会计工作组织受到各种法规、制度的制约,如《会计法》《总会计师条例》《会计基础工作规范》《会计专业职务试行条例》《会计档案管理办法》《会计电算化管理办法》等;根据各企业生产经营管理特点来组织会计工作;各企业应根据自身的特点,确定本企业的会计制度,对会计机构的设置和会计人员的配备作出切合实际的安排。在保证会计工作质量的前提下,讲求工作效率,节约工作时间和费用。

《会计人员管理办法》中规定了会计人员从事会计工作的要求:①遵守《会计法》和国家统一的会计制度等法律法规;②具备良好的职业道德;③按照国家有关规定参加继续教育;④具备从事会计工作所需要的专业能力;⑤会计人员具有会计类专业知识,基本掌握会计基础知识和业务技能,能够独立处理基本会计业务,表明具备从事会计工作所需要的专业能力。

会计人员理应正确认识会计职业,树立职业荣誉感;热爱会计工作,敬重会计职业;安

心工作,任劳任怨;严肃认真,一丝不苟;忠于职守,尽职尽责。

资料来源:中国政府网,2018-12-06,财政部关于印发《会计人员管理办法》的通知,https://www.gov.cn/gongbao/content/2019/content_5368627.htm。

试回答:会计人员应具备什么样的职业道德?

第一节 会计机构的设置

一、会计机构设置的意义和原则

(一)会计机构设置的意义

会计机构是单位内部组织领导和直接从事会计工作的职能部门,同时也是会计制度的主要执行机构;会计人员是从事财务会计工作的人员,同时又是会计制度的主要执行人员。会计制度的贯彻执行情况如何主要取决于会计机构和会计人员,因此,建立健全会计机构,配备专职的会计人员,并明确规定他们的工作范围和职责,是会计制度设计必须首先解决的问题。

关于会计机构的设置,我国会计工作的根本大法《会计法》第34条作了明确规定,各单位应当根据会计业务的需要,依法设置会计机构;或者在有关机构中设置会计岗位并指定会计主管人员;不具备设置条件的,应当委托经批准设立从事会计代理记账业务的中介机构代理记账。具体地讲,凡实行独立核算的企事业单位都必须单独设置会计机构,配备相应的会计人员;会计业务不多的小型单位经有关部门批准后,虽可以不单独设置会计机构,但必须配备专职的会计人员,或者委托经批准设立从事会计代理记账业务的中介机构代理记账。

(二)会计机构设置的原则

为了科学、合理地组织和开展会计工作,保证本单位会计管理工作的正常进行,各单位原则上应当设置独立的会计机构。由于各个单位的组织机构、管理体制和经营管理情况有所不同,会计机构设置有不同的模式,在设置会计机构时,一般应遵循下列原则。

1. 会计机构设置要与各单位的规模和管理要求相适应

单位的规模和管理要求是设置会计机构的依据,它决定经济业务的内容和数量,也影响组织会计工作的方法和会计机构的内部分工。在实际工作中,如果一个单位的规模较大、业务量较大、管理要求高,在设置会计机构时就要相应地扩大机构设置,细化内部分工;如果规模较小、经营过程比较简单、业务量很小,则机构可以小一些,内部分工则按照基本要求进行即可。

2. 会计机构设置应能提高工作效率

会计机构的设置是为了完成任务,加强会计管理,提高经济效益。因此,会计机构的设置应当贯彻精简、高效、节约的原则,合理设计,防止机构重叠、人浮于事,避免人力及物力的浪费,保证会计人员能够高效率高质量地完成各项会计工作。

3. 会计机构设置应注意内部分工明确具体

每个单位的会计机构内部,对会计人员都应根据会计业务的不同进行明确的分工。这就要求每个部门和工作人员应有明确的职权、责任和具体的工作内容,做到部门之间职责清楚、任务清晰,有利于实行岗位责任制。同时,在内部分工中要贯彻内部控制制度,做到在工作中相互制约、相互监督,防止工作中出现失误和舞弊。

二、会计机构与财务机构的分设与合设

理论上来看,会计与财务是相互独立的,会计与财务的管理内容也有所分别,财务部门的主要职责是组织筹集和供应资金,管理各项财务收支和分配企业的财务成果,监督检查各项财务活动和企业财务计划执行情况,简单的理解就是负责资金的筹集、调拨、使用、分配、保护和归还;会计部门的主要职责是对资金运动的过程及结果进行确认、记录、计算、报告和分析。因此,会计与财务的研究对象、工作内容、工作任务以及工作方法等各有差异,客观上决定了会计机构和财务机构有分别设置的必要;但由于实际工作中会计工作与财务工作往往交叉进行,很难严格区分,会计机构和财务机构又有合并设置的可能。

一般情况下,企业会根据自身经营规模、业务量大小来决定设置会计机构及财务机构。对于中小型企业来说,由于生产经营过程和业务往来关系比较简单、发生的经济业务量相对不多,财会人员配备较少,可以采用合设的办法;而大型企业特别是集团化公司对经营管理的要求高,经济业务复杂,往来关系频繁,为了保证工作的专一性,进而提高工作质量,应当采用分设的办法。

机构的分设与合设,不会影响会计工作与财务工作的性质,但在设计会计制度时必须明确它们的区别与联系,并作为两个不同的职能机构加以考虑,以便使设计出的制度能更好地满足各自的工作需要。对于会计机构和财务机构分设与合设的比较,如表2-1所示。

表2-1　　　　　　　　　　会计机构和财务机构分设与合设比较表

设置办法	分设		合设
机构名称	会计科	财务科	财会科
机构负责人	会计科长	财务科长	财会科长
组成人员	记账员、稽核员、成本核算员、工资核算员、材料核算员、报表编审员等	出纳员、资金管理员、利润管理员等	会计机构和财务机构的全体工作人员
主要工作内容	资金运动过程及结果的确认、记录、计算、报告和分析	资金的筹集、调拨、使用、分配、保护和归还	会计、财务的全部工作

(续表)

设置办法	分设	合设
优点	①分工明确、各司其职、各负其责 ②防止重核算、轻管理的现象 ③便于加强内部控制	①加强财务与会计的联系，便于协调 ②会计记录及时、直接 ③减少信息传递，提高效率
缺点	信息传递慢，工作手续增多，协调相对困难，费用支出高	容易造成职责不清，内部控制减弱，忽视管理
适用范围	大型企业	中小型企业

三、会计机构设置的方式与内容

《会计法》第34条明确规定了会计机构设置的方式。归纳起来，有三种情形：一是设置独立的会计机构和会计人员，一般适用于经济业务和财务收支复杂、经济管理要求高的大中型企业；二是不设置独立的会计机构，如财务收支数额不大、会计业务比较简单的企业、机关、团体、事业单位和个体工商户等，应在有关机构中设置会计岗位并指定会计主管人员；三是不设置会计机构和会计人员，委托中介机构代理记账，此种方式是为了适应不具备设置会计机构、配备会计人员的小型经济组织。下面以单独设置会计机构为例，说明单位会计机构设置的内容。

（一）总会计师的设置

《会计法》第34条规定，国有的和国有资产占控股地位或者主导地位的大、中型企业必须设置总会计师。这条规定要求国有大中型企业必须设置总会计师，并不排除其他单位设置总会计师，其他单位也可以根据需要，自行决定是否设置总会计师。

总会计师一般是在单位负责人直接领导下进行工作的单位领导决策层的成员。总会计师作为单位会计工作的主要负责人，全面负责本单位的财务会计管理和经济核算，参与本单位的重大经营决策活动，是单位负责人的参谋和助手。为了保障总会计师的职权，《总会计师条例》还规定，凡设置总会计师的单位不能再设置与总会计师职责重叠的副职。

1. 总会计师的任职条件

按照《总会计师条例》的规定，担任总会计师，应当具备以下条件：

(1) 坚持社会主义方向，积极为社会主义建设和改革开放服务。

(2) 坚持原则，廉洁奉公。

(3) 取得会计师任职资格后，主管一个单位或者单位内一个重要方面的财务会计工作时间不少于3年。

(4) 有较高的理论政策水平，熟悉国家财经法律、法规、方针、政策和制度，掌握现代化管理的有关知识。

(5) 具备本行业的基本业务知识，熟悉行业情况，有较强的组织领导能力。

(6) 身体健康,能胜任本职工作。

2. 总会计师的职责

1) 由总会计师负责组织的工作

(1) 编制和执行预算、财务收支计划、信贷计划,拟订资金筹措和使用方案,开辟财源,有效地使用资金。

(2) 进行成本费用预测、计划、控制、核算、分析和考核,督促本单位有关部门降低消耗、节约费用、提高经济效益。

(3) 建立健全经济核算制度,利用财务会计资料进行经济活动分析。

(4) 承办单位主要行政领导人交办的其他工作。

(5) 负责对本单位财会机构的设置和会计人员的配备、会计专业职务的设置和聘任提出方案。

(6) 组织会计人员的业务培训和考核。

(7) 支持会计人员依法行使职权。

2) 由总会计师协助、参与的工作

(1) 协助单位负责人对企业的生产经营、行政事业单位的业务发展以及基本建设投资等问题作出决策。

(2) 参与新产品开发、技术改造、科技研究、商品(劳务)价格和工资奖金等方案的制订。

(3) 参与重大经济合同和经济协议的研究、审查。

3. 总会计师的权限

为保证总会计师履行自己的职责,有关法规赋予总会计师以下权限:

(1) 对违反国家财经法律、法规、方针、政策、制度和有可能在经济上造成损失、浪费的行为,有权制止或者纠正。制止或者纠正无效时,提请单位主要行政领导人处理。

(2) 有权组织本单位各职能部门、直属基层组织的经济核算、财务会计和成本管理方面的工作。

(3) 主管审批财务收支工作。除一般的财务收支可以由总会计师授权的财会机构负责人或者其他指定人员审批外,重大的财务收支,须经总会计师审批或者由总会计师报单位主要行政领导人批准。

(4) 预算、财务收支计划、成本和费用计划、信贷计划、财务专题报告、会计决算报表,须经总会计师签署涉及财务收支的重大业务计划、经济合同、经济协议等,在单位内部须经总会计师会签。

(5) 会计人员的任用、晋升、调动、奖惩,应当事先征求总会计师的意见。财会机构负责人或者会计主管人员的人选,应当由总会计师进行业务考核,依照有关规定审批。

(二) 会计机构负责人与会计主管的设置

独立设置会计机构的单位应指定会计机构负责人。没有独立设置会计机构的单位,也需要在会计人员中指定会计主管人员。会计机构负责人和会计主管人员属于单位中层管理人员,具体组织管理本单位的会计工作。

在单位负责人和总会计师的领导下,会计机构负责人负有组织管理本单位所有会计工作的责任,其工作水平的高低、质量的好坏,直接关系到整个单位会计工作的水平和质量。任命会计机构负责人,应该考虑以下几个方面:

第一,政治素质。会计机构负责人应遵纪守法、坚持原则、廉洁奉公,具备良好的职业道德。

第二,专业技术资格条件。担任单位会计机构负责人的,除取得会计从业资格证书外,还应当具备会计师以上专业技术职务资格或者从事会计工作3年以上经历。

第三,政策业务水平。会计机构负责人要熟悉国家财经法律、法规、规章制度,掌握财务会计理论及本行业业务的管理知识。

第四,组织能力。作为会计机构的负责人,不仅需要精通会计专业知识,更重要的是能够领导和组织好本单位的会计工作。因此,会计机构负责人必须具备一定的领导才能和组织能力,包括协调能力、综合分析能力等。

第二节 会计人员及岗位责任制的设计

一、会计人员从业资格基本要求

(一) 会计从业人员的资格

1. 《会计法》对会计从业人员的资格要求

2024年修订后的《会计法》对会计从业人员的资格要求作了比较大的变动,第36条规定,会计人员应当具备从事会计工作所需要的专业能力。这一规定取消了从事会计工作的入门门槛——会计从业资格证书,即只要具备"从事会计工作所需要的专业能力",即使没有取得会计从业资格证书,也可以从事会计工作。但是《会计法》对会计机构负责人、会计主管人员的任职要求比较明确,第36条规定,担任单位会计机构负责人(会计主管人员)的,应当具备会计师以上专业技术职务资格或者从事会计工作3年以上经历。

《会计法》对会计人员从业资格作了禁止性规定,第38条规定,因有提供虚假财务会计报告,做假账,隐匿或者故意销毁会计凭证、会计账簿、财务会计报告,贪污,挪用公款,职务侵占等与会计职务的有关违法行为被依法追究刑事责任的人员,不得再从事会计工作。

2. 《会计人员管理办法》对会计从业人员的具体要求

为明确会计从业人员的资格要求,财政部在2018年12月6日发布了《关于印发〈会计人员管理办法〉的通知》(财会〔2018〕,第33号)。该文第3条规定会计人员从事会计工作,应当符合下列要求：①遵守《会计法》和国家统一的会计制度等法律法规；②具备良好的职业道德；③按照国家有关规定参加继续教育；④具备从事会计工作所需要的专业能力。

该文第 4 条规定，会计人员具有会计类专业知识，基本掌握会计基础知识和业务技能，能够独立处理基本会计业务，表明具备从事会计工作所需要的专业能力。

在取消了"会计从业资格证书"以后，企业应当根据《会计人员管理办法》和其他相关法规性文件的规定，结合本企业实际情况制定企业内部会计人员的录用、岗位聘任、业绩考核等制度，并以此作为会计人员录用、岗位聘任和会计人员是否具备相应专业能力的判断依据。

（二）对会计从业人员的管理

根据《会计人员管理办法》的规定，对会计从业人员的管理包括三方面的含义：用人单位对会计人员的管理、财政部门对会计人员的管理、自律组织对会计人员的管理。

1. 用人单位对会计人员的管理

用人单位对会计人员的管理要注意以下几点：根据业务需要设置会计岗位，明确会计人员职责权限；自主判断会计人员是否具备从事会计工作所需要的专业能力，自主录用、聘任会计人员；聘用的会计机构负责人（会计主管人员）、总会计师，应当符合《会计法》《总会计师条例》等法律、法规的有关规定；对任用、聘用的会计人员及其从业行为加强监督和管理。

2. 财政部门对会计人员的管理

《会计法》第 7 条规定，国务院财政部门主管全国的会计工作。县级以上地方各级人民政府财政部门管理本行政区域内的会计工作。根据《会计法》的规定，《会计人员管理办法》要求各级各类财政部门采用随机抽取检查对象、随机选派执法检查人员的方式，依法对单位任用、聘用会计人员及其从业情况进行管理和监督检查，并将监督检查情况及结果及时向社会公开。

3. 自律组织对会计人员的管理

《会计人员管理办法》第 9 条规定，依法成立的会计人员自律组织，应当依据有关法律法规和其章程规定，指导督促会员依法从事会计工作，对违反有关法律法规、会计职业道德和其章程的会员进行惩戒。

二、会计专业职务与会计专业技术资格

会计工作的专业性要求会计人员必须具备一定的专业知识和专业技能。通过设置会计专业职务、举办会计专业技术资格考试，可以考核和确认会计人员的专业知识和业务技能，能够有效地鼓励会计人员提高职业道德和专业素质。

（一）会计专业职务

会计专业职务分为高级会计师、会计师、助理会计师和会计员。高级会计师为高级职

务,会计师为中级职务,助理会计师和会计员为初级职务。会计专业职务,是各单位按照会计工作的需要,在规定的限额和批准的编制内设置的。

不同级别会计专业职务的任职条件及其基本职责都有所区别,国家也对其作出了明确的规定。会计员的基本职责为负责具体审核和办理财务收支,编制记账凭证,登记会计账簿,编制会计报表和办理其他会计事务。助理会计师的职责为负责草拟一般的财务会计制度、规定、办法,解释、解答财务会计法规、制度中的一般规定,分析检查某一方面或某些项目的财务收支和预算的执行情况。会计师的基本职责是负责草拟比较重要的财务会计制度规定、办法,解释、解答财务会计法规、制度中的重要问题,分析检查财务收支和预算的执行情况,培养初级会计人才。高级会计师的基本职责是负责草拟和解释、解答在一个地区、一个部门、一个系统或在全国施行的财务会计法规、制度、办法,组织和指导一个地区或一个部门、一个系统的经济核算和财务会计工作,培养中级以上会计人才。

高级会计师分为正高级会计师和副高级会计师。通常所说的高级会计师为副高级会计师。正高级会计师是我国会计专业技术职务系列里最高的职称级别,相当于正高级工程师、研究员级高级工程师、教授级高级工程师。

(二) 会计专业技术资格

会计专业技术资格,是指担任会计专业职务的任职资格,是从事会计专业技术工作的必备条件,分为初级、中级和高级三个级别,分别对应助理会计师或会计员、会计师和高级会计师。初级、中级会计资格的取得实行全国统一考试制度;高级会计师资格实行考试与评审相结合制度。

报考初级会计专业技术资格考试的人员必须具备教育部认可的高中以上学历。报考中级会计资格考试的人员除具备上述条件外,还必须符合下列条件之一:取得大专学历的,从事会计工作满5年;取得大学本科学历的,从事会计工作满4年;取得双学士学位或研究班毕业的,从事会计工作满2年;取得硕士学位的,从事会计工作满1年;取得博士学位。其中会计工作年限是指取得相应学历前、从事会计工作时间的总和。

申请参加高级会计师资格考试的人员,须符合下列条件之一:《会计专业职务试行条例》规定的高级会计师专业职务任职资格评审条件,各地具体规定有所不同,需查阅当地的报考条件;经省级人事、财政部门批准的申报高级会计师专业职务任职资格评审的破格条件。

初级会计专业技术资格的考试科目是:初级会计实务和经济法基础。参加初级会计专业技术资格考试的人员必须在一个考试年度内通过全部两个科目的考试,才能取得初级会计专业技术资格。中级会计专业技术资格的考试科目是:中级会计实务、财务管理和经济法,中级会计专业技术资格考试成绩实行单科累计制,单科合格成绩在连续两个考试年度内有效,各科考试成绩合格标准均以考试年度当年标准确定。凡在连续两个考试年度内取得以上三个考试科目合格成绩者,均可取得中级会计专业技术资格。取得初、中级会计专业技术资格表明已具备相应级别会计专业职务的任职资格,可以被单位聘任或任命为会计员、助理会计师、会计师。

凡申请参加高级会计师资格审评的人员,须经过考试合格后方可参加评审。考试科目为:高级会计实务。高级会计师资格考试实行国家统一考试,考试大纲由财政部制定并公布。参加国家统一考试并达到合格标准的人员,由全国会计专业技术资格考试办公室核发高级会计师资格考试成绩合格证,该证书在全国范围内3年有效考试合格并符合规定条件的可在考试合格成绩有效期内,向所在省、自治区、直辖市或中央单位会计专业高级职务评审委员会申请评审,通过后即表示其已具备担任高级会计师的资格,经单位聘任或任命后担任高级会计师。

三、会计岗位责任制具体设计

岗位责任制是企业按照工作岗位建立的责任制度。会计人员岗位责任制应按照"事事有人管、人人有专职、办事有标准、工作有检查"的原则来设计。其设计要求是:设计的责任制要将工作任务和工作方法、职责和权限、专门核算和群众核算有机地结合起来,保证会计任务的完成。岗位责任制应以会计的职能为设计依据。现以制造业企业为例,说明各岗位责任制的设计如下。

(一) 会计部门主管岗位

会计部门主管岗位的主要职责有以下几个方面:

(1) 领导本单位的会计工作。

(2) 组织制定本单位的各项会计制度,并监督贯彻执行。

(3) 参加生产经营管理会议,参与经营决策。

(4) 审查或参与拟订经济合同、协议及其他经济文件。

(5) 负责向本单位领导和职工代表大会报告财务状况和经营成果,审查对外提供的会计资料。

(6) 组织会计人员学习政治理论和业务技术,负责会计人员的考核,参与研究会计人员的聘任和调整工作。

(二) 采购及应付款核算岗位

采购及应付款核算岗位的主要职责有以下几个方面:

(1) 审查汇编材料采购用款计划,控制材料采购成本,分析采购计划的执行情况。

(2) 认真审核各类材料的采购凭证,分别按材料的采购地点、类别、品种、规格、保管地点、供货单位和采购成本等进行登记。对在途材料要督促清理催收。已验收入库尚未付款的材料,月终应估价入账。

(3) 应付账款要登记明细账,经常对账,及时办理结算手续,认真审核有关发票、账单等结算凭证,防止错付、漏付、多付和重付等现象发生。

(三) 销售及应收款核算岗位

销售及应收款核算岗位的主要职责有以下几个方面：

(1) 审查销售业务的有关凭证，严格执行国家的价格政策，认真履行销售合同，分析销售计划的完成情况。

(2) 根据销货发票等凭证，正确计算销售收入、销售成本、费用、税金和销售利润，登记有关明细账。

(3) 对应收账款要及时登记往来明细账，经常对账，催收欠款。

(4) 经常核对产成品、发出商品账户的定额和实际库存，保持账实、账账相符。

(5) 对购销业务以外的各项往来款项，要按照单位和个人分户设置明细账，根据审核后的记账凭证逐笔顺序登记，并经常核对余额。

(四) 工资核算岗位

工资核算岗位的主要职责有以下几个方面：

(1) 监督工资基金的使用。

(2) 审核发放工资和奖金。

(3) 负责工资分配的核算。

(4) 计提职工福利费和拨交工会经费。

(五) 固定资产核算岗位

固定资产核算岗位的主要职责有以下几个方面：

(1) 建立健全固定资产管理办法，编制固定资产目录，负责固定资产的明细核算，定期核对，保持账、卡、物相符，按期编报固定资产增减明细表。

(2) 计提固定资产折旧。

(3) 定期清查盘点固定资产，认真审核并正确处理盘盈、盘亏以及使用不当的设备等，分析固定资产的使用效果，促进提高固定资产的利用率。

(4) 负责核算在建工程及无形资产。

(六) 成本核算岗位

成本核算岗位的主要职责有以下几个方面：

(1) 制定成本核算办法，编制成本、费用计划；健全基础工作，实行责任成本，指标分解、归口分级落实，促进成本计划实现。

(2) 严格按成本制度规定，正确归集和分配生产费用，计算产品实际成本。

(3) 登记成本费用明细账，编制成本、费用报表；进行成本、费用分析和考核，加强成本的日常控制，促进成本降低。

(4) 加强对在产品和自制半成品的管理和核算，建立车间、班组的在产品台账和半成品登记簿，经常盘点，保持账实相符。

(5) 开展部门、车间和班组经济核算。

(七) 总账报表岗位

总账报表岗位的主要职责有以下几个方面：

(1) 编制汇总记账凭证，登记总账。

(2) 编制资产负债表、利润表和现金流量表以及其他明细报表，核对其他报表。

(3) 管理会计凭证、账簿和账表。

(八) 出纳岗位

出纳岗位的主要职责有以下几个方面：

(1) 办理库存现金收付和银行结算业务。

(2) 登记库存现金和银行存款日记账。

(3) 保管库存现金和各种有价证券。

(4) 保管有关印章、空白收据和支票。

(九) 稽核岗位

稽核岗位的主要职责有以下几个方面：

(1) 审查财务成本计划执行情况。

(2) 审查各项财务收支。

(3) 复核会计报表。

(4) 其他稽核事项。

(十) 综合分析岗位

综合分析岗位的主要职责有以下几个方面：

(1) 综合分析财务状况和经营成果。

(2) 编制财务情况说明书和专题分析报告。

(3) 进行财务预测，提供经营决策参考资料。

四、会计人员职业道德和继续教育

会计人员作为特殊的从业人员，既要有良好的业务素质，又要有较强的政治观念和职业道德水平。在我国目前会计学历教育还不十分发达、会计人员业务素质普遍较低、法制观念不强的情况下，应当借助必要的外部力量，促进各地区、各部门、各单位重视和加强会计人员职业道德水平和教育培训，督促会计人员提高政治和业务素质。

(一) 会计人员职业道德

会计职业道德，是指在会计职业活动中应当遵循的、体现会计职业特征、调整会计职业关系的职业行为准则和规范。根据我国会计工作、会计人员的实际情况，结合《公民道德建设实施纲要》和国际上会计职业道德的一般要求，我国的会计职业道德规范主要包括以下内容。

1. 爱岗敬业

爱岗敬业就是要求会计人员热爱本职工作，安心本职岗位，并为做好本职工作锲而不舍、尽职尽责。会计工作可划分为若干具体的岗位,俗话说"三百六十行,行行出状元",只要用恭敬严肃的态度认真对待自己的职业,将身心与职业工作融为一体,干一行爱一行,就是爱岗敬业。爱岗敬业的基本要求包括:热爱会计工作,敬重会计职业,严肃认真,一丝不苟,忠于职守,尽职尽责。

2. 诚实守信

诚实守信是做人的基本准则,也是公民道德规范的主要内容。诚实,是指言行与内心思想保持一致,不弄虚作假、欺上瞒下。守信,就是遵守自己所作出的承诺,讲信用,重信用,信守承诺,保守秘密。在现代市场经济社会,"诚信"尤为重要,信用是维护市场经济步入良性发展轨道的前提和基础,是市场经济赖以生存和发展的基石。诚实守信的基本要求包括:做老实人,说老实话,办老实事,不搞虚假;实事求是,如实反映;保守秘密,不为利益所诱惑;执业谨慎,信誉至上。

3. 廉洁自律

廉洁,是指不收受贿赂、不贪污钱财。自律,是指自我约束、自我控制,自觉地抵制自己的不良欲望。廉洁是自律的基础,自律是廉洁的保证。廉洁自律是会计职业道德的前提,这既是会计职业道德的内在要求,又是会计职业声誉的"试金石"。廉洁自律的基本要求包括:树立正确的人生观和价值观,公私分明,不贪不占。

4. 客观公正

客观是指按事物的本来面目去反映,不掺杂个人的主观意愿,也不为他人意见所左右,既不夸大,又不缩小。公正就是公平正直,没有偏失,但不是中庸。客观公正是会计工作的根本,也是维护国家和社会公众利益、维持经济持续健康发展的需要。客观是公正的基础,公正是客观的反映。客观公正的基本要求包括:依法办事;实事求是,不偏不倚;保持独立性。

5. 坚持准则

坚持准则要求会计人员在处理业务过程中,严格按照会计法律制度办事,不为主管或他人意志左右。这里所说的"准则",不仅指会计准则,还包括会计法律、国家统一的会计制度以及与会计工作相关的法律制度。会计人员在进行核算和监督时,只有坚持准则,才能以准则作为自己的行动指南;在发生道德冲突时,应坚持准则,以维护国家利益、社会公众利益和正常的经济秩序。坚持准则的基本要求包括:熟悉准则、遵循准则、坚持准则。

6. 提高技能

提高技能,是指会计人员通过学习、培训和实践等途径,持续提高会计职业技能,以达到和维持足够的专业胜任能力的活动。会计之道,就是会计的职业技能和技术,没有娴熟的会计之道,会计之德也就失去了依托。因此,遵循会计职业道德客观上需要不断提高会计职业道德。提高技能的基本要求包括:要有不断提高会计专业技能的意识和愿望,要有勤学苦练的精神和科学的学习方法。

7. 参与管理

参与管理，简单地说就是间接参加管理活动，为管理者当参谋，为企业管理活动服务。参与管理就是要求会计人员积极主动地向单位领导反映本单位的财务、经营状况及存在的问题，主动提出合理化建议，积极地参与市场调研和预测，参与决策方案的制订和选择，参与决策的执行、检查和监督，为领导者的经营管理和决策活动，当好助手和参谋。参与管理的基本要求包括：努力钻研业务，熟悉财经法规和相关制度，提高业务技能，为参与管理打下基础；熟悉服务对象的经营活动和业务流程，使参与管理的决策更具针对性和有效性。

8. 强化服务

强化服务是要求会计人员具有文明的服务态度、强烈的服务意识和优良的服务质量。会计工作需要与各方面打交道，会计人员的一言一行、一举一动不仅表现出其道德素质的高低，而且直接反映会计人员的社会形象。强化服务的基本要求包括：强化服务意识、提高服务质量，而强化服务的关键是提高服务质量。

（二）会计人员的继续教育

1. 会计人员继续教育的对象和特点

根据《会计人员继续教育规定》，会计人员继续教育的对象为国家机关、企业、事业单位及社会团体等组织具有会计专业技术资格的人员，或不具有会计专业技术资格但从事会计工作的人员。

会计人员继续教育有三个特点：①针对性，即针对不同对象确定不同的教育内容，采取不同的教育方式，解决实际问题；②适应性，即联系实际工作需要，学以致用；③灵活性，即继续教育在培训内容、方法、形式等方面具有灵活性。

2. 会计人员继续教育的内容

会计人员继续教育的内容主要包括：会计理论、政策法规、业务知识培训和技能训练、职业道德等。

会计理论方面，重点是会计基础理论和应用理论的培训，提高会计人员用理论指导实践的能力；政策法规方面，重点是会计法规制度及其他相关法规制度的培训，提高会计人员依法理财的能力；业务知识培训和技能训练方面，重点是履行岗位职责所必备的专业知识和经营管理、信息化等方面的培训，提高会计人员的实际工作能力和业务技能；职业道德方面，重点是会计职业道德的培训，提高会计人员职业道德水平。

3. 会计人员继续教育的形式和学时要求

会计人员继续教育的形式包括接受培训和自学两种。其中，接受培训主要包括：财政部门会计管理机构组织的培训及批准的培训单位组织的培训、省级以上业务主管举办的业务培训、正在普通院校或成人院校接受国家承认的会计专业学历教育、财政部门会计管理机构认可的其他形式。自学的形式多种多样，不拘一格，如部门或单位自行组织的业务学习、岗位培训,承担课题研究,参加上一级别的会计专业技术资格考试、注册会计师考试等。参加会计人员继续教育的方式也很多,既有面授,也有函授、录像、网络等。会计人员应当接受继续教育,每年接受培训(面授)的时间累计不得少于24小时。

第三节 会计档案管理制度和会计工作交接制度的设计

一、会计档案管理制度的设计

(一) 会计档案的含义

会计档案是指单位在进行会计核算等过程中接收或形成的,记录和反映单位经济业务事项的,具有保存价值的文字、图表等各种形式的会计资料,包括通过计算机等电子设备形成、传输和存储的电子会计档案。

(二) 会计档案的种类

(1) 会计凭证类,包括原始凭证、记账凭证以及其他各种凭证。

(2) 会计账簿类,包括总账、明细账、日记账、固定资产卡片及其他辅助性账簿。

(3) 财务报告类,包括月度、季度、半年度、年度财务会计报告等。

(4) 其他类,包括银行存款余额调节表、银行对账单、纳税申报表、会计档案移交清册、会计档案保管清册、会计档案销毁清册、会计档案鉴定意见书及其他具有保存价值的会计资料。

(三) 会计档案保管制度

按照《会计档案管理办法》的规定,委托中介机构代理记账的单位,应当在签订的书面委托合同中,明确会计档案的管理要求及相应责任,也可以委托具备档案管理条件的机构代为管理会计档案;其他单位,在企业正常存续期间应自行保管。无论是代理保管还是自行保管,都应建立会计档案保管制度。按照《会计档案管理办法》的规定,会计档案保管制度应主要考虑保管人员、保管方式、档案移交、档案借阅和保管期限五个问题。

1. 保管人员

各单位应当设立独立的档案机构,专门负责包括会计档案在内的各种档案的管理;对于规模小、人员少而未设立专门档案机构的单位,可在会计机构内部指定专人保管,但出纳人员不得兼管会计档案,为了保证会计档案的安全完整,档案管理室必须做到"四防"(防火、防盗、防蛀、防腐),保持通风、干燥,保管人员必须尽职尽责,其他人员必须遵守档案管理方面的制度。

2. 保管方式

各单位的会计档案应由本单位档案机构统一保管。但为了方便会计部门的查阅与核对工作,对于当年形成的会计档案,在会计年度终了后可由会计机构临时保管1年,再移交档案管理机构保管。因工作需要确需推迟移交的,可经档案管理机构同意后,由会计机构临时保管,但时间最长不超过3年。

3. 档案移交

会计机构在办理会计档案移交时,应当编制会计档案移交清册。纸质会计档案移交时应当保持原卷的封装,电子会计档案移交时应当将电子会计档案及其数据一并移交,且文件格式应当符合国家档案管理的有关规定;特殊格式的电子会计档案应当与其读取平台一并移交档案管理机构,接收电子会计档案时,应当对电子会计档案的准确性、完整性、可用性、安全性进行检测,仅接收符合要求的电子会计档案。

4. 档案借阅

各单位保存的会计档案一般不得对外借出,确因工作需要且根据国家有关规定必须借出的,应当严格按照规定,办理相关登记手续查阅或复制会计档案的人员,严禁对会计档案篡改和损害,并应在规定时间内归还会计档案。

5. 保管期限

会计档案的保管期限有永久和定期两类。按照《会计档案管理办法》的规定,年度财务报告、会计档案保管清册、会计档案销毁清册和会计档案鉴定意见书要求永久性保管;库存现金和银行存款日记账保管期限为25年;月、季度、半年度财务会计报告,银行对账单、银行存款余额调节表和纳税申报表保管期限为10年;原始凭证、记账凭证、总账、明细账、日记账、其他辅助性账簿以及会计档案移交清册保管期限为30年;固定资产卡片在固定资产报废清理后保管5年。

(四) 会计档案销毁制度

单位应当定期对已到保管期限的会计档案进行鉴定,并形成会计档案鉴定意见书。经鉴定仍需继续保存的会计档案,应当重新划定保管期限;对保管期满,确无保存价值的会计档案,可以销毁。会计档案鉴定工作应当由单位档案管理机构牵头,组织单位会计、审计、纪检监察等机构或人员共同进行;经鉴定可以销毁的会计档案,应当按照程序销毁。

(1) 由档案管理机构编制会计档案销毁清册,列明拟销毁会计档案的名称、卷号、册数、起止年度、档案编号、应保管与已保管期限、销毁时间等内容。

(2) 单位负责人、档案管理机构负责人、会计管理机构负责人、档案管理机构经办人、会计管理机构经办人在会计档案销毁清册上签署意见。

(3) 档案管理机构负责组织会计档案销毁工作,并与会计机构共同派人员负责监销,监销人在销毁会计档案前,应按会计档案销毁清册所列内容清点核对,销毁后应在销毁清册上签名或盖章,并将监销情况上报本单位负责人。会计档案销毁清册如表2-2所示。

表 2-2　　　　　　　　　　会计档案销毁清册

档案名称	起止日期	册数	销毁原因	销毁方法	备注
档案机构负责人		会计主管	监销人	保管	

电子会计档案的销毁还应当符合国家有关电子档案的规定，并由单位档案管理机构、会计管理机构和信息系统管理机构共同派员监销。

保管期满但未结清的债权债务会计凭证和涉及其他未了事项的会计凭证不得销毁，纸质会计档案应当单独抽出立卷，电子会计档案单独转存、保管到未了事项完结时为止。单独抽出立卷或转存的会计档案，应当在会计档案鉴定意见书、会计档案销毁清册和会计档案保管清册中列明。

二、会计工作交接制度的设计

（一）交接前的准备工作

会计人员在调动工作或因故长期离职时，必须有人接替其工作，会计工作的这种移交和接替过程称为会计工作的交接。为保证会计工作的连续性，明确交接人员各自的经济责任，防范因会计工作交接而可能出现的混乱和差错，各单位应该设计严密、完善的会计工作交接制度。

1. 交接的范围

（1）会计人员工作调动或因故离职，应与接管人员办理会计工作交接手续。

（2）会计人员临时离职或因病暂时不能工作且需要接替或者代理的会计机构负责人、会计主管人员或单位领导人必须指定有关人员接替或者代理，并办理交接手续；临时离职或者因病不能工作的会计人员恢复工作后，应当与接替或者代理人员办理交接手续。

（3）移交人员因病或特殊原因不能亲自办理移交手续的，经单位负责人批准，可由移交人委托他人代办交接手续。但委托人应当对所移交的会计凭证、会计账簿、会计报表和其他会计资料的真实性和完整性承担法律责任。

会计人员未与接管人员办清工作交接手续的，不得调动或离职。

2. 交接的准备材料

会计人员离职前，必须向接替人员办理正式的会计交接手续，在正式办理交接手续前，必须做好以下准备工作：

（1）已经受理的经济业务尚未填制会计凭证的，应填制完毕。

（2）尚未登记的账目，应登记完毕，并在最后一笔余额后加盖经办人员印章。

（3）编制移交清单，列明应移交的会计凭证、会计账簿、会计报表、印章、库存现金、有价证券、支票簿、发票、文件、其他会计资料和物品等内容。

(4) 分类整理全部移交资料,做到账证相符、账账相符、账表相符、账实相符。

(5) 对于未了会计事项,应写出书面资料,说明其内容、原因、处理办法及相关责任。

(6) 实行会计电算化的单位,从事该项工作的移交人员还应在移交清册中列明会计软件及密码、会计软件数据磁盘及有关资料、实物等内容。

(二) 会计工作交接的内容

移交人员在办理移交时,要按移交清册逐项移交;接替人员要逐项核对点收。

(1) 库存现金、有价证券要根据会计账簿有关记录进行点交。库存现金、有价证券必须与会计账簿记录保持一致;不一致时,移交人员必须限期查清。

(2) 会计凭证、会计账簿、会计报表和其他会计资料必须完整无缺。如有短缺,必须查明原因,并在移交清册中注明,由移交人员负责。

(3) 银行存款账户余额要与银行对账单核对,如不一致,应当编制银行存款余额调节表调节相符,各种财产物资和债权债务的明细账的账户余额要与总账有关账户余额核对相符;重要实物要实地盘点,余额较大的往来账户要与往来单位、个人核对。

(4) 移交人员经管的票据、印章和其他实物等,必须交接清楚。

(5) 移交人员从事会计电算化工作的,有关电子数据要在实际操作状态下进行交接。

(6) 会计主管人员移交时,还应将全部财务工作、重大财务收支、会计人员状况等,向接替人员详细介绍。

对需要移交的遗漏问题,应提供书面材料。

(三) 会计工作交接的监交

为明确责任,会计人员在办理会计工作交接手续时,必须由专人负责监交,并要注意移交后的相关事宜:

(1) 一般会计人员办理交接手续,由单位的会计机构负责人、会计主管人员负责监交。

(2) 会计机构负责人、会计主管人员办理交接手续时,由单位领导人负责监交,必要时,主管单位可以派人会同监交。

(3) 会计工作交接完毕后,交接双方和监交人要在移交清册上签名盖章。移交清册应填制一式三份,交接双方各执一份,存档一份。

(4) 接管人员应继续使用移交前的账簿,不得擅自另立账簿,以保证会计记录前后衔接,内容完整。

(四) 移交后的责任

会计工作移交后,明确移交双方的责任是很重要的,根据现行制度的规定,移交人并不因为其移交了会计工作,而不再承担其移交财务会计文件上所发生的财务会计问题。《会计基础工作规范》第35条规定,移交人员对所移交的会计凭证、会计账簿、会计报表和其他有关资料的合法性、真实性承担法律责任。这是对会计工作交接后,交接双方责任的具体确定。

移交人员所移交的会计资料是在其经办会计工作期间内所发生的,应当对这些会计资料的合法性、真实性负责。即便接替人员在交接时因疏忽没有发现所接会计资料在合法性、真实性方面的问题,如事后发现,仍应由原移交人员负责。原移交人员不应以会计资料已移交而推脱责任。

复习思考题

1. 设计会计工作组织制度应遵循哪些原则?
2. 设置会计机构有何意义?
3. 会计机构内部应如何分工?各会计岗位的主要职责是什么?
4. 作为一名会计人员,应如何培养自己的职业道德?
5. 会计档案管理制度的设计包括哪些内容?
6. 会计工作交接的程序和内容有哪些?
7. 会计工作交接时应该注意哪些问题?

课堂结账测试

班级_____ 姓名_____ 学号_____ 日期_____ 平时分_____

一、单项选择题(每小题6分,共30分)

1. 根据《会计基础工作规范》,下列不属于会计岗位工作的是(　　)。
   A. 成本费用核算　　B. 会计电算化　　C. 环境绩效核算　　D. 出纳

2. 会计专业职务是区别会计人员业务技能的技术等级,会计专业职务分为(　　)。
   A. 总会计师、高级会计师、会计师、会计员
   B. 高级会计师、注册会计师、会计师、会计员
   C. 总会计师、注册会计师、会计师、助理会计师
   D. 高级会计师、会计师、助理会计师、会计员

3. 我国现代化会计之父潘序伦先生倡导"信以立志,信以守身,信以处事,信以待人",这主要体现了会计职业道德的(　　)。
   A. 客观公正　　B. 诚实守信　　C. 爱岗敬业　　D. 廉洁自律

4. 根据《会计人员继续教育规定》,会计人员继续教育的形式包括接受培训和自学两种。会计人员每年接受继续教育的累计时间不得少于(　　)小时。
   A. 8　　B. 16　　C. 24　　D. 32

5. 我国《会计法》规定,对本单位的会计工作和会计资料的真实性与完整性负责的,即会计责任的主体是(　　)。
   A. 会计机构　　B. 会计主管　　C. 单位负责人　　D. 总会计师

二、多项选择题(每小题6分,共30分)

1. 下列各项中,属于会计部门主管岗位应负责的有(　　)。
   A. 组织制定本单位的各项会计制度并监督贯彻执行
   B. 审查或参与拟订经济合同、协议及其他经济文件
   C. 参加生产经营管理会议,参与经营决策
   D. 负责向本单位领导和职工代表大会报告财务状况与经营成果

2. 会计职业道德教育途径包括(　　)。

A. 通过会计学历教育进行会计职业道德教育

B. 通过会计继续教育进行会计职业道德教育

C. 通过会计人员的自我教育与修养进行会计职业道德教育

D. 网络远程教育

3. 会计档案管理设计主要包括（　　）。

   A. 会计档案整理的设计

   B. 会计档案保管的设计

   C. 会计档案的分类和编号设计

   D. 会计档案利用和销毁的设计

4. 会计档案管理设计的原则有（　　）。

   A. 统一管理、分工负责　　　　B. 齐全完整

   C. 依法管理　　　　　　　　　D. 简便易行

5. 我国《会计法》对总会计师的设置，下列说法不正确的有（　　）。

   A. 所有企业都必须设置总会计师

   B. 股份制公司必须设置总会计师

   C. 行政事业单位必须设置总会计师

   D. 国有和国有资产占控股地位或者主导地位的大、中型企业必须设置总会计师

三、判断题（每小题5分，共40分）

1. 会计人员继续教育的形式包括接受培训和自学两种，以接受培训为主。　（　　）

2. 会计人员所在单位应当将会计人员遵守职业道德的情况作为会计人员任职、晋升的依据之一。　（　　）

3. 会计档案的保管期限，从会计年度终了后的第一天算起。　（　　）

4. 会计档案的年度形成分类法适用于一般的企业事业单位。　（　　）

5. 所有保管到期的会计档案都必须销毁。　（　　）

6. 民营企业应设置总会计师之职。　（　　）

7. 所有单位都应当根据会计业务的需要设置会计机构。　（　　）

8. 一般会计人员办理交接手续，由单位会计机构负责人、会计主管人员负责监交。（　　）

第三章　会计科目的设计

知识导航

会计科目的设计
- 会计科目设计的意义和原则
  - 会计科目设计的意义
  - 会计科目设计的原则
- 会计科目设计的内容
  - 会计科目的总体设计
  - 会计科目的编号设计
  - 会计科目的使用说明设计
  - 会计科目设计的步骤
- 总分类科目的设计
  - 按反映的经济内容设计总分类科目
  - 按账户的用途和结构设计总分类科目
- 明细分类科目的设计
  - 明细分类科目与总分类科目的关系
  - 明细分类科目的具体设计

学习目标

1. 了解会计科目的含义,以及会计科目设计的意义、原则、程序和步骤
2. 掌握总分类科目和明细分类科目的设计原理
3. 根据企业经济业务,确定会计科目和编码,并编写会计科目的使用说明

寓德于教

实践没有止境,理论创新也没有止境。党的二十大报告指出,必须坚持守正创新。我们要以科学的态度对待科学、以真理的精神追求真理。会计科目的设计,也必须要根据具体企业的实际情况确定。

资料来源：中国政府网,2022-10-25,《党的二十大报告》,https://www.gov.cn/xinwen/2022-10/25/content_5721685.htm。

试回答：设计会计科目有什么意义？

第一节 会计科目设计的意义和原则

会计科目是对会计对象进行具体分类项目的名称。会计对象是会计核算的基本内容。设置会计科目是对会计对象的具体内容进行归类反映和监督的一种会计核算方法。由于企业的经济业务特点不同,会计对象的具体内容也不一样,在设计企业会计制度时,首先要根据企业的实际情况确定合适的会计科目分类并具体规定需要设置的会计科目名称。

会计科目是会计制度的重要组成部分。会计科目设计是会计制度设计的一个重要环节,是确定会计对象经济内容的分类体系,为会计凭证、会计账簿、会计报表及会计业务处理程序等的设计奠定基础。做好会计科目的设计,对保证会计制度设计质量、完成会计制度设计任务具有重要意义。

一、会计科目设计的意义

会计工作的任务是通过对会计对象进行全面、连续、系统和客观真实的反映,为企业内外部的信息使用者提供决策所需要的会计信息。会计对象即企业在一定时期所发生的经济业务或经济事项。按其所反映的经济内容不同,会计对象可具体划分为资产、负债、所有者权益、收入、费用和利润六大会计要素。但是,要完成会计工作的任务,仅从这六个方面予以反映是远远不够的。因此,还应遵循一定的原则对会计对象进行更加详细、具体的分类,会计科目就是对会计对象具体内容进行分类核算的项目名称。

设计会计科目,实质上就是如何对会计要素的具体内容,或者说经济业务的具体内容做出科学的分类,以确定每类经济业务的名称及相互之间的关系,使之形成完整的会计科目体系。

从会计循环的角度讲,会计科目是会计核算的起点,在企业会计制度中起着"支柱"作用。会计科目设计应是企业会计制度设计的一个最重要的环节,它不但是会计凭证、会计账簿、会计报表等设计的前提和基础,而且直接关系到整套会计制度设计的质量,进而影响到会计工作的质量。因此,在设计会计科目时,既要明确规定每一会计科目反映的经济内容及其所属类别,又要具体确定各个会计科目之间的关系。会计科目分类后,要求既能够反映资金运动的全部过程和结果,又能够反映会计科目各个组成部分的特殊情况。

做好会计科目设计,对保证企业会计制度设计的质量、完成企业会计工作的任务具有以下几方面的意义。

(一) 对会计核算内容进行具体分类

会计是企业内部的一个信息与控制系统。会计核算的系统性主要体现在对其核算内容的分类上。会计核算内容的分类,就是对会计对象六大要素,即资产、负债、所有者权益、收入、费用、利润的内容所做的进一步分类。因此,会计科目设计,就是对经济业务内容做具体分类,以系统地、连续地进行会计核算的一个重要步骤。

(二)为编制会计凭证提供依据

连续、系统、全面地反映企业经济业务活动是会计核算的特点。在取得原始凭证后,财务人员要先根据会计科目进行分类整理,编制记账凭证,再按会计科目对记账凭证进行分类整理,作为登记账簿的依据。

(三)为设计会计账簿提供依据

账簿是账户的载体,会计科目是开设账户、建立总分类账和明细分类账的依据。因此,会计科目设计是开设账户、建立完整账簿体系的基础。

(四)便于编制会计报表

会计科目设计规定了一系列反映企业财务状况和经营成果的会计科目,会计账户就是按照这些会计科目进行设置的,期末时,财务人员可以根据有关总分类账户以及明细分类账户的本期发生额和余额情况,编制资产负债表、利润表等各类会计报表。

二、会计科目设计的原则

会计科目是对会计核算的具体内容进行分类核算的项目,所谓会计核算的具体内容也就是企业所发生的经济业务的内容。从资金运动的角度讲,即企业再生产过程中的资金运动。而企业的资金运动是有一定规律的,会计科目的设计自然应有一定的规律可循。从会计核算方法体系角度讲,会计科目是会计核算的基础和前提,是会计核算方法体系的重要组成部分。因此,设计会计科目必须符合会计核算内容本身的特点,遵循会计核算方法本身的规律。此外,由于我国实行的是"统一领导,分级管理"的会计管理体制,国家对企业会计科目的设置有严格的规定,设计会计科目还应与我国现行会计法规制度相适应。

具体地讲,设计会计科目应遵循以下几项原则。

(一)合法性原则

合法性原则是指会计科目设计应符合国家现行会计法规制度的要求。国家的会计法规制度,体现了国家管理经济和对财会工作的总体要求。设计会计科目时,必须以此为依据。其中,最主要和最直接的依据是2006年财政部颁发的《会计科目和主要账务处理》。《会计科目和主要账务处理》依据企业会计准则中确认和计量的要求制定,涵盖了各类企业的交易和事项,企业可以根据本单位的业务范围从中选取适用的会计科目。

(二)适应性原则

经济管理包括国家的宏观经济管理和企业的微观经济管理两个层次,而会计是经济管理的重要组成部分,通过为国家宏观管理和企业的微观管理提供重要的信息来发挥其控制作用，履行其管理职能。会计科目的设计要满足经济管理的需要，必须符合以下具体要求：

（1）统一性与灵活性相结合。会计科目提供的信息既要能满足国家宏观经济管理的需要，又要能满足企业微观经济管理的需要。这就要求会计科目设计既要坚持统一性，又要注意微观经济管理需要的灵活性，即企业可以在不违反会计准则确认、计量和报告要求的基础上，结合本单位的业务特点和管理要求增设、分拆、合并会计科目，对于不涉及的交易或事项，可以不设置会计科目。这一点对于总分类会计科目的设计尤其重要。例如，对于没有对外投资业务的单位，就无需设置"交易性金融资产""债权投资""长期股权投资"等会计科目。又如，《会计科目和主要账务处理》规定，允许企业计提资产减值准备，企业应当设置"坏账准备""存货跌价准备""长期股权投资减值准备""在建工程减值准备""固定资产减值准备""无形资产减值准备"等会计科目。再如，《会计科目和主要账务处理》规定，企业对外赊销商品应当设置"应收账款"会计科目。预收款销售业务应当设置"预收账款"科目，但是对于采取预收款方式销售业务不多的企业，可以不单独设置"预收账款"科目，而将该业务并入"应收账款"科目核算，类似的情况还有"应付账款"科目和"预付账款"科目的设置。

（2）适应本单位的具体情况。会计科目的设计除了要符合国家相关财经法规制度，还必须考虑单位规模大小、业务繁简和对经济管理的具体要求。这一点主要针对明细分类科目的设计。例如，对于没有外币业务的单位，"库存现金"科目和"银行存款"科目就无需按照币种设置明细科目；对于材料种类较少的单位，可以直接按照材料名称设置明细科目，而无需按照材料种类设置等。

（三）专一性原则

专一性原则是指会计科目所反映的经济业务应当具有单一性。设计会计科目时，原则上一个会计科目只反映一种类型的经济业务，不能把不同类型的经济业务合并在一个科目中反映，以免造成核算困难、账目混乱、资金运动的来龙去脉不清、经办责任不明、会计信息失真等现象的发生。例如，采购业务的核算，如果既不设置"材料采购"科目，也不设置"在途物资"科目，而是将未入库的材料与库存材料混在一起，在"原材料"科目中核算，势必难以分清采购员和保管员之间的经济责任，也不便于对材料采购业务的控制和管理。但是，对于某些反映债权债务的结算类会计科目，当业务量较小或同一单位既是本单位的，债权人又是本单位的债务人时，可以将债权债务科目合并为一个往来科目，同时反映债权和债务。例如，对于预收预付款业务，当业务量不多时，可以不单独设置"预收账款"科目和"预付账款"科目，而是将预收款业务合并在"应收账款"科目下，把预付款业务合并在"应付账款"科目下。

（四）逻辑性原则

逻辑性原则是指总分类科目之间以及总分类科目与明细分类科目之间应具有一定的

逻辑性。会计科目是对会计核算的具体内容进行分类核算的项目的名称,也是会计报表项目的主要名称。为了使报表项目既不至于过多过细,又不影响报表信息的准确提供,会计科目需要进行级别的划分。会计科目按照级别分为总分类科目和明细分类科目,总分类科目对明细分类科目起着统驭和控制作用,明细分类科目对总分类科目起着补充说明的作用。从逻辑学的角度讲,设计会计科目实质上是为会计核算的各项内容确定概念。因此,在设计会计科目时,应符合逻辑性原则,其具体要求如下:

(1) 会计科目应使用肯定性、明确性的概念,不能使用否定的或模棱两可的概念。

(2) 全部总分类科目的外延之和必须能够全面反映单位资金运动的全过程,即具有全面覆盖性。

(3) 总分类科目外延应当与其所属的明细科目的外延之和相等。

(4) 同级会计科目之间在外延上必须保持全异关系,即总分类科目之间、明细分类科目之间不能出现包含关系、交叉关系或全同关系。

第二节 会计科目设计的内容

会计科目设计的基本内容包括会计科目的总体设计、会计科目的编号设计和会计科目的使用说明设计。

一、会计科目的总体设计

企业会计科目的设计,主要取决于该企业的业务特点和管理要求。不同行业具有不同的业务经营特点,其资金运动过程有所区别,因此会计科目的设计也不同。此外,各企业的内部管理体制不同,这就要求核算上提供的指标有所差别,进而也会影响其会计科目的设计。会计科目的总体设计基本上是由粗到细地对企业的经济业务进行逐步分类。

首先,对企业进行全面调查,了解企业情况,包括经济性质、经营方式、组织形式、经营规模、业务特点、筹资渠道以及各有关利益团体对会计核算的要求,当前生产经营情况和财务状况(包括资金的筹资、财产物资的增减、货币资金的收付、往来款项的结算以及对外投资等情况),在调查研究基础上进行设计。

其次,根据经济业务性质和企业会计准则及有关会计规范的规定,将企业经济业务划分为财务状况和生产经营过程两大类。

再次,企业财务状况是由资产的取得及增减变化、负债的形成与偿还、资本的投入与增减变动等经济业务活动组成的,根据产权关系又可将其划分为资产类经济业务、负债类经济业务、资本类经济业务。生产经营过程是由材料物资的采购、材料投产与资金耗费、成本费用的发生、资金的收回及利润的形成和分配等业务活动组成的,在此基础上又可分为采购供应类经济业务、成本费用类经济业务、收入和利润类经济业务。

最后,将各类经济业务细分,如将资产划分为货币资金、投资、应收款项、存货等,再具体到会计科目,如货币资金由于核算与管理的需要可以划分为库存现金、银行存款、其他货币资金。所选定的会计科目就是在经济业务细化分类基础上产生的。

二、会计科目的编号设计

会计科目编号就是确定会计科目的编码,具体地说,是根据会计科目的经济内容及其在会计科目体系中的地位和特点进行分类,为每一会计科目确定一个号码作为科目的代号,会计科目编号一经确定不得随意变更。编码的形式体现了会计科目的分类和每一类别中各科目的排列次序,能使会计科目体系得以科学、系统地体现,有利于会计事项的归类,便于记忆和查阅,便于在分类账中按会计科目的排列次序开设账户以及进行归类汇总和编表。

(一) 会计科目编号的要求

为了达到上述目的,会计科目编号应考虑以下几项要求:①要简明实用,即会计科目编号应尽可能简单以提高工作效率;②要便于记忆;③要有弹性,即在每类账户的编码之间留有适当的余地,以便于业务变更而增设或更换会计科目;④要排列有序,层次分明,根据科目编号就能判断会计科目的经济内容。

(二) 会计科目编号的方法

会计科目的编号方法有很多,如数字编号法,文字编号法和文字、数字混合编号法等。但多年实践证明,有些编号方法很难达到上述会计科目编号的各项要求,一般都使用数字编号法,以下只介绍数字编号方法的使用。

1. 顺序编号法

顺序编号法是从1号开始,有多少科目编多少号。这种编号法最为简明,但没有增添科目的余地,也不能反映账户的性质。它一般适用于业务简单、账户比较固定的单位。

2. 数字组编号法

数字组编号法是给每一类会计科目以一定的数字组,该类有关会计科目就在一定的数字组内进行编号。例如,给予资产类会计科目的数字组编号为100~199,则有关流动资产、固定资产和无形资产及递延资产的会计科目就均在这一数字组内进行编号;给予负债类会计科目的数字组编号为200~299,则有关负债的会计科目就在这一范围内进行编号,以此类推。同时,在每一数字组内又可根据会计科目明细分类规定相应的数字组编号,如在资产类会计科目的100~199数字组内进一步分类规定,货币资金类会计科目编号为101~109,固定资产类会计科目编号为161~169。

3. 十进制编号法

十进制编号法将会计科目按类别(大类、小类)、总分类会计科目和明细分类会计科目的顺序排列,并把每一顺序向前推进十位。例如,设资产类会计科目分为流动资产、固定资产、无形资产及长期待摊费用三大类,可分别给予1、2、3的编号,其中流动资产又分为货币性流动资产和非货币性流动资产两小类,可分别给予1、2两个编号;余下的总分类会计科目可给予两位数的编号,具体如表3-1所示。

表 3-1　　　　　　　　　　十进制编号法

1. 流动资产	1. 货币性流动资产 2. 非货币性流动资产	01　库存现金 02　银行存款 03　其他货币资金 … 01　材料采购 02　原材料 03　周转材料 …
2. 固定资产		01　固定资产 02　累计折旧 03　固定资产清理 …
3. 无形资产及长期待摊费用		01　无形资产 02　长期待摊费用 …

按以上的编号顺序排列,"库存现金"会计科目的编号为1101,"材料采购"会计科目的编号为1201,"固定资产"会计科目的编号为2001等。

上述数字组编号法和十进制编号法都能显示会计科目的类别,对会计科目所反映的经济内容能起到一定的说明作用,但编号的数字可能较多些,因而不便于记忆。

至于明细会计科目的编号,可以在总分类会计科目编号后用点号或连字符表示。编号的数字位数,可根据明细账户的多少决定。多的可给予三位数或四位数编号,少的可给予一位数或两位数编号。例如,上述原材料会计科目的明细会计科目较多,可给予四位数编号,表示方法为"2102.xxxx"或"2102-xxxx"。点号或连字符之前的数字为总分类会计科目编号,点号或连字符后的数字为明细分类会计科目编号,其中前面的数字又可表示材料的类别,后面的数字可表示材料的品种规格。

4. 数字定位编号法

数字定位编号法是对每个数字给予特定的含义,并按一定的位置进行排列。例如,第1位数字代表大类会计科目,第2位数字代表小类会计科目,第3、4位数字代表总分类会计科目,第5、6位数字代表明细分类会计科目等。例如,账户的编号为210304,它表示该账户是属于第二大类第一小类中的第3个总分类会计科目的第4个明细分类会计科目。采用这种编号方法时,总分类会计科目和明细分类会计科目之间不需用点号或连字符隔开。

数字定位编号法也适用于对财产物资明细账的编号,以表示该项物资的存放地点。例如,第1位数字表示库号,第2位数字表示货架号,第3位数字表示层次号,第4位数字表示货位号。设某一物资的编号为1532,则表示该项物资存放于第1仓库第5号货架第3层的第2个货位。

数字定位编号法是十进制编号法的扩展,其缺点是编号数字较长,不便于记忆,但是它对账户的经济内容或物资的存放地点都可明确显示,也便于实行会计信息化。2014年企业会计准则体系中的会计科目编号采用的就是这种方法,如表3-2所示。

表 3-2　　　　　　　　　　会计科目表

顺序号	编号	会计科目名称	顺序号	编号	会计科目名称
一、资产类			24	1311	代理兑付证券
1	1001	库存现金	25	1321	代理业务资产
2	1002	银行存款	26	1401	材料采购
3	1003	存放中央银行款项	27	1402	在途物资
4	1011	存放同业	28	1403	原材料
5	1012	其他货币资金	29	1404	材料成本差异
6	1021	结算备付金	30	1405	库存商品
7	1031	存出保证金	31	1406	发出商品
8	1101	交易性金融资产	32	1407	商品进销差价
9	1111	买入返售金融资产	33	1408	委托加工物资
10	1121	应收票据	34	1411	周转材料
11	1122	应收账款	35	1421	消耗性生物资产
12	1123	预付账款	36	1431	贵金属
13	1131	应收股利	37	1441	抵债资产
14	1132	应收利息	38	1451	损余物资
15	1201	应收代位追偿款	39	1461	融资租赁资产
16	1211	应收分保账款	40	1471	存货跌价准备
17	1212	应收分保合同准备金	41	1501	债权投资
18	1221	其他应收款	42	1502	其他债权投资
19	1231	坏账准备	43	1503	其他权益工具投资
20	1301	贴现资产	44	1511	长期股权投资
21	1302	拆出资金	45	1512	长期股权投资减值准备
22	1303	贷款	46	1521	投资性房地产
23	1304	贷款损失准备	47	1531	长期应收款

(续表)

顺序号	编号	会计科目名称	顺序号	编号	会计科目名称
48	1532	未实现融资收益	78	2111	卖出回购金融资产款
49	1541	存出资本保证金	79	2201	应付票据
50	1601	固定资产	80	2202	应付账款
51	1602	累计折旧	81	2203	预收账款
52	1603	固定资产减值准备	82	2211	应付职工薪酬
53	1604	在建工程	83	2221	应交税费
54	1605	工程物资	84	2231	应付利息
55	1606	固定资产清理	85	2232	应付股利
56	1611	未担保余值	86	2241	其他应付款
57	1621	生产性生物资产	87	2251	应付保单红利
58	1622	生产性生物资产累计折旧	88	2261	应付分保账款
59	1623	公益性生物资产	89	2311	代理买卖证券款
60	1631	油气资产	90	2312	代理承销证券款
61	1632	累计折耗	91	2313	代理兑付证券款
62	1701	无形资产	92	2314	代理业务负债
63	1702	累计摊销	93	2401	递延收益
64	1703	无形资产减值准备	94	2501	长期借款
65	1711	商誉	95	2502	应付债券
66	1801	长期待摊费用	96	2601	未到期责任准备金
67	1811	递延所得税资产	97	2602	保险责任准备金
68	1821	独立账户资产	98	2611	保户储金
69	1901	待处理财产损益	99	2621	独立账户负债
二、负债类			100	2701	长期应付款
70	2001	短期借款	101	2702	未确认融资费用
71	2002	存入保证金	102	2711	专项应付款
72	2003	拆入资金	1G3	2801	预计负债
73	2004	向中央银行借款	104	2901	递延所得税负债
74	2011	吸收存款	三、共同类		
75	2012	同业存放	105	3001	清算资金往来
76	2021	贴现负债	106	3002	货币兑换
77	2101	交易性金融负债	107	3101	衍生工具

49

(续表)

顺序号	编号	会计科目名称	顺序号	编号	会计科目名称
108	3201	套期工具	131	6101	公允价值变动损益
109	3202	被套期项目	132	6111	投资收益
四、所有者权益类			133	6201	摊回保险责任准备金
110	4001	实收资本	134	6202	摊回赔付支出
111	4002	资本公积	135	6203	摊回分保费用
112	4101	盈余公积	136	6301	营业外收入
113	4102	一般风险准备	137	6401	主营业务成本
114	4103	本年利润	138	6402	其他业务成本
115	4104	利润分配	139	6403	税金及附加
116	4201	库存股	140	6411	利息支出
五、成本类			141	6421	手续费及佣金支出
117	5001	生产成本	142	6501	提取未到期责任准备金
118	5101	制造费用	143	6502	提取保险责任准备金
119	5201	劳务成本	144	6511	赔付支出
120	5301	研发支出	145	6521	保单红利支出
121	5401	工程施工	146	6531	退保金
122	5402	工程结算	147	6541	分出保费
123	5403	机械作业	148	6542	分保费用
六、损益类			149	6601	销售费用
124	6001	主营业务收入	150	6602	管理费用
125	6011	利息收入	151	6603	财务费用
126	6021	手续费及佣金收入	152	6604	勘探费用
127	6031	保费收入	153	6701	资产减值损失
128	6041	租赁收入	154	6711	营业外支出
129	6051	其他业务收入	155	6801	所得税费用
130	6061	汇兑损益	156	6901	以前年度损益调整

三、会计科目的使用说明设计

前面介绍了如何根据企业经营业务的经济内容、企业管理与核算的要求设置会计科目并进行科学的分类。为了使会计人员能够正确地使用会计科目,还需要为每个会计科目设计使用说明,对每个会计科目的设置目的、核算的内容范围和方法、应当执行的原则以及明细分类科目的设置等进行详细的说明。会计科目的使用说明设计应包括以下几项主要内容。

（一）阐明会计科目的核算内容与范围

其撰写方法是先正面说明该科目的核算内容与范围，有些会计科目还需区别易混淆的内容，指出不在该科目核算的内容。例如，"库存现金"科目核算的内容是企业的库存现金，因此，应明确科目核算范围，指出企业内部各部门使用的备用金，可以单独设置"备用金"科目。

（二）说明会计科目所属明细科目的设置

说明会计科目所属明细科目的设置的方法有两种：一是概括说明设置明细科目的要求；二是具体写明所需设置的各个明细科目及其核算内容。例如，按第一种方法设置"管理费用"科目的明细科目，本科目可按费用明细项目进行明细核算；按第二种方法设置"交易性金融资产"科目的明细科目，本科目可按交易性金融资产的类别和品种，分别以"成本""公允价值变动"等进行明细科目核算。

（三）说明会计科目的主要账务处理

其撰写方法是以该科目为主，写明借记本科目、贷记有关科目的业务，以及借记有关科目，贷记本科目的业务。例如，"库存现金"科目，企业增加库存现金，借记本科目，贷记"银行存款"等科目；减少库存现金作相反的会计分录。

（四）撰写主要会计事项会计分录举例

在说明会计科目的主要账务处理时，应扼要地说明借贷两方的对应关系，而撰写主要会计事项会计分录举例比较具体，要结合企业的实际业务情况，要有经济业务内容，要有对应的会计科目，以便会计人员参考学习。

下面以"库存现金"科目为例，简要介绍会计科目的使用说明设计。

"库存现金"科目使用说明如下：

（1）本科目核算企业的库存现金。企业内部周转使用的备用金，在"其他应收款"科目核算，或单独设置"备用金"科目核算，不在本科目核算。

（2）企业应当严格按照国家有关现金管理的规定收支现金。超过库存现金限额的部分应当及时交存银行，并严格按照本制度规定核算现金的各项收支业务。

（3）现金收支的主要账务处理如下：① 从银行提取现金，根据支票存根所记载的提取金额，借记本科目，贷记"银行存款"科目；将现金存入银行，根据银行退回的进账单第一联，借记"银行存款"科目，贷记本科目；② 企业因支付内部职工出差等原因所需的现金，按支出凭证所记载的金额，借记"其他应收款"等科目，贷记本科目；收到出差人员交回的差旅费剩余款并结算时，按实际收回的现金，借记本科目；按应报销的金额，借记"管理费用"等科目；按实际借出的现金，贷记"其他应收款"科目。

（4）企业应当设置"库存现金日记账"，由出纳人员根据收付款凭证，按照业务发生顺序逐笔登记。每日终了，应当计算当日的现金收入合计数、现金支出合计数和结余数，并将结余数与实际库存数核对，做到账款相符。

（5）每日终了结算现金收支、财产清查等发现的有待查明原因的现金短缺或溢余，应通过"待处理财产损溢"科目核算：属于现金短缺，应按实际短缺的金额，借记"待处理财产损溢——待处理流动资产损溢"科目，贷记本科目；属于现金溢余，按实际溢余的金额，借记本科目，贷记"待处理财产损溢——待处理流动资产损溢"科目。

（6）单独设置"备用金"科目的企业，由企业财务部门单独拨给企业内部各单位周转使用的备用金，借记"备用金"科目，贷记本科目或"银行存款"科目。自备用金中支付零星支出，应根据有关的支出凭单，定期编制备用金报销清单，财务部门根据内部各单位提供的备用金报销清单，定期补足备用金，借记"管理费用"等科目，贷记本科目或"银行存款"科目。除增加或减少拨入的备用金外，使用或报销有关备用金支出时不再通过"备用金"科目核算。

（7）本科目期末借方余额，反映企业实际持有的库存现金。

四、会计科目设计的步骤

设计会计科目实质上是对企业会计核算内容进行的总括分类和具体分类，是在国家财经法规和会计法规指导下，对每一会计科目的核算内容、经济用途、使用方法及编号等所作的规定。因此，设计会计科目的步骤可归纳为以下几个方面。

（一）明确与会计科目设计直接相关的会计法规制度

在现行会计法规体系中，直接与会计科目设计相关的会计法规主要是《会计科目和主要账务处理》。《会计科目和主要账务处理》涵盖了各类企业的交易和事项，各企业单位在设计会计科目时，应对《会计科目和主要账务处理》的内容进行全面的了解，以此来选择确定本单位应使用的会计科目。

（二）全面了解本单位的经济业务内容

会计科目所反映的内容应与企业现有经济业务和潜在经济业务内容一致，即有什么类型的经济业务，就应当有反映该业务内容的会计科目。会计科目既不能过剩也不能缺少，要做到这一点，必须详细调查企业情况，全面了解企业的经济业务。

（三）对经济业务进行科学分类，确定会计科目的名称

在全面了解企业经济业务的基础上，应当按照经济管理和会计核算的要求对其进行科学合理的分类，以确定各业务所涉及的会计科目的名称对经济业务进行分类的方法有多种，如可以按照资金运动的过程将经济业务分为资金进入企业的业务（筹资业务）、采购与付款业务、生产业务、销售与收款业务、利润计算与分配业务以及对外投资业务；也可以按

照经济业务性质,将经济业务分为涉及企业财务状况的经济业务和涉及企业经营成果的经济业务两类。但不论采用哪种分类标准都应当有利于确定会计科目的数量和名称。

(四) 为会计科目编号,建立会计科目体系

为会计科目编号实际上就是为会计科目设计代码,其目的是便于使用者对会计科目的掌握和运用,便于登记账簿、查阅账目和推广信息化会计。设计会计科目不仅应确定会计科目的名称,还应为每一会计科目设计代码,以便形成完整的会计科目体系。

(五) 编写会计科目的使用说明

会计科目的使用说明是对每一会计科目的核算内容、经济用途、使用方法、主要会计事项的处理方法及特殊事项的会计处理等进行的文字性介绍。编写会计科目的使用说明是设计会计科目最为重要和最为复杂的工作步骤,其作用在于全面介绍会计科目,帮助会计人员正确理解、使用会计科目。因此,会计科目使用说明的编写质量,是会计科目设计乃至整个会计制度设计成功与否的标志。

(六) 列示主要会计事项的账务处理办法

为便于会计人员在较短的时间内正确掌握和运用本单位所设置的各会计科目,在上述设计工作完成以后,还应对本单位可能发生的各项经济业务编制会计分录,作为会计科目使用说明的附录,这是对如何正确应用会计科目所作的示范。

第三节 总分类科目的设计

会计科目按其反映经济内容的详尽程度不同,可分为总分类科目和明细分类科目。总分类科目是对会计核算的全部内容进行的分类,提供的是会计核算的总括价值指标;明细分类科目是对总分类科目所反映的内容所做的进一步分类,提供的是详细具体的价值指标和数量指标。两类科目的有机结合和合理利用,方能为经营管理提供完整系统的会计指标。因此,会计科目的设计,既包括总分类科目的设计,也包括明细分类科目的设计。实际上这两类经济业务是交错进行的,有着密切的联系。因此,在具体设置会计科目时,应以经济业务为主,把财务状况和经营成果两类科目结合起来进行。

前已述及,设计会计科目要先了解单位的经济业务内容,再根据经济业务的内容设计会计科目。企业所发生的经济业务,虽然会因企业类型的不同而有所不同,如制造企业的经济业务主要涉及供、产、销业务;商品流通企业的经济业务主要涉及购、销业务。但是,所有企业的经济业务都有一个共同点,都会形成一个完整的资金运动过程,即资金进入企业、资金在企业中运动和资金退出企业的过程。由于在所有的企业类型中,制造企业的资金运动最为复杂,也最具有代表性。下面将按照制造企业资金运动的一般程序,阐述各类经济业务应设计的总分类科目。

现将总分类会计科目设置的方法分别介绍如下。

一、按反映的经济内容设计总分类科目

(一) 筹资业务会计科目的设置

资金是企业存在的基础,企业从事生产和经营,发生各项经济业务,都需要一定数量的资金。因此,通过各种形式和途径取得资金,是企业生存和发展的首要条件之一。企业取得资金的渠道主要有投资者投入企业的资本金,从银行和其他金融机构借入的信贷资金,发行债券取得的资金。

1. 筹集资本金会计科目的设置

根据《企业会计准则》《企业财务通则》以及《中华人民共和国公司法》等财经法规的规定,投资者可以用现金、实物和无形资产等形式向企业投资。筹资业务发生后,一方面形成企业的所有者权益,另一方面增加了企业的资产,两者形成了对应关系。因此,一方面一般企业都应当设置"实收资本"科目,另一方面企业应相应设置"库存现金""银行存款""库存商品""原材料""固定资产""无形资产"等科目。

为突出股份制企业的特点,应当设置"股本"科目,代替"实收资本"科目。

另外,在筹集资本金过程中,如果投资者缴付的出资额超出资本金,为保持资本金原貌,执行资本金保全制度,应设置"资本公积"科目核算出资额超出资本金的差额(或股票发行的溢价收入)。直接计入所有者权益的利得和损失,在"资本公积"科目和"其他综合收益"科目进行核算。

"实收资本"(或"股本")科目和"资本公积"科目是为维护所有者权益,明确经济责任,加强资本金管理所设置的两个重要科目。

2. 借款业务会计科目的设置

企业经营资金不足时,从银行或其他金融机构借款是筹集资金的一个重要途径。借款按照期限不同,分为长期借款和短期借款。其中,期限在一年以上(不含一年)的借款为长期借款;期限在一年以下(含一年)的借款为短期借款。为反映两种借款的增减变化情况,企业应当设置"短期借款"和"长期借款"两个科目。

短期借款多用于企业的日常经营活动,其借款利息应计入当期损益,因此,还要求相应设置"财务费用"科目。长期借款既可用于企业的生产和经营,又可用于固定资产的购建,借款利息既可能计入当期损益,又可能计入固定资产建造成本,所以还要相应设置"在建工程"科目或"固定资产"科目。

3. 发行债券业务会计科目的设置

为解决经营资金的不足,企业除向银行借款外,还可通过发行债券方式筹集资金。为

了反映各种债券及应付利息的增减变化情况,便于确认债务责任,企业应设置"应付债券"科目,其相对应的一般是"银行存款"科目。

另外,还有其他筹资方式,如企业采用补偿贸易方式引进设备、融资租入固定资产发生的长期应付款业务,应设置"长期应付款"科目进行核算。

(二) 采购供应业务会计科目的设置

采购供应过程是企业生产经营过程的重要环节。采购业务是企业为开展产品生产或商品销售,而采购各种材料、商品或物资以备后续使用的经济活动。

采购供应业务主要是以库存现金、银行存款支付各种材料、商品或物资的价款,支付各种采购费用;计算材料或商品的采购成本;处理因采购材料或商品等发生的相应债务,如应付账款、应付票据等。其主要包括以下几个方面。

1. 计算采购成本会计科目的设置

材料和商品是企业存货的重要组成部分。为了计算采购成本,企业应当设置"在途物资"科目或"材料采购"科目,用于反映材料和商品的采购成本。其中,"材料采购"科目核算企业采用计划成本进行材料日常核算而购入材料的采购成本;采用实际成本进行材料日常核算的,购入材料的采购成本,在"在途物资"科目核算;购入的工程用材料,在"工程物资"科目核算。

采购材料或商品的价款和各种采购费用,一般以库存现金、银行存款、外埠存款、银行汇票、银行本票等存款支付和采用赊购或预付货款方式进货,所以要求相应设置"库存现金""银行存款""其他货币资金""应付票据""应付账款""预付账款"等科目。

2. 各种存货会计科目的设置

企业购买的各种材料物资,在生产中的用途各不相同,有的直接构成产品实体,有的只有助于产品形成,有些则用于保护产品,在它们的存续期间都属于存货。针对存货的不同用途,应分别设置"原材料""库存商品""发出商品""周转材料"等科目。

"原材料"科目核算企业库存的各种材料,包括原料及主要材料、辅助材料、外购半成品(外购件)、修理用备件(备品备件)、包装材料、燃料等的计划成本或实际成本。采用计划成本核算的企业,还应当设置"材料成本差异"科目,用于核算计划成本与实际成本的差异。

"库存商品"科目核算企业库存的各种商品的实际成本(或进价)或计划成本(或售价),包括库存产成品、外购商品、存放在门市部准备出售的商品、发出展览的商品以及寄存在外的商品等。

"发出商品"科目核算企业未满足收入确认条件但已发出商品的实际成本(或进价)或计划成本(或售价)。

"周转材料"科目核算企业周转材料的计划成本或实际成本,包括包装物、低值易耗品以及企业(建造承包商)的钢模板、木模板、脚手架等。企业的包装物、低值易耗品也可以单独设置"包装物""低值易耗品"科目。

如有向外加工业务,还应设置"委托加工物资"科目,核算企业委托外单位加工的各种材料、商品等物资的实际成本。采用售价进行日常核算的商业企业应设置"商品进销差价"科目核算商品售价与进价之间的差额。

对各种存货在存续期间发生的溢余或短缺应当设置"待处理财产损溢"科目进行核算,以保证存货核算的真实性,便于加强存货的管理,企业对存货发生的跌价损失,在提取跌价准备金时,应当设置"存货跌价准备"科目进行核算。

企业接受其他单位委托代销和寄销商品,或受托代管商品和物资,应当设置相应的备查账进行登记,以便分清自有库存商品和其他单位代销、代管商品物资的所有权,加强财产管理。

3. 采购付款业务会计科目的设置

企业采购材料或商品时,除了以库存现金、银行存款和其他货币资金支付,还会采用赊购的方式,这就会与供货单位之间发生结算关系。为了清晰地反映这些债务,企业需设置"应付账款"科目和"应付票据"科目。

(三)生产过程业务会计科目的设置

企业在生产过程中形成的生产费用,有些是为生产某种产品发生的直接费用,可以直接计入某种产品的生产成本;有些则是为生产几种产品发生的间接费用,需要通过一定的分配方式,在几种产品之间进行合理分配;还有一些则是为组织生产经营活动而发生的,属于管理费用。具体的生产业务主要有原材料的领用、职工薪酬和各种费用的支付、固定资产折旧的计提、产品生产成本的计算、完工产品的入库。根据上述情况,生产过程业务会计科目的设置如下。

1. 各种费用会计科目的设置

根据企业会计准则和企业会计制度的规定,企业在一定期间内发生的各项费用,有些费用是当期受益,有些费用则是若干会计期间受益,所以应当执行权责发生制原则。

根据核算与管理的需要,生产性企业的生产业务应当设置"生产成本""制造费用""管理费用"科目,分别核算直接生产费用、间接生产费用和管理费用。此外,单独核算废品损失、停工损失的企业,还可以增设"废品损失"和"停工损失"科目。大型制造业企业需要加强成本核算与管理时,可将"生产成本"科目分设为"基本生产成本"和"辅助生产成本"两个科目。小型制造业企业,也可将"生产成本"和"制造费用"合并为"生产费用"科目。

2. 职工薪酬业务会计科目的设置

生产部门职工薪酬的核算包括生产部门人员的工资、福利费、社会保险费、住房公积金、工会经费、职工教育经费、非货币性福利、辞退福利等的计算和结算以及职工薪酬的支付。职工薪酬结算引起的是生产成本或制造费用成本的增加,支付职工薪酬引起的是货币资金的减少。因此,职工薪酬业务的核算除了涉及前述的各种成本费用科目和"库存现金"

"银行存款"科目,还应设置"应付职工薪酬"科目,用来核算根据有关规定应付给职工的各种薪酬。

3. 提取折旧业务会计科目的设置

企业生产经营用的房屋、建筑物、机器和设备,由于其使用期限较长,其价值应逐期计入各期的成本费用。"固定资产"科目反映的是固定资产的原价,即历史成本,为反映其已计入各期成本费用的价值,应当设置"累计折旧"科目,作为固定资产的备抵科目。

4. 核算完工产品成本业务会计科目的设置

制造业企业生产的产品完工,经过检验合格以后,应交给仓库保管,为了反映产成品入库、出库及结存情况,应设置"库存商品"科目。实行计划成本核算的企业,还应设置"产品成本差异"科目,用来核算产品实际成本与计划成本的差额。合并计算"库存商品"科目和"产品成本差异"科目,才能反映库存产成品的实际成本。

(四)销售业务会计科目的设置

销售业务是指企业销售产品及其他非产品,收回货币资金等的过程。其主要业务有出售产品、商品和材料以及提供劳务等取得的各种收入,结转销售成本,支付各种销售费用,计提销售税金,计算和结算销售折扣和折让,核算因销售业务而产生的各种应收款项。销售业务会计科目设置,包括如下内容。

1. 营业收入会计科目的设置

营业收入包括主营业务收入和其他业务收入。企业在销售商品、提供劳务及让渡资产使用权等日常活动中所产生的收入,称为主营业务收入,应当设置"主营业务收入"科目进行核算。企业除主营业务收入以外的其他销售或其他业务的收入,如生产性企业销售材料、代购代销、包装物出租等收入,称为其他业务收入,应当设置"其他业务收入"科目进行核算。

2. 营业成本会计科目的设置

营业成本包括主营业务成本和其他业务成本。

企业因销售商品、提供劳务等日常活动而发生的实际成本,称为主营业务成本,应设置"主营业务成本"科目进行核算。

企业除主营业务成本以外的其他销售或其他业务所发生的支出,包括销售材料、出租包装物等发生的相关成本、费用,称为其他业务成本,应当设置"其他业务成本"科目进行核算。

3. 税金及附加会计科目的设置

税金及附加是指企业日常经营活动应负担的相关税费,包括消费税、城市维护建设税、资源税、土地增值税、教育费附加、房产税、土地使用税、车船使用税和印花税等,应当设置"税金及附加"科目进行核算。

4. 应收款项会计科目的设置

企业销售业务发生以后,由于赊销或结算方式等原因,可能发生暂时收不回的应收款项,形成结算债权,是企业流动资产的重要组成部分,应当设置会计科目进行反映。根据各种应收款项的不同形式,应分别设置"应收票据""应收账款""其他应收款"科目,反映其发生、收回和结存情况。

"应收票据"科目用以核算各种应收票据的增减变化及结存情况;"应收账款"科目用以核算各种应收货款的增减变动及结存情况;"其他应收款"用以核算各种赔款、备用金和各种垫付款。

根据企业会计准则的谨慎性原则,均衡各会计期间的负担,企业可按应收账款的一定比例或一定金额,提取坏账准备金,因此应当设置"坏账准备"科目,作为"应收账款"的备抵账户。

此外,如有预收货款业务,应设置"预收账款"科目,如有分期收款销售业务,可相应设置"分期收款发出商品"科目。

(五)利润形成及分配过程业务会计科目的设置

1. 利润形成业务会计科目的设置

企业从事生产和经营一定时期之后,会实现一定数额的利润。企业利润主要是由营业利润、营业外收入和营业外支出几个项目组成的。

其中,营业利润是由营业收入抵减营业成本、税金及附加、销售费用、管理费用、财务费用、资产减值损失,加公允价值变动收益(减公允价值变动损失)、投资收益(减投资损失)所构成的。

营业收入项目反映企业经营主要业务和其他业务所确认的收入总额,分别设置"主营业务收入"科目和"其他业务收入"科目核算。

营业成本项目反映企业经营主要业务和其他业务所发生的成本总额,分别设置"主营业务成本"科目和"其他业务成本"科目核算。

企业销售商品和材料、提供劳务的过程中发生的各种费用,包括保险费、包装费、展览费和广告费、商品维修费、预计产品质量保证损失、运输费、装卸费等以及为销售本企业商品而专设的销售机构的职工薪酬、业务费、折旧费等经营费用,应当设置"销售费用"科目进行核算。企业发生的与专设销售机构相关的固定资产维修费用等后续支出,也在该科目核算。

企业为组织和管理企业生产经营所发生的管理费用,包括企业在筹建期间发生的开办费、董事会和行政管理部门在企业的经营管理中发生的或者应由企业统一负担的公司经费(包括行政管理部门的职工薪酬、物料消耗、低值易耗品摊销、办公费和差旅费等)、工会经费、董事会费(包括董事会成员津贴、会议费和差旅费等)、聘请中介机构费、咨询费(含顾问费)、诉讼费、业务招待费、房产税、车船税、城镇土地使用税、印花税、技术转让费、矿产资源补偿费、研究费用、排污费、存货盘盈或盘亏(因管理不善造成的盘亏部分)等,应当设置"管理费用"科目进行核算。

企业为筹集生产经营所需资金等而发生的筹资费用,包括利息支出(减利息收入)、汇兑损益以及相关的手续费、企业发生的现金折扣或收到的现金折扣等,应当设置"财务费用"科目进行核算。

企业计提各项资产减值准备所形成的损失,还应当设置"资产减值损失"科目进行核算。企业为核算采用公允价值模式计量的资产、负债项目(如交易性金融资产、交易性金融负债、采用公允价值模式计量的投资性房地产和衍生工具等)公允价值变动形成的应计入当期损益的利得或损失,应当设置"公允价值变动损益"科目进行核算。

企业对外投资取得的投资收益或投资损失,应当设置"投资收益"科目进行核算。

企业除了正常生产经营业务,还有一些收入与支出,包括处理固定资产盘盈、盘亏,处理固定资产净损失、非常损失、罚款支出、对外理赔支出和捐赠支出等。这些收入与支出事项和企业经营无直接关系,故设置"营业外收入"和"营业外支出"两个科目进行反映。为反映固定资产处理收支情况,应当设置"固定资产清理"科目,为反映固定资产盘盈、盘亏情况,应当设置"待处理财产损溢"科目。

2. 利润结算会计科目的设置

企业在一定时期内实现的全部收入减去全部支出即为实现的利润,如为负数时,则为亏损。由于各收入与支出要由各相关科目转入,并结出当期实现的利润或亏损。为反映这些情况应当设置"本年利润"科目。

3. 利润分配会计科目的设置

根据现行企业会计制度的规定,利润分配的去向主要有弥补以前年度的亏损,提取法定盈余公积金,提取任意盈余公积金,向投资者分配利润。为了反映利润分配情况,企业应当设置"利润分配""盈余公积""应付利润"或"应付股利"等科目。

其中,"利润分配"科目用以核算企业利润的分配或亏损的弥补情况。"盈余公积"科目用于核算企业按规定提取的法定盈余公积金和任意盈余公积金的增减变动情况。"应付利润"科目或"应付股利"科目用于核算企业应付给投资者的利润(或股利),包括应付给国家、其他单位和个人的投资利润(或股利)。

以上总分类科目的设计是以生产经营过程为主,结合经济业务内容而设置的,从中可以看出会计科目设置的要求和基本原理,并了解各科目特定的内容。但是,由于会计科目设置是根据业务要求提出的,显得比较零散。根据我国目前《企业会计准则》的规定,会计科目按经济内容分类,分为资产类、负债类、共同类、所有者权益类、成本类和损益类六大类。具体分类情况如下:

(1)资产类会计科目,包括"库存现金""银行存款""其他货币资金""交易性金融资产""应收票据""应收账款""预付账款""应收股利""应收利息""其他应收款""坏账准备""材料采购""在途物资""原材料""材料成本差异""库存商品""发出商品""商品进销差价""委托加工物资""周转材料""存货跌价准备""债权投资""其他债权投资""其他权益工具投资""长期股权投资""长期股权投资减值准备""投资性房地产""长期应收款""固定资产""累计折旧""固定资产减值准备""在建工程""工程物资""固定资产清理""无形资产""累计摊销""无形资产减值准备""长期待摊费用""递延所得税资产""待处理财产损溢"等科目。

（2）负债类会计科目，包括"短期借款""应付票据""应付账款""预收账款""应付职工薪酬""应交税费""应付利息""应付股利""其他应付款""长期借款""应付债券""长期应付款""专项应付款""预计负债"和"递延所得税负债"等科目。

（3）共同类会计科目，包括"清算资金往来""货币兑换""衍生工具""套期工具""被套期项目"5个科目。此类科目的特点是需要从其期末余额所在方向界定其性质。

（4）所有者权益类会计科目，包括"实收资本""资本公积""盈余公积""本年利润""利润分配"和"其他综合收益"等科目。

（5）成本类会计科目，包括"生产成本""制造费用""劳务成本""研发支出""工程施工"等科目。

（6）损益类会计科目，包括"主营业务收入""其他业务收入""汇兑损益""公允价值变动损益""投资收益""营业外收入""主营业务成本""其他业务成本""税金及附加""销售费用""管理费用""财务费用""资产减值损失""营业外支出""所得税费用"和"以前年度损益调整"等科目。

二、按账户的用途和结构设计总分类科目

账户的用途是指设置账户的目的，即通过设置和使用账户为经营管理提供什么指标；账户的结构是指使用账户的方式，即如何运用账户为经营管理提供会计指标。设计会计科目，不仅要考虑会计科目反映的经济内容，而且要考虑根据会计科目设置的账户的用途和结构，也就是说，在按照会计科目反映的经济内容设计会计科目的基础上，还要结合按会计科目所开设的账户的用途和结构设计会计科目。只有这样，才能在明确每一会计科目反映的经济内容的基础上，进一步掌握它们的使用方法，达到正确、规范应用会计科目的目的。按照账户的用途和结构，总分类科目可分成盘存类、投资类、权益类、结算类、调整类、过渡类、待处理类、无形资产类和其他类九类。具体分类情况如表3-3所示。

表3-3   总分类科目按用途和结构的分类

类别		名称
盘存类科目	货币资产类	库存现金、银行存款、其他货币资金
	存货类	原材料、周转材料、库存商品、工程物资、委托加工物资、委托代销商品、受托代销商品、发出商品
	其他	固定资产

(续表)

类别		名称
投资类科目		交易性金融资产、债权投资、其他权益工具投资、长期股权投资
权益类科目	资本类	实收资本(或股本)、资本公积、其他综合收益、其他权益工具
	留存收益类	盈余公积
结算类科目	债权结算类	应收票据、应收股利、应收利息、应收账款、其他应收款、预付账款、长期应收款、递延所得税资产
	债务结算类	短期借款、应付票据、应付账款、预收账款、受托代销商品款、应付职工薪酬、应付利息、应付股利、应交税费、其他应付款、预计负债、长期借款、应付债券、交易性金融负债、长期应付款、专项应付款、递延所得税负债
调整类科目	备抵调整类	坏账准备、存货跌价准备、商品进销差价、债权投资减值准备、长期股权投资减值准备、累计折旧、固定资产减值准备、在建工程减值准备、累计摊销、无形资产减值准备、商誉减值准备、利润分配
	备抵附加类	材料成本差异、产品成本差异
过渡类科目		待处理财产损溢
跨期摊提类科目		长期待摊费用、预提费用
集合分配类科目		制造费用
成本计算类科目		生产成本、材料采购、劳务成本、在建工程、研发支出
收入类科目		主营业务收入、其他业务收入、投资收益、公允价值变动损益、营业外收入
费用类科目		主营业务成本、税金及附加、其他业务成本、销售费用、管理费用、财务费用、营业外支出、资产减值损失、所得税费用、以前年度损益调整
财务成果计算类科目		本年利润

上述各类会计科目的具体用途如下。

(一) 盘存类科目

盘存类科目反映企业货币资金及各种财产物资的增减变动及其结存情况,提供企业有形资产指标,以便计算并考核企业的资产负债率、流动比率、速动比率、存货周转率等主要财务指标。

(二) 投资类科目

投资类科目反映企业对外股票、债券及其他投资数额的增减变动及其实有情况,提供对外投资指标,以便了解企业的理财方针、投资结构和投资风险。

(三) 权益类科目

权益类科目反映所有者对企业净资产所有权的增减变动情况及其结果,提供投入资本和留存收益等指标,计算并考核企业资本保值增值率、资本积累率、净资产收益率等主要财务指标。

(四)结算类科目

结算类科目反映企业与国家、其他单位或个人之间发生的债权、债务的结算情况,提供资产负债率、流动比率、速动比率、应收账款周转率等主要财务指标。

(五)调整类科目

调整类科目是按照实质重于形式原则和谨慎性原则而设置的一些对基本科目期末余额进行调整的科目,其目的是使基本科目所提供的指标更加真实、准确和有用。例如,"坏账准备"科目与"应收账款"和"其他应收款"科目结合,可提供企业可望收回的债权数;"累计折旧"科目与"固定资产"科目结合,可提供企业拥有的固定资产净值;"存货跌价准备"科目与存货类科目结合,可提供企业存货可变现净值指标等。

(六)过渡类科目

过渡类科目临时记录待确定归属的经济业务,后续需结转至相关科目,如"待处理财产损溢"科目。

(七)跨期摊提类科目

跨期摊提类科目核算需分摊到多个会计期间的收益或费用,实现权责发生制。

(八)集合分配类科目

集合分配类科目归集和分配经营过程中某一阶段发生的费用。

(九)成本计算类科目

成本计算类科目核算某一阶段产品或项目的实际成本。

(十)收入类科目

收入类科目是核算和监督企业在一定时期内所取得的各种收入和收益的科目。

(十一)费用类科目

费用类科目是核算和监督企业在一定时期内所发生的应计入当期损益的各项费用、成本和支出的科目。

(十二)财务成果类科目

财务成果类科目核算企业一定时期内的最终经营成果(利润或亏损)。

第四节 明细分类科目的设计

一、明细分类科目与总分类科目的关系

如前所述,设计会计科目,不仅要设计总分类科目,还应设计明细分类科目(简称明细科目),包括二级、三级明细科目,如有特殊需要还可以设置四级明细科目,以便形成完整的科目级别体系,为企业经营管理提供总括的和详细的数据资料。

基于总分类科目和明细科目之间的控制与被控制、补充与被补充关系,明细科目的内

容和使用方法应与总分类科目保持一致。因此,设计明细科目,首先,应考虑总分类科目所反映的内容和特点,总分类科目反映的内容和特点不同,需要设置的明细科目也必然不同,如反映企业债权债务的总分类科目,其明细科目就应明确债务方或债权方的名称;反映企业财产物资的总分类科目,其明细科目就应明确财产物资的具体类别和名称等。其次,由于我国特定的会计管理体制,在设计明细科目时,还应结合国家会计制度中对明细科目设计的要求和规定。也就是说,明细科目的设计必须在国家会计制度的规定和要求之下,结合本单位经营管理的要求和总分类科目的特点进行。

二、明细分类科目的具体设计

(一)特殊要求的明细科目设计

1. 有总分类科目必须有相应的明细科目

特殊要求的明细科目是指国家会计制度中规定必须设置的明细科目,并且给定了明细科目名称。属于这种情况的总分类科目及其明细科目的内容如表3-4所示。

表 3-4   特殊要求的明细科目表

总分类科目	明细科目		总分类科目	明细科目
	二级明细	三级明细		
其他货币资金	银行汇票		应付职工薪酬	工资
	银行本票			职工福利
	信用卡			社会保险费
	保证金			住房公积金
	存出投资款			工会经费
	外埠存款			职工教育经费
交易性金融资产	股票投资、债券投资、基金投资	成本		非货币性福利
		公允价值变动		辞退福利
				股份支付
其他权益工具投资	股票投资、债券投资	成本	长期借款	成本
		利息调整		利息调整
		应计利息	应付债券	债券面值
		公允价值变动		利息调整
债权投资	债券投资	成本		应计利息
		利息调整	资本公积	资本溢价(股本溢价)
		应计利息		其他资本公积

（续表）

总分类科目	明细科目		总分类科目	明细科目
	二级明细	三级明细		
长期股权投资	被投资单位名称	投资成本	资本公积	其他资本公积
		损益调整		
		其他综合收益		法定盈余公积
		其他权益变动		
工程物资	专用材料			任意盈余公积
	专用设备			
	专用器具			储备基金
在建工程	建筑工程		盈余公积	储备基金
	安装工程			企业发展基金
	在安装工程			
	待摊支出			职工奖励及福利基金
应交税费	应交增值税	进项税额		
		已交税费		利润归还投资
		转出未交增值税		
		减免税款		盈余公积补亏
		销项税额		提取法定盈余公积
		出口退税		提取任意盈余公积
		进项税额转出		提取储备基金
		出口抵减内销产品应纳税额		提取企业发展基金
		转出多交增值税		提取职工奖励及福利基金
		未交增值税	利润分配	利润归还投资
	应交消费税			应付现金股利
	应交资源税			应付利润
	应交所得税			转作股本的股利
	应交土地增值税			盈余公积补亏

(续表)

总分类科目	明细科目		总分类科目	明细科目
	二级明细	三级明细		
应交税费	应交城市维护建设税		利润分配	未分配利润
	应交房产税		研发支出	费用化支出
	应交土地使用税			资本化支出
	应交车船税		公允价值变动损益	交易性金融资产
	应交教育费附加			交易性金融负债
	应交矿产资源补偿费			投资性房地产
				套期保值
				衍生工具
			所得税费用	当期所得税费用
				递延所得税费用

2. 根据所采用的核算方法确定明细科目的名称

属于这种要求的总分类科目主要是"周转材料"("包装物""低值易耗品")和"长期股权投资"等科目。当周转材料采用五五摊销法进行会计核算时,应在"周转材料"总分类科目下设置"在库周转材料""在用周转材料""周转材料摊销"等三个明细科目,如果企业采用的是一次摊销法或其他价值转移方法,则无需设置。对于长期股权投资,当企业采用权益法进行会计核算时,在"长期股权投资"总分类科目下,应设置"投资成本""损益调整""其他综合收益""其他权益变动"四个明细科目,如企业采用成本法核算,则无需设置。

(二) 一般要求的明细科目设计

一般要求的明细科目是指国家会计制度中只规定应设置明细科目,至于明细科目的名称则由企业根据自身情况确定,属于这种情况的明细科目设计方法可分为以下 11 种。

1. 按资产种类、品名设置明细科目

按资产种类、品名设置明细科目的总分类科目主要包括反映存货的总分类科目和反映固定资产的总分类科目。因为企业的存货和固定资产包括的具体内容较多,而反映存货和固定资产的总分类科目只是反映了资产的某一类别,并非反映出存货和固定资产的具体内容,也不能提供企业详细的存货和固定资产的数据资料,所以必须按照存货和固定资产的种类、品名设置明细科目,以便为加强管理、明确经济责任提供会计信息。

属于这种情况的总分类科目有"原材料""周转材料"(或"包装物""低值易耗品")"库存商品""固定资产""待处理财产损溢"等科目。

2. 按单位或个人名称设置明细科目

按单位或个人名称设置明细科目的总分类科目主要是反映企业债权和债务的总分类

科目,包括"应收票据""应收账款""应收股利""应收利息""其他应收款""长期应收款""应付票据""应付账款""预收账款""预付账款""其他应付款""未确认融资费用""实收资本"等科目。这是因为,企业的每一笔债权,都有相应的债务负担者,而每一笔债务,也都有相应的债权享有者,作为反映债权和债务的总分类科目只能提供各种债权和债务的总额,而不能提供对每一债务方或债权方的债权金额或债务金额,所以,为准确反映企业的债权和债务,加强债权和债务的管理,及时索取债权和偿还债务,企业应按单位或个人名称设置明细科目,对于企业吸收的所有者投资,为准确提供各所有者实际出资额占股东权益总额的比重,"实收资本"科目应按照投资人设置明细科目进行明细核算。

3. 按费用项目的名称设置明细科目

按费用项目的名称设置明细科目的总分类科目主要是成本费用类科目,包括"制造费用""管理费用""财务费用""销售费用"等科目,这些总分类科目是按照费用发生的用途设置的,所核算的费用项目较多。为加强经济管理、节省费用开支、提高经济效益,企业应按核算的费用项目名称设置明细科目。

4. 按成本计算对象设置明细科目

成本计算对象是指费用的物质承担者,按成本计算对象设置明细科目,有利于客观反映各对象应负担的费用,准确计算各对象的实际成本。因此,按成本计算对象设置明细科目的总分类科目主要指成本计算类科目,包括"材料采购""在途物资""生产成本""在建工程""劳务成本""研发支出"等科目。对于"生产成本"科目,如果企业同时设置基本生产车间和辅助生产车间,应先设置"基本生产成本"和"辅助生产成本"两个二级明细科目,再按照成本计算对象设置三级明细科目,为简便科目设置,还可设置"生产成本"科目,直接将"基本生产成本"和"辅助生产成本"科目升为一级科目,成本计算对象设置二级明细科目。

5. 按业务种类设置明细科目

按业务种类设置明细科目的总分类科目主要包括"劳务成本""主营业务收入""其他业务收入""主营业务成本""其他业务成本""投资收益"等科目,由于这些科目所反映的业务种类较多,为准确反映各类业务所实现的收入和所发生的支出。企业应按各科目所核算的业务种类设置明细科目,进行明细核算。例如,"劳务成本"科目应按照接受劳务种类设置明细科目;"主营业务收入"科目和"主营业务成本"科目应按照主营业务种类设置明细科目;"其他业务收入"科目和"其他业务成本"科目应按照其他业务种类设置明细科目;"投资收益"科目应按照投资项目种类设置明细科目等。

6. 按项目名称设置明细科目

按项目名称设置明细科目的总分类科目主要有"递延收益""营业外收入""营业外支出"等科目。其中,"递延收益"科目应按照政府补助项目的名称设置明细科目;"营业外收入"科目应按照收入项目设置明细科目,如非流动性资产处置利得、非货币性资产交易利得、债务重组利得、政府补助、盘盈利得、捐赠利得等;"营业外支出"科目应按照支出项目设置明细科目,如非流动资产处置损失、非货币性资产交换损失、债务重组损失、公益性捐赠支出、非常损失、盘亏损失等。

7. 按交易或事项设置明细科目

按交易或事项设置明细科目的总分类科目是"预计负债",确认预计负债时,应按照对外提供担保、未决诉讼、产品质量保证、重组义务和亏损性合同设置明细科目进行明细核算。

8. 按暂时性差异项目设置明细科目

按暂时性差异项目设置明细科目的总分类科目有"递延所得税资产"和"递延所得税负债"科目。其中,"递延所得税资产"科目应按照可抵扣暂时性差异项目设置明细科目;"递延所得税负债"科目应按照应纳税暂时性差异项目设置明细科目。

9. 按车间、部门设置明细科目

按车间、部门设置明细科目的总分类科目是"制造费用",为准确计算产品的实际生产成本,需要对"制造费用"科目按照车间、部门设置明细科目进行明细核算。

10. 根据业务需要设置明细科目

"库存现金"和"银行存款"两个总分类科目是否需要设置明细科目,取决于企业是否有外币业务,如果没有外币业务,则不需要设置明细科目;如果有外币业务,为准确反映各币种库存现金和银行存款的增减变动与余额情况,则应根据币种设置明细科目,进行明细分类核算。

11. 按贷款人和贷款种类设置明细科目

按贷款人和贷款种类设置明细科目的总分类科目有"短期借款"和"长期借款"。其中,"短期借款"科目应按照借款种类、贷款人和币种设置明细科目;"长期借款"科目应按照贷款单位和贷款种类设置明细科目。

(三) 不需要设置明细科目

不需要设置明细科目的总分类科目主要包括"坏账准备""累计折旧""存货跌价准备""材料成本差异""商品进销差价""其他债权投资""长期股权投资减值准备""在建工程减值准备""固定资产减值准备""累计摊销""无形资产减值准备""商誉减值准备"等调整类科目。此外,还有"固定资产清理""商誉""本年利润""库存股""资产减值损失""以前年度损益调整"等科目。

复习思考题

1. 会计科目设计有什么意义?
2. 设计会计科目应遵循什么原则?
3. 会计科目设计的基本内容有哪些?
4. 按经济内容分类,会计科目可以分为几大类?每一大类又可分为哪些科目?
5. 会计科目编号的原则有哪些?
6. 会计科目编号的方法有哪些?

课堂结账测试

班级_____ 姓名_____ 学号_____ 日期_____ 平时分_____

一、单项选择题（每小题 6 分，共 30 分）

1. 设计会计科目要考虑到企业经济业务特点和生产经营过程，这符合的原则是(   )。
   A. 合法性   B. 全面性
   C. 满足经济管理的需要   D. 简明实用

2. 我国现行的企业会计制度中的会计科目编号采用的方法是(   )。
   A. 顺序编号法   B. 数字组编号法
   C. 十进制编号法   D. 数字定位编号法

3. 在筹集资本金过程中，如果投资者缴付的出资额超出资本金，为保持资本金原貌，执行资本金保全制度，应设置的会计科目是(   )。
   A. "实收资本"   B. "资本公积"
   C. "盈余公积"   D. "利润分配"

4. 核算长期借款利息时，不涉及的科目是(   )。
   A. "长期借款"   B. "财务费用"
   C. "在建工程"   D. "应收利息"

5. 为保证各会计期间费用的合理负担，应当设置"长期待摊费用"科目，遵循的会计原则是(   )。
   A. 权责发生制   B. 收付实现制
   C. 客观性   D. 重要性

二、多项选择题（每小题 6 分，共 30 分）

1. 会计科目的使用说明设计包括的主要内容有(   )。
   A. 阐明会计科目的核算内容与范围
   B. 说明会计科目基本业务的账务处理方法
   C. 说明所属明细科目的设置及核算内容
   D. 撰写主要会计事项会计分录举例

E. 会计科目编号

2. 进行筹资业务核算需要设计的会计科目有(   )。
   A. "实收资本"   B. "资本公积"
   C. "盈余公积"   D. "应付债券"

3. 会计科目设计应遵循的原则有(   )。
   A. 合法性   B. 全面性
   C. 重要性   D. 满足企业经济管理的需要

4. 核算企业存货需要设计的会计科目有(   )。
   A. "原材料"   B. "工程物资"
   C. "库存商品"   D. "周转材料"

5. 在会计科目表设计中,需要解决的问题有(   )。
   A. 会计科目分类排列的设计
   B. 会计科目名称的设计
   C. 会计科目使用说明的设计
   D. 会计科目编号的设计

三、判断题(每小题5分,共40分)

1. 会计科目设计是会计制度设计的一个重要环节,是确定会计对象经济内容的分类体系,为会计凭证、会计账簿、会计报表及会计业务处理程序等的设计奠定基础。   (   )
2. 会计科目的总体设计基本上是由粗到细地对企业的经济业务进行逐步分类。   (   )
3. 所有企业核算接受投资者投入的资本金设置的会计科目都是"实收资本"。   (   )
4. 债权债务类资产、负债应按照具体的构成项目设置明细科目。   (   )
5. 在企业会计制度中对总分类科目不做详细规定,只提出了一般要求,因此企业可以根据需要自行设计。   (   )
6. 任何企业都可以根据自己的业务需要自行设计会计科目。   (   )
7. "银行存款"科目无须设置明细科目。   (   )
8. 企业可以根据自己的业务需要自行设计总分类科目的编号。   (   )

第四章 会计核算系统的设计

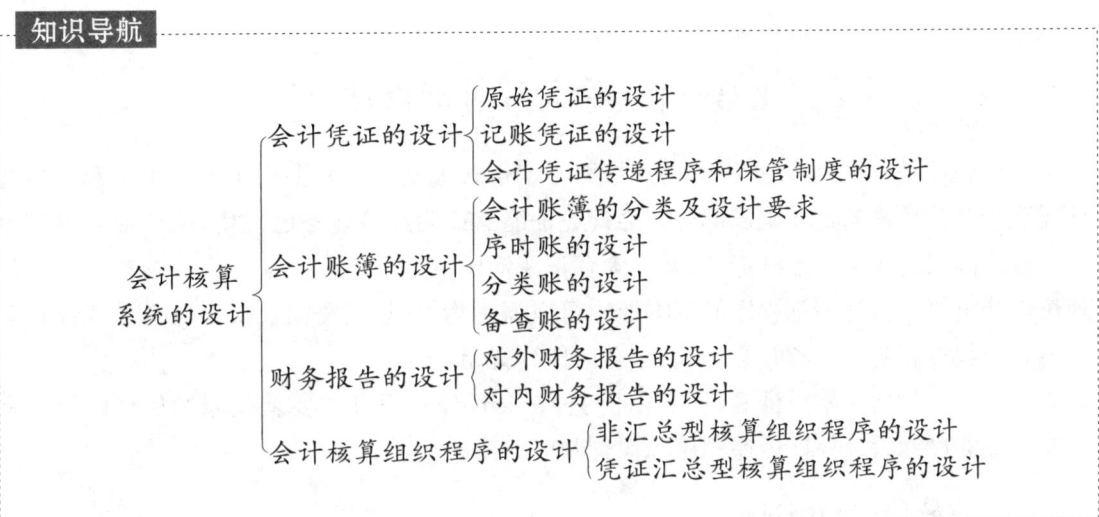

学习目标

1. 了解会计凭证、会计账簿、财务报告和账务处理程序的概念、种类和设计的意义
2. 理解会计凭证、会计账簿、财务报告和账务处理程序设计的内容
3. 掌握会计凭证、会计账簿、财务报告和账务处理程序的方法和适用范围

寓德于教

会计核算系统是一个为提供客观、可靠的会计信息而形成的系统。党的二十大报告指出,万事万物是相互联系、相互依存的。只有用普遍联系的、全面系统的、发展变化的观点观察事物,才能把握事物发展规律。

资料来源:中国政府网,2022-10-25,《党的二十大报告》,https://www.gov.cn/xinwen/2022-10/25/content_5721685.htm。

试回答:会计核算系统应包括哪些组成部分?

会计是一个信息系统,目的是及时提供客观、可靠的会计信息,将其作为会计信息使用者决策的依据。企业根据实际发生的经济业务事项进行会计核算,填制会计凭证、登记会计账簿、编制财务报告,形成了会计核算的系统。其中,凭证、账簿和财务报告是会计信息的载体。进行会计核算的首要任务就是设计会计核算系统,这样才能保证会计信息的质量,提高会计工作效率。

第一节 会计凭证的设计

会计凭证是根据经济业务的内容,按照一定格式编制的一种书面单据。填制和审核会计凭证是会计核算的重要组成部分。会计凭证能够证明经济业务已发生,明确业务处理过程中有关部门或人员的经济责任,并作为登记账簿的依据。会计凭证在会计核算系统中的地位十分重要。会计核算程序的基本形式可以概括为"凭证—账簿—报表",会计凭证是会计核算的起点和基础。离开会计凭证,会计核算就无从进行。

会计凭证包括原始凭证和记账凭证两种。会计凭证设计主要就是原始凭证的设计和记账凭证的设计以及凭证传递程序和保管制度的设计。

一、原始凭证的设计

原始凭证又称单据,是在经济业务发生时取得或填制,用于证明经济业务的发生和完成情况的书面证明。原始凭证包括自制原始凭证和外来原始凭证两大类。在进行原始凭证设计时,主要考虑自制原始凭证的设计。

(一)原始凭证的基本要素

各种原始凭证所记载的经济业务是多种多样的,每一种原始凭证的具体内容都不相同,但每一种原始凭证都必须具有下列基本内容:

(1)原始凭证的名称。
(2)填制原始凭证的单位名称。
(3)原始凭证填制的日期和凭证编号。
(4)接受原始凭证单位的名称。
(5)经济业务内容(摘要、计量单位、数量、单价和金额等)。
(6)经办人员的签名或盖章。

有些原始凭证不仅要满足会计核算工作的需要,还需要满足计划、统计以及其他业务管理方面工作的需要,因此可以根据具体情况增设一些补充性的内容,如有些凭证可以注明与该业务有关的生产计划、工作令、合同和预算项目等。对于对外自制原始凭证来说,上述内容应该齐全。对于一些对内的自制凭证,有些内容,如填制原始凭证单位名称、接受原始凭证的单位等,则可适当省略。

（二）原始凭证的设计要求

在设计原始凭证格式时，应该考虑原始凭证的设计要符合经济业务的客观要求。对于一般性的业务，在凭证设计时可以设置一些共同性的基本内容；对于一些特殊的业务，则应该设置一些特殊的内容。原始凭证的设计要求主要有如下几个方面：

（1）基本内容要求设计完整。原始凭证既是业务证明，又是记账的依据，能够证明经济业务确实发生以及发生的情况。因此，这就要求凭证各要素设计完整，避免出现法律纠纷和影响账务处理的情况。

（2）与相关业务管理相结合。在设计原始凭证时，要求广泛征求相关部门的意见，照顾其他部门核算和管理的需要，尽量做到一"证"或一"单"多用。

（3）要有利于内部牵制。在设计原始凭证时应特别注意存根、连续编号、复写联次和相关人员盖章，充分考虑内部牵制，确保经济业务的真实性、合法性和有效性。

（三）原始凭证的设计格式

原始凭证一般采用固定的印制格式来反映经济业务的基本要素。为了使原始凭证简明实用，在绘制原始凭证时，应考虑以下因素：

（1）凭证格式的大小。设计凭证格式的大小主要考虑两个因素：一是经济内容的多少。经济内容多，凭证格式可大一些；反之，则可小一些。二是与记账凭证的相互协调性。一般原始凭证的大小不应超过所使用的记账凭证，以便装订成册，使凭证美观。

（2）内容位置的安排。凭证内容要素要合理地安排在一张凭证上，凭证要素排列的顺序要考虑凭证传递顺序的要求。各个要素的安排应便于登记，一般项目名称在左边，要填制的内容在右边。整个凭证要素的排列要突出重点，重要的项目应设置在主要位置上。

（3）凭证的联数。为了满足不同部门对信息的需求，一般设计一式多联的原始凭证。凭证的联数主要取决于企业的组织机构、管理要求及与企业外部的关系。在设计一式多联的凭证时，应当注明每一联凭证的用途和传递顺序。各联凭证的名称应与该联凭证所起作用保持一致，注明不同用途的各联凭证不能互相代替。

（4）凭证的版式。凭证纸质的优劣应根据凭证使用的频率、复写联数和保存期限来确定；凭证的颜色应使用比较柔和的浅色，不同联次应使用不同颜色加以区别，如收款联用红色、付款联用绿色。在印刷字体上一般采用比较庄重的字体，如宋体或仿宋体。凭证的线条应醒目，粗细得当。

（四）各种原始凭证的具体设计

不同的经济业务需要不同的原始凭证反映，现按照经济业务的种类，对主要原始凭证的设计介绍如下。

1. 货币资金业务原始凭证的设计

货币资金业务主要是指企业的库存现金、银行存款业务。反映此类业务的原始凭证具有下列特点：既有外来原始凭证，又有自制原始凭证；既有通用凭证，又有专用凭证；从填制手续看都是一次凭证。反映库存现金业务的原始凭证主要有借款单、收据、差旅费报销单、库存现金盘点报告表和医药费报销单等。银行存款业务的原始凭证有支票、付款委托书、商业汇票等。在我国,银行结算凭证实行通用化,不需要自行设计,而反映库存现金业务的各种原始凭证大多需要自行设计。因此,库存现金业务凭证是货币资金业务凭证的设计重点。

(1) 现金收据。现金收据一般设计一式三联,一联作为存根备查,一联送交付款单位(或个人)收执作为报销凭证并加盖或加印税务部门的监制章,一联由会计凭以记账,如表4-1所示。

表 4-1　　　　　　　　　　　　现金收据

年　　月　　日　　　　　　　　　　　字第　号

交款单位或个人名称	
收款事由：	
金额(大写)：	¥

收款单位　　　　　　　　出纳　　　　　审核　　　　交款人

注:本收据无单位公章无效。

(2) 出差借款单。出差借款单一般只设计一联,由借款人填写,交其所在单位负责人审核签字,再送财会部门负责人审批后,出纳予以付款并送交会计进行账务处理,如表4-2所示。

表 4-2　　　　　　　　　(企业名称)出差借款单

年　　月　　日

借款人姓名		所在单位或部门	
出差地点		出差事由	
往返时间		借款金额		预计还款日期	
人民币(大写)			

审批　　　　　出纳　　　　借款单位负责人　　　　　　借款人

(3) 差旅费报销单。差旅费报销单属于汇总原始凭证,只设计一联,由报销人和会计主管人员共同填制,经有关人员签章后,会计据此及所附各原始凭证进行账务处理,如表4-3所示。

表 4-3　　　　　　　　　(企业名称)差旅费报销单

年　　月　　日

报销人姓名			所在单位			出差地点	
出差事由			出差时间		月　日至　月　日		
费用项目	交通费				住宿费	补助费	其他费用	合计
	火车	飞机	船	长途汽车	市内汽车				
凭证张数									
金额									
原借款数				报销数			退补数		
人民币(大写)									

审批　　　　　　　　报销单位负责人　　　　　　　　报销人

2. 工资业务原始凭证的设计

工资是以货币形式支付给职工的劳动报酬。工资业务主要包括工资的结算和工资费用的分配。为了保证工资计划的正确实施,防止在工资结算和发放过程中出现弄虚作假、贪污舞弊等行为,必须设计严密的控制程序和完善的凭证体系、建立健全考勤记录和产量记录,反映工资业务的原始凭证主要有工资单、集体计件工资分配表、工资分配汇总表等。

(1) 工资单。工资单是由劳资部门和财会部门按车间、职能科室、工段或小组按月编制的记录工资发放情况的原始凭证。通常一式三份,其中两份分别由劳资部门和会计部门存留备查及进行账务处理,另一份按每个职工裁成单条,分别发给职工。工资单的一般格式如表4-4所示。

表4-4　　　　　　　　　　　(企业名称)工资单

车间或部门　　　　　　　　　　　　　　年　　月　　日

工号	姓名	计时工资			计件工资	加班工资	奖金	津贴	应发工资	代扣款项							实发工资	领款人签章
		日工资率	出勤天数	金额						房租	水电费	工会费	借支	幼托费	其他	合计		
合计																		

车间或部门负责人　　　　工资核算员　　　　　　复核　　　　　制单　　　　出纳

(2) 集体计件工资分配表。集体计件工资分配表是在按照生产小组的产量和计件单价计算出小组应得工资后,分配小组成员应得计件工资的原始凭证,一般按小组内各成员工资等级和实际工作时间进行分配,具体格式如表4-5所示。

表4-5　　　　　　　　　(企业名称)集体计件工资分配表

小组名称　　　　　　　　　　　　　年　　月　　　　　　　　　　　编号

姓名	工资等级	工资等级系数	实际工作时数	小时工资系数	每一系数小时应得工资	应得工资
①	②	③	④	⑤=③×④	⑥	⑦=⑤×⑥
合计						

会计主管　　　　　　　　复核　　　　　　　　制单

(3) 工资分配汇总表。工资分配汇总表是对各车间或部门的工资费用按用途进行归集和分配的原始凭证,具体格式如表4-6所示。

表4-6　　　　　　　　　　　(企业名称)工资分配汇总表
年　　月

车间或部门	应贷科目	应借科目						
	应付职工薪酬	生产成本		制造费用	管理费用	销售费用	在建工程	合计
		基本生产成本	辅助生产成本					
合计								

会计主管　　　　　　　　　　　复核　　　　　　　　　　　制单

3. 固定资产业务原始凭证的设计

固定资产业务,包括固定资产的购买、接受捐赠、工程完工验收、折旧、报废、盘盈和盘亏等。为了分别反映固定资产各项业务的发生和完成情况,需要分别设计固定资产验收单、工程验收决算报告、接受捐赠固定资产情况表、固定资产报废单、固定资产折旧计算表、固定资产内部转移单、固定资产盘盈盘亏报告表等。由于固定资产业务的发生不太频繁,该类原始凭证也不经常使用,大多没有固定格式,而多采用书面说明的办法或自行设计专用凭证,但固定资产业务比较复杂,需要在凭证上反映的内容较多。设计该类原始凭证比较麻烦,经常需要与固定资产管理部门共同协商。以下是几种主要凭证的格式。

(1) 固定资产验收单。固定资产验收单用于投资者投入、企业购进不需要安装的固定资产业务,通常由固定资产验收小组填制后,交财会部门结合其他有关资料进行账务处理,具体格式如表4-7所示。

表4-7　　　　　　　　　　　(企业名称)固定资产验收单
编号　　　　　　　　　　　年　　月　　日

合同号数	固定资产名称	规格型号	计量单位	质量检查		合同数量	实收数量	备注
				合格	不合格			

使用部门　　　　　管理部门　　　　　质检部门　　　　　财会部门

(2) 固定资产报废单。固定资产报废单通常设计一式两联,由固定资产管理部门或使用部门提出报废申请,按报废对象填制,详细说明固定资产的技术状况和报废原因,经有关部门审定批准后,其中一联送交财会部门,作为组织固定资产清理核算的依据;另一联留归固定资产管理部门或使用部门留存,并登记固定资产卡片,"处理意见"栏各部门审查后加注意见并签章,具体格式如表 4-8 所示。

表 4-8　　　　　　　　　　　(企业名称)固定资产报废单

固定资产名称　　　　　　　　　年　　月　　日　　　　　　　　字第　　号

编号	规格型号	单位	数量	预计使用年限	已使用年限	原始价值	已提折旧	残值	附属设备	备注
固定资产状况及报废原因										
处理意见	使用部门		技术鉴定小组			设备管理部门			主管部门审批	

4. 采购业务原始凭证的设计

采购业务主要有材料采购和验收入库两个环节。采购业务发生以后,必须取得供货单位的"发货票"、运输单位的"运单"、银行的结算凭证以及其他有关凭证,在此基础上进行会计核算。核算的任务包括:一是计算材料的实际采购成本,二是反映材料入库的实际情况。需要设计的原始凭证分别是材料采购成本计算单(表 4-9)和材料入库单(表 4-10)。

表 4-9　　　　　　　　　　　(企业名称)材料采购成本计算单

材料名称　　　　　　　　　　　年　　月　　日　　　　　　　　字第　　号

成本项目	购进数量	单位成本	总成本	备注
材料实际成本				

会计主管　　　　　　　　　　　复核　　　　　　　　　　　制单

表 4-10　　　　　　　　　　　(企业名称)材料入库单

供货单位　　　　　　　　　　　年　　月　　日　　　　　　　　入字第　　号
发票编号　　　　　　　　　　　　　　　　　　　　　　　　　　收料仓库

材料类型	材料名称	规格与型号	计量单位	数量		计划单价	金额	备注
				应收	实收			
合计								

仓库负责人　　　　　　　　　　收料人　　　　　　　　　　交料人

需要指出的是,材料采购成本计算单在材料采购业务不多的企业里,可不必专门设计,在计算材料采购成本时,由有关人员临时绘制。

材料入库单一般应设计三联。第一联留在仓库登记材料卡片；第二联退给交料单位进行业务核算；第三联送交财会部门进行账务处理。

材料如果按实际成本计价，"计划单价"栏应按实际成本设计。如因管理需要，"金额"栏内还应分别设计材料买价和采购费用项目。

5．成本核算业务原始凭证的设计

成本核算所使用的原始凭证包括原材料的领用、工资费用分配、制造费用分配表等。在设计这类原始凭证时，必须与本企业的生产经营特点结合起来，对成本项目划分要正确、详细，应在各种费用分配凭证的明显位置注明费用的分配标准和分配比率，必须有制单人员和主管会计人员的签章。

（1）领料单和限额领料单。领料单和限额领料单是原材料领用环节的原始凭证，领料单格式如表4-11所示，限额领料单格式如表4-12所示。

表4-11　　　　　　　　　　（企业名称）领料单

领料单位　　　　　　　　　　年　月　日
领料用途　　　　　　　　　　　　　　　　　　　　　　　　　　发料仓库

材料名称	规格与型号	计量单位	数量		单价	金额	备注
			请领	实发			
合计							

领料主管　　　　　　审批　　　　　　　　发料人　　　　　　　领料人

表4-12　　　　　　　　　　（企业名称）限额领料单

领料单位　　　　　　　　　　年　月　日　　　　　　　　　　发字第　号
材料名称　　　　　　　　　　　　　　　　　　　　　　　　　发料仓库
用途　　　　　　　　　　　　　　　限额　　　　　　　　　　计量单位

日期	本次领用数	累计领用数			超支	结余	领料人	备注
		数量	单价	金额				
合计								

领料主管　　　　　　　　发料人　　　　　　　供应部负责人

(2) 职工薪酬分配表。职工薪酬分配表是将各部门职工的工资和福利费等通过一定标准分配到对应的账户,具体格式如表 4-13 所示。

表 4-13　　　　　　　　　　　　　职工薪酬分配表

　　　　　　　　　　　　　　年　　月　　日　　　　　　　　　　　金额单位:

应借项目	职工薪酬					合计
	分配标准	分配率	分配金额	工资	福利费	
生产成本——基本——明细						
小计						
生产成本——辅助——明细						
小计						
制造费用——基本						
管理费用						
销售费用						
合计						

审核　　　　　　　　　　　　　　　　　　　　　制表人

(3) 制造费用分配表。制造费用是车间管理部门为组织管理产品生产而发生的间接费用。为了保证产品成本计算的准确性,应将制造费用按照一定的标准分配计入各种产品成本。为此,必须设计制造费用分配表,其格式如表 4-14 所示。

表 4-14　　　　　　　　　　　(企业名称)制造费用分配表

车间　　　　　　　　　　　　　　　年　　月　　　　　　　　　　金额单位:

成本计算对象	制造费用额	分配标准数	分配率	分配金额
①	②	③	④=②÷③	⑤=③×④
合计				

会计主管　　　　　　　　　　　复核　　　　　　　　　　　　制单

6. 销售业务原始凭证的设计

反映销售业务的原始凭证,最主要的是销货单,由于产品销售方式不同,销货单的具体内容和名称也不一致,如采用分期收款销售方式与一次收款销售方式下销售凭证的设计就有很大的区别。销售凭证不同于材料采购业务和产品生产业务的凭证,它与外单位发生联系,既是本单位的自制原始凭证,又是购货单位的外来原始凭证。因此设计时,既要注重凭证的内容齐备,又要讲究形式的美观大方;既要满足本单位的需要,又要符合购货单位的要求。现将制造企业的销货单设计如下,具体格式如表 4-15 所示。

表 4-15　　　　　　　　　　　　（企业名称）销货单

　　　　　　　　　　　　　　　　　年　　月　　日　　　　　　　　　　销字第　　号

购货单位或个人　　　　　　　　　　　　　　　　　　　　　　　　　　　发货仓库

货号	品名	规格与型号	计量单位	数量	单价	金额	备注
合计金额（大写）							

业务主管　　　　　　　会计　　　　　　　制单　　　　　　　保管　　　　　　　提货人

销货单一般应设计为一式五联：①存根，由销售部门留存进行业务核算。②发票，交购货人回单位报账。③收款，由财会部门办理收款并进行会计核算。④发货由仓库保管凭以发货并登记仓库台账。⑤代出门证，交门卫留存备查。

二、记账凭证的设计

记账凭证是由会计人员根据审核无误的原始凭证或原始凭证汇总表加以归类而填制的，是进行账簿登记的直接依据。记账凭证的作用在于根据经济业务的性质确定应借应贷的会计科目，分门别类地在不同的账户中进行记录，避免出现登账差错。由于一切业务的账簿登记主要根据记账凭证进行，记账凭证的编制也有利于对业务的审核和制约，并能保护原始凭证的安全。记账凭证的编制也为日后的审计提供了方便。

记账凭证主要有以下几种类型：①通用记账凭证。②专用记账凭证（收、付款凭证和转账凭证）。③单式记账凭证（借项凭证和贷项凭证）。④汇总记账凭证（汇总收款凭证、汇总付款凭证和汇总转账凭证）。⑤科目汇总表。在选用记账凭证时，应根据各种记账凭证的适用性及企业的实际情况加以选择。

（一）记账凭证的基本要素

记账凭证的内容分为基本内容和其他内容两部分。记账凭证的基本内容是指记账凭证发挥其作用所必需的基本要素和基本项目。无论记账凭证格式如何设计，都应具备以下基本内容：

（1）记账凭证填制单位的名称。

（2）记账凭证的名称。

（3）凭证的编号和填制日期。

（4）经济业务的摘要。

（5）应借应贷的科目和金额。

（6）记账的标记。

（7）所附原始凭证的张数。

（8）会计主管、审核、记账和编制人员的签章。

（二）记账凭证格式设计要求

记账凭证格式设计是记账凭证设计的重要内容。在设计时应符合以下要求：

（1）基本内容要完整，重点内容要突出。

（2）会计科目、金额的栏数和各主要栏次的排列要合理，书写分录的行次要适当。

（3）各种不同的记账凭证要用不同的颜色印刷。

（三）主要记账凭证的设计

由于记账凭证的填制方式不同，有些是把同类经济业务所涉及的会计科目集中填列在一张凭证上，反映经济业务的全部内容；有些是把同类经济业务所涉及的会计科目分别填列在几张记账凭证上，一张凭证只记一个会计科目，反映经济业务某方面的内容。记账凭证分为复式记账凭证和单式记账凭证两种。这就要求设计记账凭证时，应确定采用复式记账凭证还是单式记账凭证，并在此基础上设计凭证格式。

（一）复式记账凭证

复式记账凭证是目前企业使用较多的记账凭证，其优点是填制手续简单，便于从一张凭证上了解经济业务的全貌，反映资金变化的来龙去脉；其缺点是不利于编制汇总记账凭证。复式记账凭证既可以设计为通用格式，也可以设计为专用格式。

1. 通用复式记账凭证

通用复式记账凭证格式如表 4-16 所示。

表 4-16　　　　　　　　　　通用记账凭证

年　　月　　日　　　　　　　　　　　　　第　号

摘要	借方科目		贷方科目		金额	记账符号
	一级科目	明细科目	一级科目	明细科目		
合计						

会计主管　　　　　　　　记账　　　　　　　　复核　　　　　　　　制单

2. 专用复式记账凭证

专用复式记账凭证包括收款凭证、付款凭证和转账凭证,具体格式如表 4-17、表 4-18 和表 4-19 所示。

表 4-17　　　　　　　　　　　　收款凭证

借方科目：　　　　　　　　　　　年　　月　　日　　　　　　　　　　　第　号

摘要	贷方科目		金额	记账符号
	一级科目	明细科目		
合计				

会计主管　　　　　记账　　　　　复核　　　　　出纳　　　　　制单

表 4-18　　　　　　　　　　　　付款凭证

贷方科目：　　　　　　　　　　　年　　月　　日　　　　　　　　　　　第　号

摘要	借方科目		金额	记账符号
	一级科目	明细科目		
合计				

会计主管　　　　　记账　　　　　复核　　　　　出纳　　　　　制单

表 4-19　　　　　　　　　　　　转账凭证

　　　　　　　　　　　　　　　　年　　月　　日　　　　　　　　　　　第　号

摘要	会计科目	借方金额		贷方金额		记账符号
		一级科目	明细科目	一级科目	明细科目	
合计						

会计主管　　　　　记账　　　　　复核　　　　　　　　　　制单

（二）单式记账凭证

单式记账凭证有利于会计工作的分工,便于汇总计算每一会计科目的发生额,进而简化登记总账的工作量,但在凭证上不便于反映账户之间的对应关系,难以了解经济业务的全貌,且填制工作量大,印制费用高。因此,除采用汇总记账凭证核算形式最好设计成单式记账凭证外,其他核算形式下尽可能少用。

单式记账凭证包括收款凭证、付款凭证、借项转账凭证和贷项转账凭证,具体格式如表 4-20、表 4-21、表 4-22 和表 4-23 所示。

表 4-20　　　　　　　　　　　　收款凭证

年　　月　　日　　　　　　　　　　　　字第　　号

贷方科目：　　　　　　　　　　　　　　　　　　　　　　　　　附件　　张

二级或明细科目	摘要	账页	金额
合计			

会计主管　　　　记账　　　　出纳　　　　　　　复核　　　　　　　制证

表 4-21　　　　　　　　　　　　付款凭证

年　　月　　日　　　　　　　　　　　　字第　　号

借方科目：　　　　　　　　　　　　　　　　　　　　　　　　　附件　　张

二级或明细科目	摘要	账页	金额
合计			

会计主管　　　　记账　　　　出纳　　　　　　　复核　　　　　　　制证

表 4-22　　　　　　　　　　　借项转账凭证

年　　月　　日　　　　　　　　　　　　字第　　号

借方科目：　　　　　　　　　　　　　　　　　　　　　　　　　附件　　张

二级或明细科目	摘要	账页	金额
对方科目	合计		

会计主管　　　　　　记账　　　　　　　　复核　　　　　　　制证

表 4-23　　　　　　　　　　　贷项转账凭证

年　　月　　日　　　　　　　　　　　　字第　　号

贷方科目：　　　　　　　　　　　　　　　　　　　　　　　　　附件　　张

二级或明细科目	摘要	账页	金额
对方科目	合计		

会计主管　　　　　　记账　　　　　　　　复核　　　　　　　制证

三、会计凭证传递程序和保管制度的设计

为了保证会计工作有条不紊地进行和及时提供会计资料,防止会计凭证的失散和账户记录的遗失,对会计凭证的传递程序和保管制度也应在会计制度中加以规定。

(一) 会计凭证传递程序的设计

会计凭证传递程序是指会计凭证从填制或取得起到归档止,在本单位内各有关部门和人员之间的传递过程和停留时间。制定合理的凭证传递程序有利于企业各部门明确分工,并相互协调和配合;有利于督促经办业务的部门和人员及时正确地完成经济业务,完成凭证编制手续,有利于考核有关人员是否按规定的程序处理业务,从而加强岗位责任制。

会计凭证传递程序设计的要点概括如下:

(1) 会计凭证传递程序应根据各项经济业务的特点,结合本单位各部门和人员的分工情况加以制定,以满足内部控制的要求。

(2) 会计凭证传递程序应结合业务处理的程序绘制成流程图,使有关人员能够按照流程图准确地传递凭证,也便于分析、追踪和监督业务处理的过程。

(3) 会计凭证在传递过程中既要有利于各有关部门充分利用会计凭证所提供的信息,满足经济管理的需要,又应避免不必要的传递环节,以免造成传递时间上的浪费。

(4) 会计凭证在各个环节上停留的时间应根据各部门和人员办理各项业务手续需要的时间来确定,既要防止停留时间过短,影响必要的业务手续的完成,又要防止停留时间过长,影响凭证的及时传递。

(5) 会计凭证传递程序要根据业务情况的变动及时加以修订。会计凭证的一般传递程序如图4-1所示。

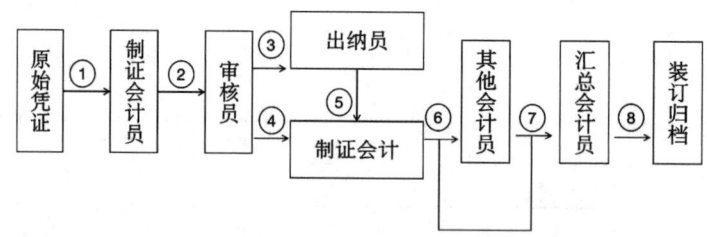

图 4-1 会计凭证的一般传递程序图

说明如下:

① 财务部门收到原始凭证后,按其内容和会计人员的分工,交有关会计人员编制记账凭证。

② 制证后,立即交给负责凭证审核的会计人员审核。

③ 审核无误的收、付款凭证立即转出纳收、付款,并编号和登记库存现金、银行存款日记账。

④ 审核无误的转账凭证立即退还制证会计员进行编号,并登记其经管的账簿。

⑤ 出纳过账后的收、付款凭证转原制证会计员登记明细账。

⑥ 记账凭证由制证会计员传给其他有关会计员过明细账。

⑦ 采用汇总记账凭证核算组织程序和科目汇总表核算组织程序的企业,月末将全部凭证集中到负责凭证汇总的会计人员,以编制汇总记账凭证或科目汇总表,并据以登记总账。

⑧ 次月初,全部凭证交给负责装订凭证的会计人员装订成册,暂存财务档案室保管。

(二) 会计凭证保管制度的设计

会计凭证的保管制度的设计主要考虑凭证的保管措施和办法,便于本单位随时检查和利用,也便于上级领导机关和审计机关检查与评价工作。

会计凭证保管制度的设计主要包括以下内容:

(1) 会计凭证在登记入账以后,应将各种记账凭证连同所附原始凭证按照凭证编号顺序定期装订成册,以防散失。装订时间间隔的长短视业务量多少而定。

(2) 装订成册的凭证应加贴封面和封底,载明单位名称、凭证名称、凭证张数、凭证起讫号数、凭证所属年度、月份或起讫时间等内容。

(3) 装订成册的凭证应加贴封条,并由会计主管人员签章,以防抽换凭证。

(4) 如原始凭证较多时,可将原始凭证单独装订成册,但必须在记账凭证封面上注明原始凭证另存。

(5) 如果原始凭证属于十分重要的业务单据,则应单独予以保管,但必须在有关记账凭证上加注说明,以便日后查验。

(6) 确定会计凭证的保管期限,凭证保管期满才能销毁。

(7) 确定会计凭证的保管人员,非保管人员不得私自接触归档的凭证等。

第二节 会计账簿的设计

会计账簿(简称账簿)是用来序时地、分类地记录各项经济业务的簿籍。为了连续地、系统地记录企业的经济活动情况,就有必要设置和登记账簿。账簿记录既可提供总括核算资料,又可提供明细核算资料,反映企业的资产、负债和所有者权益的增减变动情况以及各种收入、费用的发生和利润的实现、分配等情况。账簿记录又是编制会计报表的主要依据。会计报表的数字是否真实,编制报表是否及时,都同账簿登记有密切关系。因此,根据企业实际需要设置各种账簿是企业会计制度设计的重要内容之一。

一、会计账簿的分类及设计要求

(一) 会计账簿的分类

会计账簿按不同的标准可以分为不同的种类。

第一,会计账簿按其用途不同,可以分为序时账、分类账和备查账。

(1) 序时账。序时账是按经济业务发生的时间先后顺序逐日登记的账簿,又称为日记账。日记账按其记录的内容不同,又分为普通日记账和特种日记账。普通日记账是用来序时登记全部经济业务发生情况的日记账,如日记总账。特种日记账是用来序时登记某一类经济业务发生情况的日记账,如库存现金日记账、银行存款日记账。

(2) 分类账。分类账是指对全部经济业务按照总分类账户和明细分类账户进行分类登记的账簿。分类账有总分类账和明细分类账两种。按照总分类账户进行登记的分类账,称为总分类账或总账;按明细分类账户登记的分类账,称为明细分类账或明细账。

(3) 备查账是对某些在日记账和分类账中未能登记的经济事项进行补充登记的账簿,如租入固定资产登记簿、受托加工材料登记簿等。

第二,会计账簿按外表形式不同分为订本式账簿、活页式账簿和卡片式账簿。

(1) 订本式账簿。订本式账簿是指把许多账页装订成册的账簿。这种账簿的账页固定,不能增减抽换,可防止账页散失和抽换账页的现象,但由于账页固定,使用起来缺乏灵活性,必须预先估计每个账户所需要的账页,否则账页多了浪费,而少了不够用,影响账户登记的连续性。另外,一本账簿在同一时间内只能由一人登记,不便于记账分工。

(2) 活页式账簿。活页式账簿是指账簿页数不固定,采用活页形式的账簿。

(3) 卡片式账簿是指印有专门格式的卡片组成的登记各种经济业务的账簿。活页式账簿和卡片式账簿都不是预先装订成册的,页数可以根据需要来确定,并能根据记账的需要随时将空白账页和账卡插入其中,又便于记账分工。但由于账簿的页数不固定,可能出现散失或被抽换的现象。

(二) 会计账簿设计的要求

会计账簿设计的好坏,对及时、清楚地提供管理所需信息、简化核算工作、加速编制会计报表等都有密切关系。它的设计主要涉及两个方面的问题:一是账簿本身的设计,包括要设置哪些种类和数量的账簿、各种账簿之间的关系、账簿的设置地点、采用的形式等;二是账页格式的设计,包括一张账页要提供哪些信息、信息的时间性、采用的登记方法、信息的版式安排等。

因此,会计账簿的设计应遵循以下基本要求:

(1) 适应企业规模和特点。账簿的种类和数量要与企业的经济业务数量和管理要求相适应。一般业务量大,管理要求细的企业,可以设置单独的账簿进行登记。业务量多,核算工作量大,就要考虑会计分工,从而要进行账簿的分工。因此,经济业务数量是决定账簿设计的关键因素之一。

(2) 适应会计报表编制的要求。账簿是编制会计报表的依据,会计报表的主要数据来源于账簿。因此,在设计账簿种类和明细时,除了考虑企业规模,应尽可能地与会计报表项目口径一致,以便加快报表编制速度,提高会计报表数据的质量。

(3) 简明实用,便于审核、查阅和保管,满足业务需要。在满足业务需要的前提下,设计账簿时,账页的格式应当简单明了,账本的册数不应过多,账页的尺寸不宜过大,栏次不宜过多,还应考虑账簿的查阅和保管。在设计账簿的内容时,一方面,应与报表相对应;另一方面,应与会计凭证相对应,以便于账簿的审核。

(4) 账簿与账簿之间的关系,应结合账务处理程序做通盘考虑。例如,日记账与分类账、总账与明细账之间的信息关系怎样安排,是逐笔登记还是汇总登记,如何保证账簿记录的正确性等。这些问题都会影响到对账簿的设计。

二、序时账的设计

序时账的作用主要有两个:一是对经济业务进行序时登记,完整地反映经济活动的情况,保护原始凭证的安全;二是编制会计分录,确定应借、应贷的会计科目和金额,据以登记分类账,故又称分录簿。由此可见,序时账是用作序时记录经济业务、确定会计分录并据以登记分类账的依据。在我国,目前大多数企业采用记账凭证核算组织程序,通过记账凭证编制会计分录,然后据以记入分类账,上述日记账的作用已为记账凭证所代替。随着经济业务的复杂化,登记分类账的工作需要简化,记账需要分工,管理上要求提供更多的信息。因此日记账也就不断加以改进和发展,从普通日记账发展为专栏日记账,进而发展为特种日记账和多栏式特种日记账。日记账主要向如下两个方面发展:一是向专栏设置方面发展,这是简化过账工作和提供更多管理信息的需要;二是向账簿分割方面发展,这是记账分工的需要。

以下是对普通日记账、专栏日记账、特种日记账和多栏式特种日记账基本格式的设计。

(一) 普通日记账的设计

普通日记账用来序时、全面地登记一个单位的经济业务发生情况,它由原始的日记账和分录簿相结合而成。具体格式如表 4-24 所示。

表 4-24   普通日记账

年		凭证号	摘要	账户名称	借方金额	贷方金额	过账
月	日						

普通日记账中的摘要栏,是扼要说明经济业务内容的,账户名称和金额栏则是记录会计内容的。这种日记账的优点是可以全面地反映一个单位的经济业务情况,对原始凭证起保护作用。它的主要缺点是要根据会计分录逐笔登记分类账,过账工作量大,如果业务繁多,也不便于分工记账。

(二) 专栏日记账的设计

专栏日记账又称为多栏式日记账。它是在普通日记账中,将经常重复发生的经济业务所涉及的有关账户,设置一些专栏,根据专栏汇总数一次登记有关分类账户,以减少逐笔过账的工作。具体格式如表 4-25 所示。

表 4-25　　　　　　　　　　　专栏日记账

年		凭证号数	摘要	银行存款		材料采购	生产成本	制造费用	其他账户			
月	日			借方	贷方	借方	借方	借方	账户名称	借方	贷方	过账

表 4-25 仅是举例,企业可以根据自己的情况,选择业务量发生多的账户设置专栏。至于业务量发生不多的账户,则在"其他账户"中登记。登记分类账时,凡设有专栏的账户,可在期末根据汇总数一次登记有关账户,无须逐笔过账;对其他账户栏的数字,则仍需逐笔登记有关分类账户。这种日记账的作用主要是通过设置专栏减少过账工作量。其缺点是只能由一人登记,不便于会计分工。

(三) 特种日记账的设计

在经济业务大量发生的情况下,为了解决会计分工的需要,日记账就需进行分割。把大量重复发生的同类经济业务集中在一本日记账中登记,这就产生了特种日记账。特种日记账是专门用来序时地登记某一类经济业务的日记账。

企业经常重复发生的经济业务,归纳起来主要有库存现金收支业务、银行存款收支业务、购货业务和销售业务等几类。而各种费用支出和应收、应付款项结算等,多数与上述业务相联系,可以结合在上述业务中登记。因此,特种日记账的设计,主要设置库存现金日记账、银行存款日记账、购货日记账和销货日记账等几种。

1. 库存现金日记账和银行存款日记账格式的设计

库存现金日记账是专门用来登记库存现金或银行存款收支业务的,其格式如表 4-26 所示。银行存款日记账的格式与库存现金日记账的格式基本相同,不同之处在于,为了方便同银行对账,需增设"结算方式"栏,再将凭证号数栏中的现收、现付改为银收、银付即可。银行存款日记账格式如表 4-27 所示。

表 4-26　　　　　　　　　　　库存现金日记账

年		凭证号数		摘要	对应账户	过账	借方	贷方	余额
月	日	现收	现付						

表 4-27　　　　　　　　　　　银行存款日记账

年		凭证号数		结算方式	摘要	对应账户	过账	借方	贷方	余额
月	日	银收	银付							

2. 购货日记账格式的设计

购货日记账是专门用来登记购货业务的。购货业务较多的企业对采购业务的发生及完成情况,要设置购货日记账。企业购货业务按结算方式分为付现购入和赊购两种情况,因此,购货日记账的设计也有两种:一种是只登记赊购业务,在购货日记账中只设"应付账款"和"应付票据"科目,付现购入业务在库存现金和银行存款日记账设"材料采购"专栏进行登记;另一种是登记全部购进业务,而库存现金日记账和银行存款日记账不设"材料采购"专栏。登记全部购进业务的购货日记账格式如表4-28所示。

表4-28　　　　　　　　　　购货日记账(全部购进业务)

年		凭证号数	摘要	供货单位	过账	材料采购借方				库存现金贷方	银行存款贷方	应付账款贷方	应付票据贷方
月	日					买价	运费	其他	合计				

购货日记账如果只登记赊购业务,则无须设置库存现金和银行存款栏目,具体格式如表4-29所示。

表4-29　　　　　　　　　　购货日记账(赊购业务)

年		凭证号数	摘要	供货单位	过账	材料采购借方				应付账款贷方	应付票据贷方
月	日					买价	运费	其他	合计		

3. 销货日记账格式的设计

销货日记账是专门用来反映企业销售业务的一种日记账。销售业务按结算方式分为现销和赊销两种,因此设置销货日记账也有两种方法:一种是只登记赊销业务,现销业务在库存现金和银行存款日记账设"主营业务收入"专栏进行登记;另一种是登记全部销售业务,而在库存现金、银行存款日记账中没有设"主营业务收入"专栏。其格式如表4-30和表4-31所示。

表4-30　　　　　　　　　　销货日记账(赊销业务)

年		凭证号数	摘要	购货单位	过账	应收账款借方	产品销售收入贷方					
							××产品			××产品		
月	日						数量	单价	金额	数量	单价	金额

表4-31　　　　　　　　　　销货日记账(全部销售业务)

年		凭证号数	摘要	购货单位	过账	库存现金借方	银行存款借方	应付账款借方	产品销售收入贷方					
										××产品			××产品	
月	日								数量	单价	金额	数量	单价	金额

在设置特种日记账的情况下,还须设置一本普通日记账,用来登记特种日记账以外的经济业务,如领用原材料和低值易耗品、固定资产折旧、成本结转、期末结账等。

(四) 多栏式特种日记账的设计

特种日记账的作用主要是解决会计分工问题,同时由一人专门登记某一类经济业务,可以提高工作效率。另外,不少总分类账户可以根据日记账的汇总数一次过入,从而减轻过账工作量,但是可以看出,在库存现金日记账和银行存款日记账中,其对应账户仍需逐笔过账,工作量较大。而在购货日记账和销货日记账中,还不能给企业管理提供更多的信息,如考核每个采购小组的采购量、每个售货小组的销售额等。为了进一步减少过账工作量和提供更多的管理或编表资料,在特种日记账中还可以进一步设置一些专栏,这样就产生了多栏式特种日记账。下面以多栏式银行存款日记账和多栏式销货日记账为例加以说明。

多栏式银行存款日记账的作用主要是进一步减少对应账户的过账工作,将经常重复出现的对应账户设置专栏登记,较少出现的账户则在其他栏中登记,其格式如表 4-32 所示。如果对应账户的专栏设置过多,账页过长,会给记账工作带来不便,也可将该日记账分割为银行存款收入日记账和银行存款支出日记账两本账簿,并在收入日记账中增设"支出合计"和"余额"两栏,定期将支出日记账的支出合计数转记到收入日记账中,并结出余额。

表 4-32　　　　　　　　　多栏式银行存款日记账

年		凭证号数	对应账户贷方					银行存款借方	对应账户借方							银行存款贷方	余额
月	日		库存现金	产品销售收入	应收账款	其他			库存现金	材料采购	应付账款	制造费用	其他				
						账户名称	金额	过账						账户名称	金额	过账		

多栏式库存现金日记账的格式设计,可比照多栏式银行存款日记账设计。

多栏式销货日记账的专栏设置,主要是提供管理所需的信息或编表的资料。例如,对于销售额,可以按照营业小组、产品种类、应税税率或销售地区等进行分类,并设置专栏,提供各种不同的数据作为管理上的参考。按营业小组分设专栏的格式如表 4-33 所示。

表 4-33　　　　　　　　　多栏式销货日记账

年		凭证号数	摘要	购货单位	过账	库存现金借方	银行存款借方	应收账款借方	产品收入贷方	其中			
月	日									一组	二组	三组	四组

多栏式购货日记账也可比照销货日记账的格式设置专栏。

三、分类账的设计

分类账是对经济业务按一定的类别分别设立账户进行登记的账簿。它的作用在于能够分门别类地提供各种经济信息,进而满足管理的需要。它分为总分类账(简称总账)、明细分类账(简称明细账)和备查账三种。设计分类账的多少,取决于以下几个因素:

(1) 企业的规模和业务特点。在企业中,经济业务越多、越复杂,涉及的账户则越多;反之,则越少。因此,账户的多少直接涉及所需要设计的分类账的多少。

(2) 管理的需要。设计分类账的目的之一在于为管理提供信息。因此,在设计分类账时,要考虑管理的要求。一般来说,管理越细,要求设计的账户越多;反之,则越少。

(一) 总分类账的设计

1. 总分类账设计要点

在总分类账的设计中,主要考虑以下几个方面的问题。

1) 登记方法的设计

在业务繁多的情况下,怎样减少总分类账的登账工作,是总账设计中的一个关键问题。许多汇总表的设计、日记账中的专栏设计,都和这个问题相关。总账的登记方法和会计核算组织程序有关,主要有逐笔登记、汇总登记、汇总登记与逐笔登记相结合、以表代账等。

(1) 逐笔登记是根据记账凭证或普通日记账所编制的会计分录,逐笔记入总分类账。显然,这种登账方式工作量很大,比较适用于业务简单的企业。

(2) 汇总登记是根据记账凭证编制科目汇总表或汇总记账凭证,然后根据每个账户的汇总数登记总账。这种方法可以大量减少总账的登记工作,适用于业务繁多的单位。

(3) 汇总登记与逐笔登记相结合是对经常重复发生的业务,采用汇总登记,对发生较少的业务,采用逐笔登记。例如,上面所讲的专栏账、特种日记账和多栏式特种日记账,凡是设有专栏的账户按汇总数登记,不设专栏的账户则采取逐笔登记。这种方法可大量简化总账的登记工作,适用于业务繁多的单位。

(4) 以科目汇总表代替总分类账。它主要适用于科目汇总表核算组织程序。采用这一方法时,应在科目汇总表中设置期初、期末余额栏,以反映每个账户的变动情况和结果。其格式如表 4-34 所示。

表 4-34 科目汇总表

年 月 日— 月 日   第 号

会计科目	总账页数	本期发生额	
		借方	贷方

(续表)

会计科目	总账页数	本期发生额	
		借方	贷方
合计			
付款凭证		第　号至第　号共　张	
收款凭证		第　号至第　号共　张	
转账凭证		第　号至第　号共　张	

会计主管　　　　　　记账　　　　　　　　复核　　　　　　　　制单

2) 保持账户对应关系

总分类账中的账户是否保持对应关系,是设计总账时需要考虑的另一个问题。在总账中保持账户对应,有助于分析经济业务内容,了解发生额的变动原因,但会增加登记总账的工作量,需依据分类汇总记账凭证来登记。反之,账户在总分类账中不保持对应关系,可以减少总账的登记工作,总账格式设计选择余地就较大。

2. 总分类账格式的设计

总分类账格式一般有以下几种:

(1) 三栏式总账。三栏式总账即"借""贷""余"三栏式,它是总账的基本格式,其特点是在账页上设置借方、贷方和余额三个金额栏,如表 4-35 所示。

表 4-35　　　　　　　　　　　三栏式总账

账户名称(或会计科目)　　　　　　　　　　　　　　　　　　　　　　第　页

年		凭证号数	摘要	借方	贷方	借或贷	余额
月	日						

(2) 多栏式总账。多栏式总账是将许多账户集中于一张账页中登记,适用于科目汇总表核算组织程序,其格式如表 4-36 所示。如果总账采用逐日汇总登记,则表中每 10 天汇总登记一次可改为第 10 天登记一张或数天登记一张。

表 4-36　　　　　　　　　　　　多栏式总账

年　　月　　　　　　　　　　　　　　　第　　页

账号	会计科目	上月余额	1～10日			汇总表号	11～20日			汇总表号	21～30日			汇总表号
			借方	贷方	余额		借方	贷方	余额		借方	贷方	余额	
	库存现金													
	银行存款													

（3）对应账户式总账。对应账户式总账是在总账中保持账户对应关系，以反映借、贷方发生额的来龙去脉。其格式如表 4-37 所示。

表 4-37　　　　　　　　　　　　对应账户式总账

账户名称（或会计科目）

年		凭证号数	摘要	对应账户	借方	贷方	借或贷	余额
月	日							

（4）日记总账式。日记总账式是将日记账和总账结合为一体，其格式如表 4-38 所示，也可按借方和贷方分设两个对应账户栏。该格式主要适用于汇总记账凭证核算组织程序。这种格式在登记时，先登记期初余额，后按经济业务的发生顺序登记借、贷方发生额，最后结出期末余额。它的优点是可以简化账簿设置；缺点是科目不能太多，否则账页过长，记账不便，故目前已很少采用。

表 4-38　　　　　　　　　　　　日记总账

年		凭证号数	摘要	××科目		××科目		××科目		××科目	
月	日			借方	贷方	借方	贷方	借方	贷方	借方	贷方

（5）以表代账格式。以表代账格式即以改进的科目汇总表代替总账，以简化总账的登记工作，其格式如表 4-39 所示。例如，采用逐日汇总，则只需将月份改为日期；增设本年累计发生额一栏，可便于编制季报、半年报或年报。

表 4-39　　　　　　　　　　　科目汇总表（代总账）

会计科目	凭证号数	月初余额		本期发生额		本年累计发生额		月末余额	
		借方	贷方	借方	贷方	借方	贷方	借方	贷方

(二)明细分类账的设计

1. 明细分类账的设计要点

明细分类账的设计必须适应不同业务特点和管理的需要,在设计时主要考虑以下几个方面:一是设置地点,即明细账应放在何处,作用最大;二是账簿形式,即采用订本式、活页式还是卡片式,这主要根据登记的手段(手工、计算机等)和业务的性质(一般财物、贵重财物等)而定;三是登记方式,即采用分户登记还是分栏登记,这取决于明细账的多少,多则分户登记,少则分栏集中登记;四是简化实用,有些明细账可能重复,如会计部门的材料明细账与仓库的保管账等,在满足业务的前提下应考虑简化实用。

2. 明细分类账格式的设计

明细账常用的格式主要有以下几种。

1) 三栏式明细账

三栏式明细账如三栏式总账(表 4-35),一般适用于登记金额类的明细账,如应收账款、应付账款、其他应收款、其他应付款等债权债务性质的账户。

2) 数量金额式明细账

数量金额式明细账是在三栏式明细账的基础上增加数量和单价栏而形成的。企业的原材料、产成品、库存商品等实物资产的明细账都适用这种格式。因为实物性资产通常数量众多,进出业务频繁,而且价格或成本经常变动,在经营管理上既需要金额核算,又需要进行数量核算加强实物资产的控制,所以这类经济业务的明细账要求既有价值指标,又要有实物指标。其具体格式如表 4-40 所示。

表 4-40　　　　　　　　　　原材料明细账

编号_____　　名称_____　　规格_____　　计量单位_____　　　　　　第　　页
储存定额_____　　最高储存量_____　　最低储存量_____

年		凭证		摘要	收入			发出			结存		
月	日	种类	编号		数量	单价	金额	数量	单价	金额	数量	单价	金额

3) 多栏式明细账

多栏式明细账又称分析式明细账。它主要是在借、贷两栏或单栏增设专栏,以提供分析资料或编制明细账表的资料。多栏式明细账包括借贷式和合计式两种。借贷式主要用于资产、负债和所有者权益账户,其格式是在借贷项下再设专栏,起到分析和控制的作用,如"应交税费——应交增值税"明细账,其格式如表 4-41 所示。合计式主要用于成本类和损益类明细账,通过对经济事项进一步分类,简化记账手续,如管理费用明细账,其格式如表 4-42 所示。

表 4-41　　　　　　　　　　　应交税费——应交增值税明细账

年		凭证号数	摘要	借方			贷方				余额
月	日			进项税额	应交税费	……	销项税额	出口退税	进项税额转出	……	

表 4-42　　　　　　　　　　　管理费用明细账

年		凭证号数	摘要	材料费	职工薪酬	办公费	差旅费	水电费	电话费	……	合计
月	日										

4）特殊明细账格式

在有些账户中，由于其业务特性以及管理上的需要，在设计明细分类账时，需要增加一些栏目，反映完整的业务过程或提供完整的会计信息。例如，应收账款明细账（表 4-43），需要提供每笔应收账款的回收情况；应收票据账户需要提供票据到期、票款收回或贴现情况；固定资产账户需要增设使用年限和折旧率；外币式明细账（表 4-44），需要提供汇率情况。

表 4-43　　　　　　　　　　　应收账款明细账

年		凭证号数	摘要	户名	金额	年		凭证号数	摘要	金额	转销"√"
月	日					月	日				
4	6	11	销货应收	××公司	60 000	4	26	90	收回货款	20 000	√
						5	6	46	收回货款	40 000	
											√

表 4-44　　　　　　　　　　　外币式明细账

年		凭证号数	摘要	外币类别	汇率	借方		贷方		余额	
月	日					外币	人民币	外币	人民币	外币	人民币

四、备查账的设计

部分会计事项，在日记账和分类账中不予或无法记录，但管理上需要加以控制或掌握情况，通常设置备查账来记录，以弥补日记账和分类账的不足。

备查账的数量和格式，通常根据企业实际需要来设计，比较灵活。在企业中，常用的备

查账有以下几种:

(1) 代管财产物资登记簿。对保管的不属于本单位的资产设置的账簿,如租入固定资产登记簿、受托加工材料登记簿等。

(2) 分类账或统计资料整理登记的备查账,如按销售地域设置的产品销售分类登记簿。

(3) 其他登记簿。不能用货币表现,但必须进行业务登记的账簿。例如,合同执行情况登记簿、固定资产使用情况、重要空白凭证领用簿等。

备查账设计的主要特点是强调业务和管理的需要。现以租入固定资产备查簿和重要空白凭证领用簿为例,其格式如表 4-45 和表 4-46 所示。

表 4-45　　　　　　　　　　　　租入固定资产备查簿

资产名称	规格	合同号	租出单位	租入日期	租期	租金	使用地点	备注

表 4-46　　　　　　　　　　　　空白凭证领用备查簿

购入日期	凭证类型	起止号码	领用日期	领用人	领用号	交回记录

第三节 财务报告的设计

财务报告是一个单位依法向国家有关部门提供和向社会公开披露的、反映该单位某一特定日期财务状况和某一会计期间经营成果、现金流量的文件。财务报告是企业所提供会计信息的最终载体。在进行财务报告设计时,应当在符合企业会计准则的前提下,从实际出发,结合各单位自身的生产特点和管理要求,同时力求财务报告的内容、格式、项目简明易懂,便于阅读者理解、分析。

一、对外财务报告的设计

对外财务报告按编报期间的不同,可以分为中期财务报告和年度财务报告。中期财务报告是以短于一个完整会计年度的报告期间为基础编制的财务报告,包括半年报、季报和月报。年度财务报告和半年度财务报告应当包括财务报表、财务报表附注和财务情况说明书。

财务报表又称会计报表,是对企业财务状况、经营成果和现金流量的结构性表述。一套完整的财务报表至少应当包括"四表一注",即资产负债表、利润表、现金流量表、所有者权益变动表以及附注。中期财务报表至少应当包括资产负债表、利润表、现金流量表和附注。其中,中期资产负债表、利润表和现金流量表应当是完整报表,其格式和内容应当与年度财务报告相一致,中期财务报告中的附注披露可适当简略。

(一) 资产负债表的设计

资产负债表是反映企业某一特定日期(月末、季末、年末)全部资产、负债和所有者权益及其构成情况的报表,它是一张静态报表,是企业主要的会计报表。资产负债表是根据"资产=负债+所有者权益"这一会计基本等式设计的。

财务报表通常是由表头、表体和补充资料三大部分组成的,每一部分的具体内容及反映形式有所不同,资产负债表也不例外。

1. 表头的设计

表头包括报表名称、编报单位名称、日期、金额单位等内容,这是任何财务报表都必备的。

报表名称即为资产负债表,我国曾将其称为资金平衡表,1992年11月财政部颁布的企业会计准则将其改为资产负债表。

资产负债表上的日期应是结账的日期,即表中所列金额为结账当日的资产、负债和所有者权益额。按现行企业会计制度规定,资产负债表要按月、按年编制报送,因此,资产负债表上的日期应是月末、年末的日期。

资产负债表各项目的金额均以人民币"元"为单位。如果企业是采用某一外币作为记账本位币的,为了便于阅读、比较,应将以外币反映的资产负债表折合为人民币反映的资产负债表。

由财政部制定的企业会计制度中还规定了报表的编号,资产负债表为会企01表。

2. 表体的设计

资产负债表表体的格式主要有账户式和报告式两种。

(1) 账户式资产负债表。账户式资产负债表将报表分为左、右两方,左方列资产类项目,右方列负债和所有者权益类项目。其具体结构如表4-47所示。

表4-47　　　　　　　　　　　资产负债表　　　　　　　　　　　会企01表

编制单位：　　　　　　　　　　　年　月　日　　　　　　　　　　　单位：____

资产	期末余额	上年年末余额	负债及所有者权益 (或股东权益)	期末余额	上年年末余额
流动资产：			流动负债：		
货币资金			短期借款		
交易性金融资产			交易性金融负债		
衍生金融资产			衍生金融负债		
应收票据			应付票据		
应收账款			应付账款		
应收款项融资			预收款项		

(续表)

资产	期末余额	上年年末余额	负债及所有者权益（或股东权益）	期末余额	上年年末余额
预付款项			合同负债		
其他应收款			应付职工薪酬		
存货			应交税费		
合同资产			其他应付款		
持有待售资产			持有待售负债		
一年内到期的非流动资产			一年内到期的非流动负债		
其他流动资产			其他流动负债		
流动资产合计			流动负债合计		
非流动资产：			非流动负债：		
债权投资			长期借款		
其他债权投资			应付债券		
长期应收款			其中：优先股		
长期股权投资			永续债		
其他权益工具投资			租赁负债		
其他非流动金融资产			长期应付款		
投资性房地产			预计负债		
固定资产			递延收益		
在建工程			递延所得税负债		
生产性生物资产			其他非流动负债		
油气资产			非流动负债合计		
使用权资产			负债合计		
无形资产			所有者权益(或股东权益)：		
开发支出			实收资本(或股本)		
商誉			其他权益工具		
长期待摊费用			其中：优先股		
递延所得税资产			永续债		
其他非流动资产			资本公积		
非流动资产合计			减：库存股		
			其他综合收益		
			专项储备		
			盈余公积		

(续表)

资产	期末余额	上年年末余额	负债及所有者权益（或股东权益）	期末余额	上年年末余额
			未分配利润		
			所有者权益（或股东权益）合计		
资产总计			负债及所有者权益（或股东权益）总计		

从表 4-47 可以看到，资产负债表的资产项目按流动性（变现能力）进行排列，流动性强的资产排在前面，流动性弱的资产排在后面。负债项目按偿还期限的长短进行排列，偿还期限短的排在前，偿还期限长的排在后。所有者权益类项目按在企业留存时间进行排列，留存时间长的排列在前，留存时间短的排列在后。资产负债表项目按此方法排列能够比较清楚地反映企业的偿债能力，便于分析企业的财务实力、所有者权益的保障程序以及企业清算能力的大小等，使得会计报表的阅读者能够从资产负债表中比较容易地取得各自需要的有关信息。

(2) 报告式资产负债表。报告式资产负债表将资产、负债和所有者项目按此顺序排在一列，反映"资产－负债＝所有者权益"的关系。其基本结构如表 4-48 所示。

表 4-48　　　　　　　　　　资产负债表（报告式）　　　　　　　　会企01表

编制单位：　　　　　　　　　　年　　月　　日　　　　　　　　　单位：＿＿＿

项目	行次	年初数	期末数
资产			
流动资产			
非流动资产			
资产总计			
减：负债			
流动负债			
非流动负债			
负债合计			
所有者权益			
实收资本			
资本公积			
盈余公积			
未分配利润			
所有者权益合计			

在我国现行企业会计准则中,规定资产负债表采用账户式格式。

(二)利润表的设计

利润表又称损益表,是反映企业一定会计期间经营成果的报表。它是一张动态报表,通过把一定期间的营业收入与此期间相关的销售费用进行配比,从而计算出企业一定时期的净利润(或净亏损)。

利润表的表头与资产负债表相同,一般应列明报表的名称、编制单位名称、会计期间、报表编号和货币单位等。

利润表内的项目,一般应列示出:营业收入、营业成本、税金及附加、销售费用、管理费用、财务费用、资产减值损失、公允价值变动收益、投资收益、营业外收入、营业外支出、利润总额、所得税费用、净利润、基本每股收益和稀释每股收益等。如果是月报,则对于利润表内的每一个项目,应分别列出"本月数"及"本年累计数";如果是年报,则应列出"上年累计数"及"本年累计数",以便于比较分析。

设计利润表,就是将上述项目及其他资料以什么方式和格式进行有规律的排列组合。利润表项目的排列方式和格式一般有单步式和多步式两种。

(1)单步式利润表。在单步式利润表中,先列示所有收益类项目,再列示所有费用支出类项目,最后计算出净利润。这种格式的利润表有利于反映企业的全部收入和全部支出等指标,但不利于反映企业利润的来源及构成情况。其基本格式如表 4-49 所示。

表 4-49　　　　　　　　　　利润表　　　　　　　　　会企02表

编制单位：　　　　　　　　　　年　月　日　　　　　　　　　单位：____

项目	行次	本月数	本年累计数
一、收入合计			
营业收入			
投资收益			
公允价值变动收益			
营业外收入			
二、支出合计			
营业成本			
税金及附加			
销售费用			
管理费用			
财务费用			
资产减值损失			
营业外支出			
所得税费用			
三、净利润			

由于单步式利润表不利于掌握利润的构成情况和分析利润升降原因,因此,目前应用较少。

(2) 多步式利润表。多步式利润表的设计依据如下:

营业利润＝营业收入－营业成本－税金及附加－销售费用－管理费用－财务费用－
　　　　　资产减值损失±公允价值变动损益±投资净损益

其中:

营业收入＝主营业务收入＋其他业务收入

营业成本＝主营业务成本＋其他业务成本

利润总额＝营业利润＋营业外收入－营业外支出

净利润＝利润总额－所得税费用

综合收益＝净利润＋其他综合收益

其基本格式如表 4-50 所示。

表 4-50　　　　　　　　　　利润表(多步式)　　　　　　　　会企 02 表

编制单位:　　　　　　　　　　年　月　日　　　　　　　　　单位:____

项目	本期金额	上期金额
一、营业收入		
减：营业收入		
税金及附加		
销售费用		
管理费用		
研发费用		
财务费用		
其中：利息费用		
利息收入		
加：其他收益		
投资收益(损失以"－"号填列)		
其中：对联营企业和合营企业的投资收益		
以摊余成本计量的金融资产终止确认收益(损失以"－"号填列)		
净敞口套期收益(损失以"－"号填列)		
公允价值变动收益(损失以"－"号填列)		
信用减值损失(损失以"－"号填列)		
资产减值损失(损失以"－"号填列)		
资产处置收益(损失以"－"号填列)		

(续表)

项目	本期金额	上期金额
二、营业利润(损失以"－"号填列)		
加：营业外收入		
减：营业外支出		
三、利润总额(亏损总额以"－"号填列)		
减：所得税费用		
四、净利润(净亏损以"－"号填列)		
(一)持续经营净利润(净亏损以"－"号填列)		
(二)终止经营净利润(净亏损以"－"号填列)		
五、其他综合收益的税后净额		
(一)不能重分类进损益的其他综合收益		
(二)将重分类进损益的其他综合收益		
六、综合收益总额		
七、每股收益：		
(一)基本每股收益		
(二)稀释每股收益		

这种格式的利润表有利于企业对不同业务采用不同的利润计算方法，采用不同的管理方式，加强对主要业务的管理，分析利润的构成及升降原因，区分追求实现利润的主要途径。我国2014年修订的会计准则体系规定利润表采用多步式格式。利润表上的每个项目应设计两个金额栏，一个是"本期金额"，反映该项目的本期实际数，根据与该项目相对应的账户的本期发生额填列；另一个是"上期金额"，反映该项目上一期间的发生数。

(三)现金流量表的设计

现金流量表是反映企业一定会计期间内现金和现金等价物流入与流出的报表。通过编制现金流量表，可以为财务报表使用者提供企业一定会计期间内现金和现金等价物流入与流出的信息，以便财务报表使用者了解与评价企业获取现金和现金等价物的能力，并据以预测企业未来的现金流量。

1. 现金流量表的编制基础

现金流量表以现金及现金等价物为编制基础。这种编制基础目前被广泛采用。

现金是指企业的库存现金以及可以随时用于支付的存款。不能随时用于支付的存款不属于现金。现金包括库存现金、银行存款和其他货币资金。

现金等价物是指企业持有的期限短、流动性强、易于转换为已知金额现金、价值变动风险很小的投资。

现金流量表也可以现金和流动资产为编制基础，这种做法目前很少被采用。

2. 现金流量的分类

现金流量是指现金和现金等价物的流入和流出。设计现金流量表必须对现金流量的分类进行合理的设计。对现金流量可以有不同的分类方法。例如,英国的现金流量准则把现金流量分为经营活动、投资收益和融资成本、纳税、资本性支出和金融投资、支付的权益性股利、流动资源管理、筹资活动等。目前,国际上最为流行的做法是将现金流量分为经营活动现金流量、投资活动现金流量和筹资活动现金流量。这种分类能够反映企业各种经济活动获取现金流量的能力,因为企业全部的经济活动就概括为经营活动、投资活动和筹资活动三类。国际会计准则和澳大利亚等国均采用此种分类方法。我国《企业会计准则》也采用这种方法,以便与国际惯例协调。

3. 现金流量表编制方法的设计

一般来说,企业经营活动的业务比较多,而投资活动和筹资活动的业务则较少,所以,投资活动和筹资活动产生的现金流量可以直接从"库存现金""银行存款"等有关账户的记录中找到,而经营活动产生的现金流量用这种方法查找则不太可能。企业在确定经营活动产生的现金流量时有直接法和间接法两种方法。

1) 直接法

直接法是通过现金收入和支出的主要类别反映来自企业经营活动的现金流量的,一般以利润表中的营业收入为起点,通过调整与经营活动有关的项目的增减变动计算经营活动的现金流量。直接法列示了各项现金流入的来源及金额和各项现金流出的用途及金额,更有助于预测企业未来的经营活动的现金流量、揭示企业用经营活动产生的现金来偿付其债务的能力以及进行再投资和支付股利的能力。

2) 间接法

间接法是以本期净利润为起点,调整不涉及现金的收入、费用、营业外收支等项目的增减变动,据以计算出经营活动的现金流量。间接法有助于分析影响现金流量的原因以及从现金流量的角度分析企业净利润的质量。

我国《企业会计准则》规定,现金流量表以直接法编制,在现金流量表附注中披露采用间接法将净利润调节为经营活动现金流量的信息。

4. 现金流量表格式的设计

现金流量表的格式因行业特点的不同而有所区别,按一般企业、商业企业、保险公司、证券公司等企业类型予以确定。企业应当根据其经营活动的性质,确定本企业适用的现金流量表格式。

政策性银行、信托投资公司、租赁公司、财务公司、典当公司应当执行商业银行现金流量表格式的规定,如有特别需要,可结合本企业的实际情况,进行必要的调整和补充。

资产管理公司、基金公司、期货公司应当执行证券公司现金流量表格式的规定,如有特别需要,可结合本企业的实际情况,进行必要的调整和补充。

在直接法下,现金流量表主要包括四部分,依次为经营活动产生的现金流量、投资活动产生的现金流量、筹资活动产生的现金流量、现金及现金等价物净增加额。根据需要还可以增加某些项目。一般企业现金流量表的具体格式如表 4-51 所示。

表 4-51　　　　　　　　　　　　现金流量表　　　　　　　　　　会企 03 表

编制单位：　　　　　　　　　　　　＿＿＿＿年度　　　　　　　　　　单位：＿＿＿

项目	本期金额	上期金额
一、经营活动产生的现金流量：		
销售商品、提供劳务收到的现金		
收到的税费返还		
收到其他与经营活动有关的现金		
经营活动现金流入小计		
购买商品、接受劳务支付的现金		
支付给职工以及为职工支付的现金		
支付的各项税费		
支付其他与经营活动有关的现金		
经营活动现金流出小计		
经营活动产生的现金流量净额		
二、投资活动产生的现金流量：		
收回投资收到的现金		
取得投资收益收到的现金		
处置固定资产、无形资产和其他长期资产收回的现金净额		
处置子公司及其他营业单位收到的现金净额		
收到其他与投资活动有关的现金		
投资活动现金流入小计		
购建固定资产、无形资产和其他长期资产支付的现金		
投资支付的现金		
取得子公司及其他营业单位支付的现金净额		
支付其他与投资活动有关的现金		
投资活动现金流出小计		
投资活动产生的现金流量净额		
三、筹资活动产生的现金流量：		

(续表)

项目	本期金额	上期金额
吸收投资收到的现金		
取得借款收到的现金		
收到其他与筹资活动有关的现金		
筹资活动现金流入小计		
偿还债务支付的现金		
分配股利、利润或偿付利息支付的现金		
支付其他与筹资活动有关的现金		
筹资活动现金流出小计		
筹资活动产生的现金流量净额		
四、汇率变动对现金及现金等价物的影响		
五、现金及现金等价物净增加额		
加：期初现金及现金等价物余额		
六、期末现金及现金等价物余额		

（四）所有者权益变动表的设计

所有者权益变动表是反映构成所有者权益的各组成部分当期的增减变动情况的报表。所有者权益变动表应当全面反映一定时期所有者权益变动的情况，不仅包括所有者权益总量的增减变动，还包括所有者权益增减变动的重要结构性信息，特别是要反映直接计入所有者权益的利得和损失。

所有者权益变动表的表头与前述报表基本相同，一般应列明报表的名称、编制单位名称、会计期间、报表编号和货币单位等。

所有者权益变动表的具体列报格式有两种：

(1) 按照所有者权益的各组成部分反映所有者权益变动情况。我国在2006年企业会计准则体系颁布前一直采用这种方法。

(2) 以矩阵的形式列报。一方面，列示导致所有者权益变动的交易或事项，按所有者权益变动的来源对一定时期所有者权益的变动情况进行全面反映；另一方面，按照所有者权益各组成部分（包括实收资本、资本公积、盈余公积、未分配利润和库存股）及其总额列示交易或事项对所有者权益的影响。为了清楚地表明构成所有者权益的各组成部分当期的增减变动情况，按照2014年修订的企业会计准则体系的规定，所有者权益变动表应当以矩阵的形式列示。同时，企业需要提供比较所有者权益变动表。所有者权益变动表中各项目分为"本年金额"和"上年金额"两栏分别填列。其具体格式如表4-52所示。

表 4-52

所有者权益变动表

编制单位：　　　　　　　　　　　　　　　　　年度　　　　　　　　　　　　　　　　　　　　　　　　　　　　　会企 04 表

单位：

项目	本年金额										上年金额									
	实收资本（或股本）	其他权益工具			资本公积	减：库存股	其他综合收益	专项储备	盈余公积	未分配利润	所有者权益合计	实收资本（或股本）	其他权益工具			资本公积	减：库存股	其他综合收益	专项储备	盈余公积	未分配利润	所有者权益合计
		优先股	永续债	其他									优先股	永续债	其他							
一、上年年末余额																						
加：会计政策变更																						
前期差错更正																						
二、本年年初余额																						
三、本年增减变动金额（减少以"－"号填列）																						
（一）综合收益总额																						
（二）所有者投入和减少资本																						
1. 所有者投入的普通股																						
2. 其他权益工具持有者投入资本																						
3. 股份支付计入所有者权益的余额																						
4. 其他																						
（三）利润分配																						
1. 提取盈余公积																						
2. 向所有者（或股东）的分配																						
3. 其他																						
（四）所有者权益内部结转																						
1. 资本公积转增资本（或股本）																						
2. 盈余公积转增资本（或股本）																						
3. 盈余公积弥补亏损																						
4. 设定受益计划变动额结转留存收益																						
5. 其他综合收益结转留存收益																						
6. 其他																						
四、本年年末余额																						

（五）一般企业报表附注的设计

附注是财务报表不可或缺的组成部分，是对在资产负债表、利润表、现金流量表和所有者权益变动表等报表中列示项目的文字描述或明细资料，以及对未能在这些报表中列示项目的说明等。

1. 附注披露的基本要求

（1）附注披露的信息应是定量、定性信息的结合，从而能从量和质两个角度对企业经济事项完整地进行反映，也能满足信息使用者的决策需求。

（2）附注应当按照一定的结构进行系统、合理地排列和分类，有顺序地披露信息。由于附注的内容繁多，更应按逻辑顺序排列，分类披露，具有一定的组织结构披露，以便使用者理解和掌握，也能更好地实现财务报表的可比性。

（3）附注相关信息应当与资产负债表、利润表、现金流量表和所有者权益变动表等报表中列示的项目相互参照，以有助于使用者联系相关联的信息，并由此从整体上更好地理解财务报表。

2. 附注披露的内容

根据2014年修订的企业会计准则体系的规定，财务报表附注应当按照如下顺序披露有关内容。

（1）企业的基本情况：①企业注册地、组织形式和总部地址。②企业的业务性质和主要经营活动。③母公司以及集团最终母公司的名称。④财务报告的批准报出者和财务报告批准报出日，或者以签字人及其签字日期为准。⑤营业期限有限的企业，还应当披露营业期限的信息。

（2）财务报表的编制基础。

（3）遵循企业会计准则的声明。企业应当明确说明编制的财务报表符合企业会计准则的要求，真实、公允地反映了企业的财务状况、经营成果和现金流量等有关信息。以此明确企业编制财务报表所依据的制度基础。

如果企业编制的财务报表只是部分地遵循了企业会计准则，附注中不得作出这种表述。

（4）重要会计政策和会计估计。根据财务报表列报准则的规定，企业应当披露采用的重要会计政策和会计估计，不重要的会计政策和会计估计可以不披露。

① 重要会计政策的说明。由于企业经济业务的复杂性和多样化，某些经济业务可以有多种会计处理方法，即存在不止一种可供选择的会计政策。例如，存货的计价可以有先进先出法、加权平均法、个别计价法等；固定资产的折旧可以有平均年限法、工作量法、双倍余额递减法、年数总和法等。企业在发生某项经济业务时，必须从允许的会计处理方法中选择适合本企业特点的会计政策。企业选择不同的会计处理方法，可能极大地影响企业的财务状况和经营成果，进而编制出不同的财务报表。为了有助于报表使用者理解，有必要对这些会计政策加以披露。

需要特别指出的是,说明会计政策时还需要披露下列两项内容:

第一,财务报表项目的计量基础。会计计量属性包括历史成本、重置成本、可变现净值、现值和公允价值。财务报表项目的计量基础直接显著影响报表使用者的分析。这项披露要求便于使用者了解企业财务报表中的项目是按何种计量基础予以计量的,如存货是按成本还是可变现净值计量等。

第二,会计政策的确定依据,主要是指企业在运用会计政策过程中所作的对报表中确认的项目金额最具影响的判断。例如,对于拥有的持股不足50%的关联企业,如何判断企业拥有控制权因此将其纳入合并范围。又如,企业如何判断与租赁资产相关的所有风险和报酬已转移给企业,从而符合融资租赁的标准;以及投资性房地产的判断标准等。这些判断对在报表中确认的项目金额具有重要影响。因此,这项披露要求有助于使用者理解企业选择和运用会计政策的背景,增加财务报表的可理解性。

②重要会计估计的说明。财务报表列报准则强调了对会计估计不确定因素的披露要求。企业应当披露会计估计中所采用的关键假设和不确定因素的确定依据。这些关键假设和不确定因素在下一会计期间内很可能导致对资产、负债账面价值进行重大调整。

在确定报表中确认的资产和负债的账面金额过程中,企业有时需要对不确定的未来事项在资产负债表日对这些资产和负债的影响加以估计。例如,固定资产可收回金额的计算需要根据其公允价值减去处置费用后的净额与预计未来现金流量的现值两者之间的较高者确定,在计算资产预计未来现金流量的现值时需要对未来现金流量进行预测,并选择适当的折现率,应当在附注中披露未来现金流量预测所采用的假设及其依据、所选择的折现率为什么是合理的等。又如,为正在进行中的诉讼提取准备时最佳估计数的确定依据等。这些假设的变动对这些资产和负债项目金额的确定影响很大,有可能会在下一个会计年度内作出重大调整。因此,强调这一披露要求,有助于提高财务报表的可理解性。

(5)会计政策和会计估计变更以及差错更正的说明。企业应当按照《企业会计准则第28号——会计政策、会计估计变更和差错更正》的规定,披露会计政策和会计估计变更以及差错更正的有关情况。

(6)报表重要项目的说明。企业应当以文字和数字描述相结合,尽可能以列表形式披露报表重要项目的构成或当期增减变动情况,并且报表重要项目的明细金额合计应当与报表项目的金额相衔接。在披露顺序上,一般应当按照资产负债表、利润表、现金流量表、所有者权益变动表的顺序及其项目列示的顺序。

(7)其他需要说明的重要事项。这主要包括或有和承诺事项、资产负债表日后非调整事项、关联方关系及其交易等需要说明的事项。

(8)有助于财务报表使用者评价企业管理资本的目标、政策及程序信息。

二、对内财务报告的设计

对外财务报告的指标体系、格式、编制方法等都由国家统一规定,而且不能反映涉及企业内部机密的一些资料,不能完全满足企业内部管理的需要,因此,企业需要编制一些内部报表,作为对外财务报告的补充,更能为企业经营管理提供内部管理所需的信息资料。

内部报表是对内财务报告的重要组成部分,是企业会计部门根据本单位的需要而编制的,其指标体系、格式和编制方法均可自行确定。在进行内部报表设计时,一定要注意指标体系的完整性和可比性,要符合本单位管理的要求,使得企业内部管理所需要的资料在内部报表中都能得到。

内部报表的种类很多,按时间分类有日报、旬报、半月报、月报、季报、年报等,按经济内容分主要有成本费用报表、资金报表和经营业绩报表。

(一) 成本费用报表的设计

成本费用报表是根据日常成本核算资料定期编制,用于反映企业生产费用与产品成本水平及构成情况,以考核和分析企业在一定时期内各项费用与生产成本计划执行情况及结果的报告等文件。成本费用是企业生产经营活动的综合性指标,所以对于一个企业来说,成本费用报表是十分重要的对内报表之一。费用报表主要有生产费用明细表、管理费用明细表、制造费用明细表、销售费用明细表等。成本报表主要有商品产品成本表、主要产品单位成本表等。

成本费用报表一般由企业自行设计。

费用类报表的设计是为了反映企业在年度内发生的各种费用,分析各项费用的构成及增减变动情况,考核各项费用计划的执行结果,以便进一步采取措施、压缩开支、降低费用。其中,制造费用明细表的格式如表4-53所示。生产费用表、管理费用表与销售费用表的基本格式同制造费用表,在费用项目设计上有所差异。

表 4-53 制造费用明细表

编制单位:　　　　　　　　　　　年　月　日　　　　　　　　　　　单位:＿＿＿

费用项目	本年计划数	上年同期实际数	本月实际数	本年累计实际数
职工薪酬				
办公费				
水电费				
折旧费				
修理费				
租赁费				
劳动保护费				
机物料消耗				
其他				
合计				

商品产品成本表的设计是为了反映企业在月份、年度内生产的全部商品产品的总成本与各种主要商品产品的单位成本和总成本,同时考核全部商品产品和主要商品产品成本计划的执行结果,分析各种可比产品成本降低任务的完成情况。其具体格式如表 4-54 所示。

表 4-54　　　　　　　　　　　　商品产品成本表

编制单位：　　　　　　　　　　　　　年　月　　　　　　　　　　金额单位：____

产品名称	计量单位	实际产量		单位成本			本月总成本			本年累计总成本		
		本月	本年	上年实际平均	本年计划	本月实际	本年实际平均	按上年实际平均单位成本计算	按本年计划单位成本计算	本月实际	按上年实际平均单位成本计算	按本年计划单位成本计算	本年实际
可比产品合计												
甲	件											
乙	件											
不可比产品合计												
丙	台											
产品生产成本合计												

主要产品单位成本表的设计是为了反映企业在月份、年度内生产的各种主要产品单位成本的构成情况,考核各种主要产品单位成本计划的执行结果,分析各成本项目和消耗定额的变化及其原因,并便于在生产同种产品的企业之间进行成本对比。其具体格式如表 4-55 所示。

表 4-55　　　　　　　　　　　　主要产品单位成本表

编制单位：　　　　　　　　　　　　　年　月　　　　　　　　　　单位：____

成本项目	历史先进水平	上年实际平均	本年计划	本月实际	本年实际平均
直接材料					
直接人工					
其他直接支出					
制造费用					
合计					
主要技术经济指标					
1. 主要材料					
2. ……					
3. ……					

(二) 资金报表的设计

资金报表的设计可根据企业资金管理的需要灵活进行,其设计要点是:首先,确定分析对象;其次,明确分析目的;最后,简明表格设计。其主要包括资金结构分析表、资金定额分析表、资金结构变化分析表、资金使用效益分析表 4 类。资金结构分析表格式如表 4-56 所示。

表 4-56　　　　　　　　　　　　资金结构分析表

编制单位：　　　　　　　　　　　　年　月　日　　　　　　　　　　　　金额单位：＿＿＿

资产项目	金额		百分比	负债及所有者权益项目	金额		百分比
	小计	合计			小计	合计	

资金定额分析表,如储备不正常材料报告单,其基本格式如表 4-57 所示。

表 4-57　　　　　　　　　　　　储备不正常材料报告单

编制单位：　　　　　　　　　　　　年　月　日　　　　　　　　　　　　金额单位：＿＿＿

材料名称	规格	计量单位	结存数量	最高储备量	最低储备量	与最高或最低储备量的差额	建议措施	备注

资金结构变化分析表,如主要流动资产结构变化分析表,其基本格式如表 4-58 所示。

表 4-58　　　　　　　　　　　　主要流动资产结构变化分析表

　　　　　　　　　　　　　　　　年　月　日　　　　　　　　　　　　金额单位：＿＿＿

流动资产项目	期末		期初		增减变动	
	金额	比重	金额	比重	金额	比重
1. 货币资金						
2. 应收款项						
3. 原材料						
4. 在产品						
5. 产成品						
合计						

资金使用效益分析表,如流动资金周转率分析表,其基本格式如表4-59所示。

表4-59　　　　　　　　　　流动资金周转率分析表

　　　　　年度　　　　　　　　　　　　　　　金额单位：____

项目		上年数	计划数	本年实际数	差异		差异分析
					与上年比	与计划比	
基本数据	1. 销售额 2. 全部流动资金平均余额 3. 商品资金平均余额						
周转率	4. 全部流动资金周转次数 5. 全部流动资金周转天数 6. 商品资金周转次数 7. 商品资金周转天数						

以上各类资金报表可用来反映企业的资金结构、各种资金定额占用、资金结构变化以及资金的使用效益情况,以此评价企业的资金使用的效率和效果。

(三) 经营业绩报表的设计

经营业绩报表(或称内部利润报表)的设计,主要用于满足利润预测和利润分析检查的需要。各单位具体需要不同,内部经营业绩报表的种类和格式设计也不同。常用的内部利润报表有利润计划完成情况分析表、利润预测报告和主营业务利润分析表等。

利润计划完成情况分析表是分析反映一个企业经济效益好坏的综合性报告。此表可反映利润实际数比计划数或上期数等的增减变化情况及各个环节的影响程度。利润分析表可以利润表为基础进行编制,其一般格式如表4-60所示。

表4-60　　　　　　　　　　利润计划完成情况分析表

　　　　　年　月　　　　　　　　　　　　　　金额单位：____

项目	本期				累计金额			
	计划数	实际数	增或减	百分比	计划数	实际数	增或减	百分比

利润预测报告集中反映利润预测结果,为企业领导确定企业管理目标提供数据,同时为企业财会部门编制财务计划、进行利润管理提供科学依据。其一般格式如表4-61所示。

主营业务利润分析表主要反映影响产品销售利润的因素、各个因素对利润的影响方向及金额、各个因素影响的主次程度,以便采取改善措施,提高企业的经济效益。其一般格式如表4-62所示。

表 4-61　　　　　　　　　　　　　　利润预测报告

投送单位：　　　　　　　　　　　　　　　年　　月　　　　　　　　　　　　　　金额单位：____

项目	金额	甲产品		乙产品		丙产品	
		金额	百分比	金额	百分比	金额	百分比
单价							
预计销售量							
预计销售收入							
变动费用							
边际贡献							
固定费用							
利润							

表 4-62　　　　　　　　　　　　　　主营业务利润分析表　　　　　　　　　　　　　　金额单位：____

影响主营业务利润变动的因素	行次	影响利润变动金额	各影响因素占总变动额的百分比
产品销售价格变动影响	1		
产品销售数量变动影响	2		
主营业务税金变动影响	3		
主营业务成本变动影响	4		
产品销售结构变动影响	5		
合计			

第四节　会计核算组织程序的设计

会计核算组织程序，又称会计核算形式，即在会计核算中，以账簿体系为核心，把会计凭证、会计账簿、会计报表、记账程序和记账方法有机结合起来的技术组织方式。

账簿体系是指账簿的种类、格式和各种账簿之间的相互关系。记账程序是指凭证的填制、账簿的登记以及根据账簿编制会计报表的顺序。记账方法是指用手工登记还是用计算机登记。

会计核算组织程序设计与会计凭证、会计账簿设计有着直接的关系，就是要提出在会计制度中选用哪些账簿；这些账簿如何构成记录企业全部经济业务的体系，各种账簿之间怎样进行联系；确定原始凭证和记账凭证的种类格式，它们与账簿记录怎样进行联系；确定在哪些环节上编出何种会计报告；确定如何整理、传递会计凭证，如何登记各种账簿，根据账簿记录如何编制会计报表等各项工作的顺序。

会计核算组织程序设计具有较大的灵活性,设计的是否得当,对会计工作的组织与管理意义极大。现在常用的会计核算组织程序的设计方法主要有非汇总型和凭证汇总型两大模式。

一、非汇总型核算组织程序的设计

非汇总型核算组织程序,是指记账凭证不需要经过汇总直接据以登记总账的核算组织程序。这种模式主要有记账凭证核算组织程序(图4-2)和日记总账核算组织程序(图4-3)两种类型。

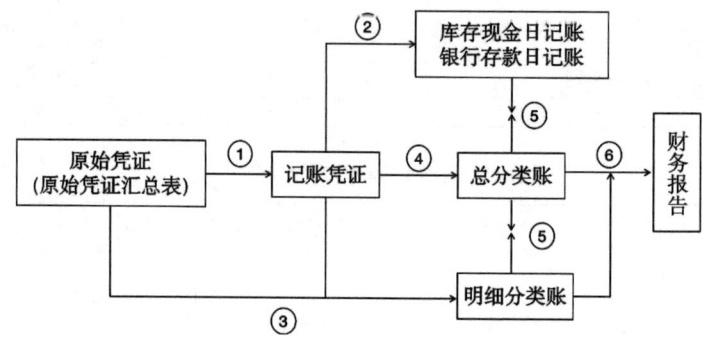

图4-2 记账凭证核算组织程序图

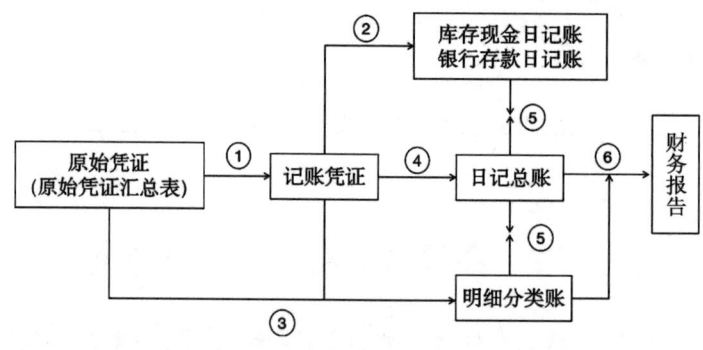

图4-3 日记总账核算形式组织程序图

记账凭证核算组织程序和日记总账核算组织程序的不同点在于总账的设置与登记方法不同。日记总账核算组织程序的总账设置有特殊要求,需设置一本既序时又分类的联合账簿。其共同点在于:记账凭证都不需要汇总,直接据以登记总分类账;记账凭证的设置相同;账务处理程序都是六步,即填制记账凭证、登记日记账、登记明细分类账、登记总分类账、对账和编制财务报告。

非汇总型核算组织程序这种模式程序简明,凭证不汇总可以减少汇总工作量,但是如果业务较多,将会增加登记总账的工作量。因此,该模式一般适用于经营规模不大、业务较少的小型企业。

二、凭证汇总型核算组织程序的设计

凭证汇总型核算组织程序是指记账凭证需要经过汇总编制汇总凭证,然后根据汇总凭证登记总账的核算组织程序。这种模式包括科目汇总表核算组织程序(图 4-4)和汇总记账凭证核算组织程序(图 4-5)两种类型。

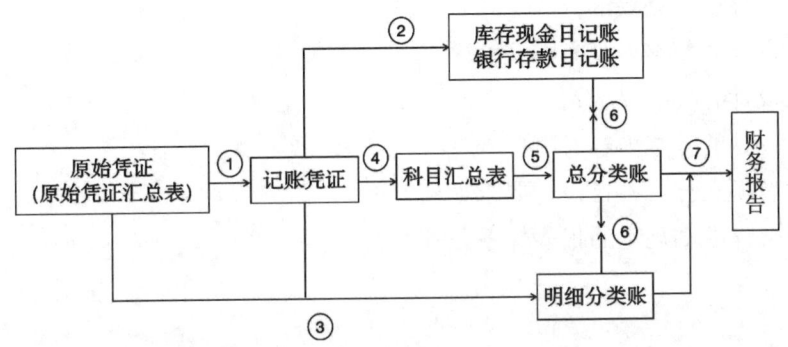

图 4-4　科目汇总表核算组织程序图

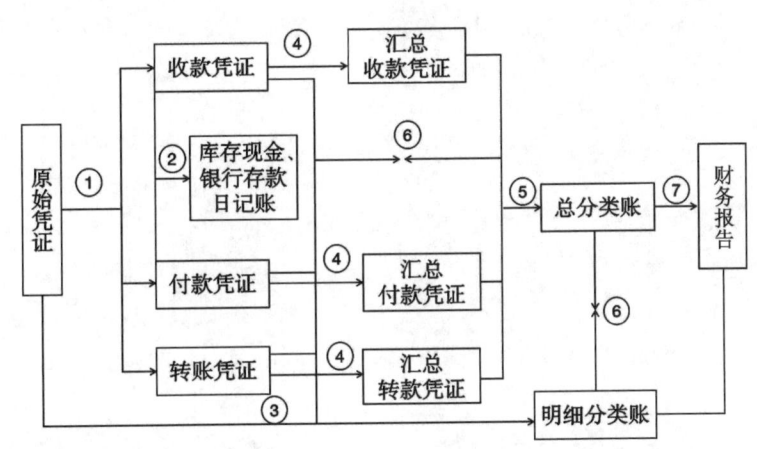

图 4-5　汇总记账凭证核算组织程序图

科目汇总表核算组织程序和汇总记账凭证核算组织程序的相同点在于:记账凭证都是汇总之后再登记总分类账。其不同之处在于:①前者记账凭证既可统一设计 1 种,也可分别设计收、付、转 3 种,后者必须分别设计收、付、转 3 种记账凭证;②前者只设计 1 种汇总凭证——科目汇总表,后者必须分别设计汇总收款凭证、汇总付款凭证和汇总转账凭证 3 种;③两者汇总凭证的汇总方法不同,前者是大汇总,汇总后不反映账户之间的对应关系,后者是分类汇总,汇总后的账户对应关系清晰;④相较而言,前者汇总起来较为简便容易,后者汇总时较为复杂,难度大。

凭证汇总型核算组织程序简化了登记总账的手续,但凭证汇总比较复杂,一般适用于经济业务较多的大中型企业。目前,科目汇总表核算组织程序在我国手工记账条件下使用较为广泛。

复习思考题

1. 原始凭证设计有哪些要求?
2. 原始凭证设计的基本内容有哪些?
3. 记账凭证设计有哪些要求?
4. 记账凭证设计的基本内容有哪些?
5. 会计账簿有哪几种?各自设计要求如何?
6. 现行企业会计准则规定的报表体系是什么?

课堂结账测试

班级_____ 姓名_____ 学号_____ 日期_____ 平时分_____

一、**单项选择题**(每小题6分,共30分)

1. 在设计原始凭证时,重点是要(　　)。
   A. 真实地记录经济业务的发生过程
   B. 充分体现企业内部控制的要求
   C. 科学地建立凭证的传递程序
   D. 合理地安排原始凭证的基本要素

2. 下列各项中,属于原始凭证的是(　　)。
   A. 增值税专用发票　　　　　　　B. 请购单
   C. 经济合同　　　　　　　　　　D. 银行存款余额调节表

3. "应交增值税"的明细账的格式是(　　)。
   A. 三栏式　　　　　　　　　　　B. 多栏式
   C. 数量金额式　　　　　　　　　D. 卡片式

4. 下列各项中,属于账簿按其账页格式分类的账簿是(　　)。
   A. 订本式账簿　　　　　　　　　B. 活页式账簿
   C. 卡片式账簿　　　　　　　　　D. 数量金额式账簿

5. 在我国现行资产负债表中,对资产项目进行分类的依据是(　　)。
   A. 流动性　　　　　　　　　　　B. 重要性
   C. 是否具有实物形态　　　　　　D. 永久性

二、**多项选择题**(每小题6分,共30分)

1. 因质量不合格规定而被退回的商品,其相关的退货单应交送的部门有(　　)。
   A. 保管部门　　　　　　　　　　B. 会计部门
   C. 销售部门　　　　　　　　　　D. 采购部门

2. 下列选项中,属于原始凭证中的执行凭证的有(　　)。
   A. 收料单　　　　　　　　　　　B. 增值税专用发票

C. 产品出库单   D. 制造费用分配表

3. 总分类账簿的账页格式主要有( )。
   A. 三栏式   B. 汇总式
   C. 日记总账式   D. 报告式

4. 下列选项中,可以采用多栏式账页格式的账簿有( )。
   A. 制造费用明细账   B. 材料采购明细账
   C. 生产成本明细账   D. 营业外收入明细账

5. 上市公司对外提供的会计报表应包括( )。
   A. 资产负债表   B. 利润表
   C. 现金流量表   D. 所有者权益变动表

三、判断题(每小题5分,共40分)

1. 企业需要对所有的原始凭证进行设计。( )
2. 职工借款单必须是一式一联。( )
3. 原始凭证在设计时要充分考虑内部牵制的问题。( )
4. 原始凭证的主要作用在于根据经济业务的发生确定会计分录的内容。( )
5. 业务繁多、会计核算实现了电算化的企业,适合使用专用记账凭证。( )
6. 备查账的数量和格式通常根据企业实际需要来设计,比较灵活。( )
7. 对内财务报告的指标体系、格式、编制方法等都由国家统一规定。( )
8. 如同对外财务报告一样,对内财务报告在报送时也需要单位负责人的签字。( )

第五章　内部控制制度的设计

知识导航

- 内部控制制度的设计
  - 内部控制制度设计概述
    - 内部控制制度的含义和作用
    - 内部控制制度的范围与设计原则
    - 会计工作中常见的错误
    - 内部控制制度设计的影响因素
    - 内部控制的基本方式
    - 企业内部控制的设计主体及设计程序
  - 货币资金业务内部控制制度的设计
    - 货币资金业务流程设计目标
    - 货币资金业务风险
    - 货币资金业务内部控制的基本要求
    - 货币资金收入业务的内部控制
    - 货币资金支出业务的内部控制
    - 货币资金业务内部控制的监督检查制度
  - 采购业务内部控制制度的设计
    - 采购与付款业务的特点及业务流程设计目的
    - 采购业务的环节与采购业务内部控制的基本要求
    - 采购业务内部控制的具体方式
    - 采购业务内部控制的监督检查制度
  - 资产盘存业务内部控制制度的设计
    - 资产盘存业务的内容和环节
    - 资产盘存业务与购销业务的关系及资产盘存
    - 业务内部控制的具体要求
    - 资产盘存业务内部控制的监督检查制度
  - 销售业务内部控制制度的设计
    - 销售业务内容和环节
    - 销售收入的核算方法
    - 应收与预付款项的核算方法
    - 销售与收款业务的核算方法
    - 销售业务内部控制的基本要求
    - 销售业务内部控制的具体设计
    - 销售业务内部控制的监督检查制度
  - 对外投资业务内部控制制度的设计
    - 投资业务的流程设计
    - 对外投资业务的内容、特点与环节
    - 对外投资业务的内部控制
    - 投资业务会计政策选择的设计
  - 筹资业务内部控制制度的设计
    - 筹资业务的概念和特点
    - 筹资业务的环节
    - 筹资业务的内部控制
    - 筹资业务会计政策选择的设计

学习目标

1. 掌握内部控制制度的意义与作用;内部控制的范围、内容及会计工作中常见的错误。

2. 了解内部控制的发展演变史,理解内部控制的内涵、意义、目标和作用,掌握内部控制的基本方式与影响因素;货币资金收支业务、材料采购业务、资产盘存业务、产品销售业务、筹资业务、投资业务等内部控制制度的设计等。

3. 清楚会计与内部控制之间的内在联系,掌握内部控制设计的基本原理。

4. 能够指出案例企业货币资金收支、材料采购、资产盘存、产品销售、筹资、投资等业务内部控制在设计和运行中存在的不足,并提出相应的完善建议。

寓德于教

近年来,财政部会同证监会等相关部门,不断健全企业内部控制规范体系,逐步建立了上市公司实施、注册会计师审计、政府监管推动的内部控制实施机制,着力推动上市公司提升内部控制水平,上市公司实施企业内部控制规范总体取得一定成效。但部分上市公司仍存在对内部控制重视程度不够、内部控制缺陷标准不恰当、内部控制评价和审计未充分发挥应有作用等问题。

资料来源:财政部网站,2022-07-29,财政部关于进一步提升上市公司财务报告内部控制有效性的通知,https://baijiahao.baidu.com/s? id = 1739676852854837650 & wfr = spider & for = pc。

试回答:内部控制制度设计有何重要的作用?

第一节 内部控制制度设计概述

一、内部控制制度的含义和作用

(一) 内部控制制度的含义

内部控制制度的前身是内部牵制制度。20 世纪初,随着生产社会化程度的空前提高,股份公司逐渐成为西方国家主要的企业组织形式,竞争的加剧迫使许多企业普遍加强了对生产经营活动的控制。在管理理论的指导和企业管理的现实需求下,欧美一些企业在内部牵制思想的基础上,借助各种事先确定的科学标准和程序,纷纷在企业内部组织结构设置、经济业务授权和处理程序等方面实施控制,基本做到了职能部门和人员分工制度化,业务处理程序标准化、规范化,从而达到了防错消弊,保护企业财产的安全和完整,保证会计信息的真实和可靠,确保经营管理方针的贯彻落实及提高企业经营效率的目的。1936 年,美国注册会计师协会发布的《独立公共会计师对会计报表的审查》首次定义了内部控制：为了保护公司现金和其他财产的安全、检查账簿记录的准确性，而在公司内部采用的各种手段和方法。

第二次世界大战以后，随着西方资本主义国家营运资本趋向集中，企业规模不断扩大，职能管理部门也随之增多，子公司、分公司、派出机构大量出现，经济业务日趋复杂。为了加强母子公司之间、公司内部各职能部门之间的相互控制，保证经济活动的规范进行，进而促使各办事机构的人员尽职尽责，遵循既定的管理方针，提高工作效率和工作质量，提高会计信息的可靠性，内部控制的范围不断扩大，控制方法逐渐增多。出于适应环境发展的需要，1949年美国注册会计师协会又将内部控制定义为：企业为了保证财产的安全完整，检查会计资料的准确性和可靠性，提高企业的经营效率以及促进企业贯彻既定的经营方针，所设计的总体规划及所采取的与总体规划相适应的一切方法和措施。

1963年，美国注册会计师协会审计程序委员会首次将内部控制划分为内部会计控制和内部管理控制两个分支，使内部控制理论体系日臻完善。进入20世纪80年代以后，内部控制理论又有了新的发展，美国注册会计师协会于1988年4月公布的《审计准则公告第55号》，提出以"内部控制结构"取代"内部控制制度"，并开始注意控制环境的作用，将会计制度正式列为内部控制的构成要素，从而使内部控制由相互独立的两个分支上升到一个从关注各利害关系主体对内部控制的态度开始，到对内部控制实施最终效果——会计信息的评价，这样一个逻辑较为严密的控制体系。

在总结20世纪80年代后期发生的财务舞弊案经验和教训的基础上，美国反虚假财务报告委员会的发起组织委员会(COSO)于1992年发布，并于1994年修订《内部控制——整合框架》，对内部控制结构进行了重新设计，并对内部控制作出如下描述：内部控制是由企业董事会、经理阶层和其他员工实施的，为经营的效率效果、财务报告的可靠性、相关法律的遵循性等目标的实现而提供合理保证的过程报告；还将内部控制的目标重新界定为"合理地确保经营的效率和有效性、财务报告的可靠性、对适用法律的遵循"，并承认了风险评估在内部控制中的地位。

1994年，美国管理会计师协会在其发布的《内部控制结构》中又对内部控制进行了定义，认为"内部控制是这样一个整体系统，它是由管理者建立的，旨在以一种有序的和有效的方式进行公司的业务，确保其与管理政策和规章的一致，并报告资产，尽量确保记录的完整性和正确性"。

2004年9月，受美国"安然""世通"等恶性财务舞弊案的影响，COSO结合《萨班斯—奥克斯利法案》对内部控制的要求，再次发布内部控制报告《企业风险管理——总体框架》，提出了风险偏好和风险容忍度等概念，将原风险评估扩展为目标设定、事项识别、风险评估和风险反映，强调了风险管理在内部控制中的重要性，认为企业风险管理是一个过程，受企业董事会、管理层和其他人员的影响，应用于战略制定，并贯穿于企业的所有阶层和单位之中,旨在识别影响组织的事件并在组织的风险偏好范围内管理风险,为各类目标的实现提供合理保证。

至此,内部控制制度由注重对经营效率的提高、对会计信息的完整性和正确性的保证以及对既定法律的遵循演变为对经营风险的预防、控制和评估。

随着市场环境的日趋复杂,COSO 于 2010 年根据市场情况重新审核原内部控制整合框架,并于 2013 年 5 月 14 日修订发布了新的《内部控制——整合框架》,新框架在内部控制的核心定义、立方体结构以及各个维度方面基本保持原貌,但更加明确了目标设定在内部控制中的作用,扩大了报告目标类别,更加关注非财务目标,并加强了对反舞弊预期的考虑。其中最大的变化是,它明确地列出了 17 项总体原则,这些原则代表着与 5 个内部控制要素相关的基本概念,可确保 5 大内控要素以及整个内部控制系统的有效运行。

分析内部控制制度的发展演变历史,可以得出如下结论:

(1) 内部控制制度是社会化大生产的必然产物,是强化企业管理制度、促进企业发展的客观需要,并随着企业经营环境复杂程度的提高而不断丰富其内容,其本身是一个随经济环境的日益复杂化而涉及面越来越广、受影响和制约的因素越来越多的动态概念。

(2) 其核心目的是保证资产安全完整和会计信息真实可靠。

(3) 其基本职能是行为引导和权力制衡。

(4) 其未来发展方向是风险导向内部控制。

综上所述,要给出内部控制制度的一个权威性的解释并非易事。我们可以透过内部控制制度的产生和发展历程,得出内部控制制度的最基本的解释,即内部控制制度是由管理者所设立的,由企业董事会、管理层和全体员工共同实施的,约定单位内部各职能部门、各有关工作人员之间,在处理经济业务过程中相互联系、相互制约的一种管理制度,是对经济业务的处理过程实施控制的方法、程序和手续的总称。联系,是指在经济业务发生时,有关经办人员之间如何互相沟通、协调,从而使经济活动得以顺利进行;制约,是指经办人员之间如何相互牵制、相互监督,以防止权力膨胀、决策失误、营私舞弊和技术错误,保证经济活动的合法合理性和效率性这种相互联系和相互制约的关系是否明确、有效,是内部控制制度是否严密、完善的标志。

完善的内部控制制度一般应具备四个方面的要素:一是职权与责任,即单位行政领导与各个职能部门拥有的职权和应承担的责任,以及据此确定的他们在处理经济业务时所处的地位和作用;二是程序与手续,即处理每一项经济业务的规定程序和手续,要求明确规定每一项经济业务需要经过哪些手续、由哪些人员负责办理、他们之间如何沟通联系,以及应当采用哪些具体的处理方法等;三是控制方式,即处理每一项经济业务的人员之间相互制约的方式,要求某人办理的业务必须经过其他人员的核准和同意,必须置于其他人员的监督之下,有关人员之间必须形成制约关系;四是监督机制,即建立独立的监督部门对整个业务管理过程进行监督,并且对所发现的偏差进行必要的修正,以保证制度实施的可行性和效益性。

以上所述表明,内部控制制度不只涉及财会部门,也不只是会计工作的需要,而要牵涉企业的各个职能部门和各个方面的业务工作。因此,为了保证各部门的经济活动都能符合预定目标、防错消弊、保质保量,各职能部门在制定其业务管理制度时,都应当符合内部控制制度的要求。由于财会部门在经济业务所牵涉的各个职能部门中处于中心位置,是财务收支的"关口",任何经济业务的办理都离不开财会部门,在设计会计制度时,更应该将内部控制制度作为一项重要内容设计。

(二) 内部控制制度的作用

严格地讲,内部控制制度不是一项独立的制度,其精神和要求一般贯穿于各项管理制度之中,对各项制度的健全完善和有效执行起保护性作用。具体地讲,内部控制制度的作用表现在以下几个方面。

1. 保护会计制度的贯彻执行

内部控制制度在会计制度体系中,不像会计科目、会计凭证、会计报表等,不能作为独立的部分,而是贯穿于会计制度的各个方面,对整个会计制度的实施起保护作用。从某种意义上讲,会计制度能否顺利执行、实施效果是否理想,关键取决于内部控制制度是否严密完善。如果只有会计制度条文,而缺乏严格的保护性措施,会计工作同样不能规范运行。例如,关于产品销售业务所使用的会计科目、凭证、账簿以及账务处理办法等方面的规定虽已齐备,但如果没有明确规定开票、收款、发货、门卫等有关人员的职责,没有规定他们之间的制约方式,销售业务就可能出现漏洞,给违法乱纪行为造成可乘之机,削弱和降低会计制度的作用。可见,完善的内部控制制度是保证会计制度效用必不可少的措施。

2. 防错消弊、保护企事业单位财产的安全完整

内部控制制度的基本要求是将经济业务的办理工作进行合理的分工。明确规定每一个业务经办人员的职权和责任,设计周密的业务处理程序和手续。

可见,内部控制制度强调办理经济业务的多层次性,以保证业务处理过程的透明度和处理结果的客观性,否定经办人员和经办手续的单一性,以防止业务处理过程的隐蔽性和处理结果的主观性。它可以将每一经办人员的职责、行为置于其他经办人员的监督之下,使每一经办人员只享有办理业务的部分权利,以保证任何经济业务的发生和完成都有若干人参与或知晓。这样就不会给任何不法分子机会,可以有效地防止营私舞弊行为,即使一些经办人员在处理业务时做了手脚,也会立即暴露在其他有关人员的监督之下,同时,还可以避免或减少会计工作中的失误和技术性的错误,以保证会计工作的质量。

所以说,严密完善的内部控制制度,既能形成一种威慑力量,制止一切伪造、篡改会计记录的营私舞弊行为的发生;又能产生预防效应,防止工作上的失误,确保单位财产物资的安全完整。

3. 保证会计信息的真实、正确、完整和及时,提高其使用价值

会计信息虽然最终由财会部门提供,但由于信息来源渠道复杂,各种资料经过的环节较多,业务办理人员的素质参差不齐,从而导致会计信息的质量难以保证。要想解决这一问题,单位在设计会计制度时,必须根据内部控制制度的要求,规定各项业务的标准处理程序,包括业务的发生地点、经过环节、经办人员的职责划分、业务处理时间、审批稽核手续以及使用的凭证账簿等。这样,通过会计制度的实施,就可以保证会计信息的质量。可见,严密完善的内部控制制度为提供真实、正确、及时的会计信息奠定了基础,而真实、正确、完整和及时的会计信息在经营管理中才具有使用价值。

4. 加强岗位责任制

提高会计工作效率健全完善的内部控制制度,能够使经办业务的各有关人员按专业分工,明确自己的岗位责任,并在分工的基础上,建立有机的协作关系。这样,既体现了工作的专业化,又增强了工作的协调性,不仅为各有关人员熟练地掌握自己的工作内容、工作方法、工作要求和专业知识创造了条件,有利于发挥专业优势、提高会计工作效率,避免因头绪过多而顾此失彼,还有利于加强岗位责任制、促使业务经办人员尽职尽责。

5. 防范和化解经营风险

内部控制制度通过机构分设、岗位分工、制定标准化业务处理流程、规范业务经办手续,可以有效地防止权力膨胀、预防个体性决策行为的发生,从而起到防范和化解经营风险、提高经营效率的作用。

二、内部控制制度的范围与设计原则

(一) 内部控制制度的范围

一般地讲,内部控制制度的范围应当涉及企业的各种经济业务,范围扩展得越大,控制就越严密,作用也就越大。但由于企业的经营规模、业务复杂程度、内部组织机构、办事人员的分工等具体情况各不相同,对内部控制制度的范围和要求也应有所区别。小型单位由于经济业务比较简单、数量较少,单位行政领导人能够经常过问、了解并掌握单位各项业务的发生情况和财务收支情况,其内部控制制度不宜过分复杂,范围可相对小一些,重点应放在货币资金的收付业务上。大中型企事业单位由于经济业务的种类繁多,内部分工较细,对外关系复杂,行政领导人难以随时掌握各方面的情况,因此要设计严密完善的内部控制制度,其范围应当扩展到企业的每一种经济业务,同时对所有经办业务的部门和人员提出具体要求,以保证内部控制制度的效用。

企业发生的货币资金收支业务和商品购销业务不仅数量大,牵涉的部门和人员多,而且大多数业务又是与企业外部发生业务关系,发生错误和弊端的可能性也较大,尤其是商品的赊购、赊销业务。因此,在任何企业里,内部控制制度都应以上述两类业务为中心来设计,将它们作为控制的主要范围和内容。

具体地讲,内部控制制度的范围及内容主要包括:①货币资金业务的内部控制。②采购业务的内部控制。③资产盘存业务的内部控制。④销售业务的内部控制。

除此以外,对于筹资业务、对外投资业务、债权债务结算业务、成本费用业务、工程项目、信用担保等,都需要建立内部控制制度有关各种主要业务内部控制制度的具体设计。

(二)内部控制制度的设计原则

为了充分发挥内部控制制度的作用,实现内部控制的目的,设计内部控制制度时,应当遵循以下基本原则。

1. 合法性原则

内部控制制度应当符合国家法律、行政法规的规定和有关政府监管部门的监管要求。

2. 全面性原则

内部控制制度在层次上应当涵盖企业董事会、管理层和全体员工。在对象上应当覆盖企业各项业务和管理活动,在流程上应当渗透到决策、执行、监督和反馈等各个环节,避免内部控制出现空白和漏洞。

3. 重要性原则

内部控制制度应当在兼顾全面的基础上突出重点,针对重要业务与事项、高风险领域与环节采取更为严格的控制措施,确保不存在重大缺陷。

4. 有效性原则

内部控制制度应当能够为内部控制目标的实现提供合理保证,企业全体员工应当自觉维护内部控制的有效执行。内部控制建立和实施过程中存在的问题应当能够得到及时的纠正和处理。

5. 制衡性原则

企业的机构、岗位设置和权责分配应当科学合理,确保不同部门、岗位之间权责分明,有利于相互制约、相互监督。履行内部控制监督检查职责的部门应当具有良好的独立性,任何人不得拥有凌驾于内部控制之上的特殊权力。

6. 适应性原则

内部控制制度应当合理体现企业经营规模、业务范围、业务特点、风险状况以及所处具体环境等方面的要求,并随着企业外部环境的变化、经营业务的调整、管理要求的提高等不断改进和完善。

7. 成本效益原则

内部控制制度应当在保证内部控制有效性的前提下,合理权衡成本与效益的关系,争取以合理的成本实现更为有效的控制。

8. 相对稳定性原则

内部控制制度是一项受企业内外部经营环境影响较大的综合性管理制度,无论当时设计如何科学、合理,随着企业经营环境的不断变化,总会表现出局限性。因此,企业应在保持原有内部控制制度相对稳定的基础上,结合现实环境对其不断予以修订和完善。

三、会计工作中常见的错误

防错消弊是内部控制制度的一个重要作用。必须先了解会计工作中可能发生的各种错误,然后才能提出针对性的防范措施,进而设计出严密完善的内部控制制度。会计工作中的错误,按其发生的原因不同,一般可分为两种情况:一是客观技术性错误,二是主观原则性错误。设计内部控制制度时,必须针对各种可能发生的错误,提出相应的防范措施。

(一)客观技术性错误

发生客观技术性错误的原因:一是会计人员的业务水平低,会计知识不丰富,对会计原理的理解不够,会计处理方法运用不当;二是会计人员的工作态度不认真,会计核算中粗心大意所致,这种错误具有不可避免性、无意性、容易发现和纠正等特征。防止和减少这种错误的根本办法是加强会计人员的责任心、不断提高他们的业务素质,但在这些因素既定的情况下,内部控制制度如果设计得科学合理,无疑能够在一定程度上弥补会计人员的不足。例如,严格的审批制度在一定程度上可以帮助会计人员熟悉业务,正确选择会计处理方法;健全的稽核制度一般可以及时发现会计凭证、账簿、报表中存在的错误,并尽快予以纠正等。

客观技术性错误在会计工作中经常出现,且种类很多,具体如下:

(1)填制原始凭证时,出现金额计算的错误,如根据数量和单价计算错销售额,根据费用分配标准和分配率计算错费用分配额等。

(2)编制记账凭证时,用错会计科目或记错借贷方向,致使会计分录错误。

(3)登记账簿时,发生串户、漏记、多记或少记数字等错误。

(4)编制会计报表时,有关的项目和数字发生抄写、计算等错误。

(5)在办理货币资金收支业务时,多收或少收,多付或少付款项,造成账实不符。

(6)确认收入实现和费用发生的时间错误,导致各会计期间损益计算错误。

(7)混淆收益性支出与资本性支出的界限,如把购置固定资产的运输费、包装费、安装费等作为期间费用处理。

(8)存货的实际收发与会计的账务处理手续脱节,时间、内容不一致,致使存货的账面数与存货的实际数不相符等。

(二)主观原则性错误

会计人员的思想素质不高、法制观念不强、私心杂念严重、办事损公肥私是形成主观原则性错误的主要原因。这种错误具有故意性、复杂性、隐蔽性等特征,其性质属于违法乱纪,目的在于通过故意制造会计错误掩盖不可告人的舞弊行为。防止和根治这种错误的根本办法是加强法制建设、提高会计人员的法制意识和思想素质,但建立健全内部控制制度,也是非常重要的措施。例如,通过建立"分权"制度,形成业务经办人员之间的相互牵制、相互监督关系,可以产生威慑力量,迫使舞弊者收敛;通过建立"岗位轮换"和"内部审计"制度,必然会使舞弊者心有余悸,即使产生不轨想法也不敢轻易付诸实施。因此,设计严密完善的内部控制制度是消除主观原则性错误的有效办法。

一般地讲,发生主观原则性错误后,如隐匿收入、虚列支出、截留现金、挪用公款、侵吞资财等行为,必然使会计凭证、会计账簿、会计报表等档案资料失去真实性,发生错误。这类错误纯属于原则性问题,与前述业务技术性错误有本质区别。因此,内部控制制度应重点防范这种错误。

四、内部控制制度设计的影响因素

内部控制涵盖企业经营管理的各个层级、各个方面和各项业务环节,不同行业、不同规模和不同组织形式的企业可以结合实际情况,从不同的角度入手建立健全内部控制制度。但是,从总体上讲,设计有效的内部控制制度,所有企业都应当考虑以下基本因素。

(一)内部环境

内部环境是影响、制约企业内部控制制度建立与执行的各种内部因素的总称,是实施内部控制的基础。内部环境主要包括治理结构、组织机构设置与权责分配、企业文化、人力资源政策、内部审计机构设置、反舞弊机制等。

健全的治理结构、科学的内部机构设置和权责分配是建立并实施内部控制的基本前提,是影响、制约内部环境的重要因素。建立规范的法人治理结构,能够促进企业内部控制的有效运行。科学合理地设置内部机构,能够适应企业经营管理的实际需要和外部环境的变化,减少管理层级和提高管理效能,避免机构重叠和效率低下,促进内部控制的有效实施。科学界定决策、管理、执行、监督各层面的地位、职责与任务,形成有效的分工和制衡机制,能够切实发挥相关机构的职能作用,为企业内部控制的建立与实施提供强有力的组织结构保障和工作机制保障。

企业文化是指企业在经营管理过程中形成的、影响企业内部环境与内部控制效力的精神、意识和理念,主要包括企业的整体价值观,高级管理人员的管理理念、经营风格与职业操守,员工的行为守则等,为建立与实施内部控制营造良好的氛围和环境。

人力资源政策是影响企业内部环境的关键因素,一般包括员工的聘退与培训,员工的薪酬、考核、晋升与奖惩,财会等关键岗位员工的轮岗制衡要求,对掌握重要商业秘密或核心技术等关键岗位员工离岗的限制性规定。科学、规范、公平、公开、公正的人力资源政策,有利于调动员工在内部控制与经营管理活动中的积极性、主动性和创造性。

健全的内部审计机构和有效的内部审计监督,能够在企业内部形成有权必有责、用权必受监督的良好氛围,是营造守法、公平、正直的内部环境的重要保证。

科学的反舞弊机制,能够对财务报告和信息披露方面的弄虚作假行为,未经授权、滥用职权或者采取其他不法方式侵占、挪用企业资产的行为,在开展业务活动中牟取不当利益的行为,企业高级管理人员的舞弊行为,以及员工单独或者串通舞弊的行为起到制约和威慑作用。企业应当建立健全反舞弊机制,明确有关部门在反舞弊工作中的职责权限和协调机制,规范反舞弊调查处理程序,建立情况通报制度,有效防范因舞弊而导致内部控制失效的现象。

(二)风险评估

风险是指对实现内部控制目标可能产生负面影响的不确定性因素。风险评估是指及时识别、科学分析和评价影响企业内部控制目标实现的各种不确定因素,并采取应对策略的过程,是实施内部控制的重要环节。风险评估主要包括目标设定、风险识别、风险分析和风险应对。其中,目标设定是风险识别、风险分析和风险应对的前提。

风险识别是指在充分调研和科学分析的基础上,准确识别影响企业内部控制目标实现的内部风险因素和外部风险因素。内部风险因素一般包括:高级管理人员职业操守、员工专业胜任能力、团队精神等人员素质因素;经营方式、资产管理、业务流程设计、财务报告编制与信息披露等管理因素;财务状况、经营成果、现金流量等基础实力因素;研究开发、技术投入、信息技术运用等技术因素;营运安全、员工健康、环境污染等安全环保因素。外部风险因素一般包括:经济形势、产业政策、资源供给、利率调整、汇率变动、融资环境、市场竞争等经济因素;法律法规、监管要求等法律因素;文化传统、社会信用、教育基础、消费者行为等社会因素;技术进步、工艺改进、电子商务等科技因素;自然灾害、环境状况等自然环境因素。

风险分析包括定性分析和定量分析,企业应当根据风险分析的结果,运用专业判断,按照风险发生的可能性大小及其对企业影响的严重程度进行风险排序,确定应当重点关注的风险。

风险应对一般包括风险回避、风险承担、风险降低和风险分担等策略,一般而言,企业对超出整体风险承受能力或者具体业务层次上的可接受风险水平的风险,应当实行风险回避;对在整体风险承受能力和具体业务层次上的可接受风险水平之内的风险,在权衡成本效益之后无意采取进一步控制措施的,可以实行风险承担;对在整体风险承受能力和具体业务层次上的可接受风险水平之内的风险,在权衡成本效益之后愿意单独采取进一步的控制措施以降低风险、提高收益或者减轻损失的,可以实行风险降低;对在整体风险承受能力和具体业务层次上的可接受风险水平之内的风险,在权衡成本效益之后愿意借助他人力量,采取包括业务分包、购买保险等进一步控制措施以降低风险、提高收益或者减轻损失的,可以实行风险分担。

(三)控制措施

控制措施是指根据风险评估结果、结合风险应对策略所采取的确保企业内部控制目标得以实现的方法和手段,是实施内部控制的具体方式。控制措施应当结合企业具体业务和事项的特点与要求制定,主要包括职责分工控制、授权控制、审核批准控制、预算控制、财产保护控制、会计系统控制、内部报告控制、经济活动分析控制、绩效考评控制、信息技术控制等。

(四)信息与沟通

信息与沟通是指及时、准确、完整地收集与企业经营管理相关的各种信息,并使这些信息以适当的方式在企业有关层级之间进行及时传递、有效沟通和正确应用的过程。信息与沟通主要包括信息的收集机制以及在企业内部和与企业外部有关方面的沟通机制等。

内部信息主要包括会计信息、生产经营信息、资本运作信息、人员变动信息、技术创新信息、综合管理信息等,企业可以通过会计资料、经营管理资料、调查研究报告、会议记录纪要、专项信息反馈、内部报刊网络等渠道和方式获取所需要的内部信息。外部信息主要包括政策法规信息、经济形势信息、监管要求信息、市场竞争信息、行业动态信息、客户信用信息、社会文化信息、科技进步信息等,企业可以通过立法监管部门、社会中介机构、行业协会组织、业务往来单位、市场调查研究、外部来信来访、新闻传播媒体等渠道和方式获取所需要的外部信息,并保持与投资人、债权人、客户、供应商、监管机构、外部审计师、律师等外部相关利害关系人的沟通。

此外,企业还应当采取互联网络、电子邮件、电话传真、信息快报、例行会议、专题报告、调查研究、员工手册、教育培训和内部刊物等多种方式。实现所需的内外部信息在企业内部准确、及时传递和共享,确保董事会、管理层和企业员工之间的有效沟通。

(五)监督检查

监督检查是指企业对其内部控制的健全性、合理性和有效性进行监督检查与评估,形成书面报告并作出相应处理的过程,是实施内部控制的重要保证。监督检查工作应由企业董事会所属审计委员会、内部审计机构或者实际履行内部控制监督职责的其他有关机构,根据国家法律法规要求和企业有关规定,对内部控制的某一方面或者某些方面进行不定期的、有针对性的专项监督检查,以便提交相应的检查报告,提出针对性的改进措施。

此外,企业应定期对内部控制的健全性、合理性与有效性进行自我评估,形成书面评估报告,并及时声明以下内容:

(1)声明企业董事会对建立健全和有效实施内部控制负责,并履行了指导和监督职责,能够保证财务报告的真实可靠和资产的安全完整。

(2)声明已经遵循有关的标准和程序对内部控制设计与运行的健全性、合理性和有效性进行了自我评估。

(3)声明对开展内部控制自我评估所涉及的范围和内容进行了简要描述。

(4)声明通过内部控制自我评估,可以合理保证本企业的内部控制不存在重大缺陷,如果在自我评估过程中发现内部控制存在重大缺陷,应当披露有关的重大缺陷及其影响,并专项说明拟采取的改进措施。

(5) 自资产负债表日至内部控制自我评估报告报出日之间,如果内部控制的设计与运行发生重大变化,应当说明重大变化情况及其影响。

五、内部控制的基本方式

内部控制的方式很多,在不同的经济业务处理过程中,应当采用不同的控制方式,以最大限度地发挥内部控制制度的作用。

(一)分权控制

分权控制又称职务分管控制,它要求任何一项经济业务的办理,都必须由两人或两人以上分工掌管。不允许任何一个人单独办理任何一项经济业务,从而形成相互制约、相互监督的格局,避免因一个人包办经济业务全过程而容易出现的弊端和错误。在一般情况下,以下职务和权力应当实行分管:

(1) 经济业务的授权批准职务与执行职务应予分离,即将审批权与执行权分离。例如,审批支付货款的人员不能同时担任出纳,审批发料的人员不能同时担任仓库保管员等。

(2) 经济业务的执行职务与记录职务应予分离,即将业务的承办权与记录权分离。例如,承办购货业务的采购、承办销售业务的推销员不得兼任账目记录的会计员。

(3) 财产物资的保管职务与会计记录职务应予分离。例如,保管货币资金的出纳、管理实物资产的仓库保管员等不得兼任会计员,实行钱、账、物分管制。

(4) 经济业务的经办职务与稽核检查职务应予分离。例如,财产清查及账实核对工作不能由财产保管人员单独进行,银行存款余额调节表不能由出纳编制等。

(5) 货币资金出纳职务与总账记录职务应予分管有条件的单位,出纳人员尽可能只处理货币资金的收支及保管,登记出纳备查簿,不登记库存现金日记账和银行存款日记账。人员较少,需要由出纳人员兼管现金、银行存款日记账登记工作的单位,总分类账必须由专人登记,并对库存现金、银行存款日记账进行经常性的检查和核对,以便利用总账对明细账、日记账的控制作用,形成制约关系。

此外,经济业务的授权批准职务与监督检查等职务也应分离,以确保内部控制的严密性。

(二)授权控制

授权控制是指单位内部的各级工作人员必须获得批准和授权后,方能执行或处理有关的经济业务,其基本要求是:单位内部的各级管理层必须在授权范围内行使相应职权,各级工作人员在处理业务时,必须明确自己的职权和责任;在授权范围内开展工作,既不能超越权限去处理那些不属于自己职权范围内的事情,如非出纳人员收付货币资金,非会计人员处理账务等,也不能推诿责任,对那些属于自己职权范围内的事情不认真办理,如保管员不认真负责物资收发、会计员不按规定登记账簿等。

按授权的性质,授权控制可分为一般授权和特定授权。一般授权通常规定处理正常经济业务的标准,授予有关人员处理一般经济业务的权力,如推销员按规定价格销售产品或商品,采购员可在计划指标内购买材料等。特定授权,也称临时性授权、应急性授权,是指企业在特殊情况、特定条件下授予有关人员处理特殊经济业务的权力。例如,企业销售闲置设备、削价处理积压的存货,必须经行政领导特别批准授权后才能处理,销售人员不得自行决定,否则就属于越权行为,销售价格就会失去控制,就有可能产生漏洞。

可见,授权控制有利于建立岗位责任制,使各级工作人员在获得权力时,就相应地承担了责任。所任职务与所负责任挂钩,便于有关人员各司其职、各负其责,有效防止问题的出现,即使发生问题也便于查找解决。

(三)岗位轮换控制

岗位轮换控制是指各个岗位上的工作人员定期或不定期地相互调换职务,避免一个人在一个工作岗位上长期滞留,特别是涉及货币资金收支和财产实物收发的岗位的人员,应尽可能地经常调换。这种控制方式的作用有以下四个方面:

(1) 有利于促使工作人员尽职尽责。由于每一个工作人员随时都有调动职务、移交工作的可能,必须按规定及时完成自己的本职工作,不能拖拉疲沓。

(2) 防止某些人因长期从事某项工作而产生惰性,或利用工作之便编织关系网进行舞弊活动。

(3) 有利于及时发现问题,并采取措施尽快解决。由于原来的工作人员被轮换后,他所从事的工作要受到接替人员的检验,即使发生了差错或舞弊行为,也便于发现和揭露并加以处理,以免长期隐匿,造成大的损失。

(4) 有利于培养"多面手",提高工作人员的业务素质和独立工作的能力。

职务轮换的具体方式一般有对换和轮换两种,对换即两种职务之间的对调,如材料保管员与产品保管员对换,管应收款的会计与管应付款的会计对换等轮换则是多种职务之间的循环调换。例如,财会机构内部的材料核算去搞成本核算,成本会计去管销售账务,销售会计去登记总账和编制报表,总账会计则去从事材料核算,以形成一个工作轮换循环圈。

(四)预算控制

预算控制是指单位内部的各项费用开支应当实行预算管理的办法,通过预算的编制、执行、分析和考核,强化费用开支的管理。其基本要求如下:

(1) 明确预算项目,凡能实行预算管理的项目力求纳入预算控制系统,并建立明确的预算标准。

(2) 规范预算的编制、审定、下达和执行程序,划清各环节的控制责任。

(3) 及时分析和控制预算差异,反映预算的执行结果,发现问题,并采取改进措施。

(4) 预算内开支实行责任人限额审批,限额以上的开支实行集体审批,严格控制无预算的资金支出。

（五）凭证控制

凭证控制是指经济业务发生时，通过填制和传递原始凭证，对经济业务实施记录控制，以便在任何时候、任何问题发生时都有据可查。为此，设计足够的凭证联次和合理的凭证传递程序，将业务发生所涉及的各职能部门或个人联系起来，是强化内部控制的有效方式。其主要内容如下：

（1）每发生一笔经济业务，都必须填制或取得合法的、真实的、正确的原始凭证，作为各项业务的证明材料和控制依据。

（2）根据需要用复写方式填制凭证，即一式几联。

（3）重要的凭证如收款收据、销货发票等应当事先编号，以防短缺，一般凭证可在使用时按顺序统一编号。

（4）凭证上必须具备业务经办人员的签名或盖章，以明确其应负责任，强化制约关系。

（5）建立复查和核对制度，包括对凭证本身的复查和与其他有关凭证的核对。例如，对购货发票，既要审查其是否符合原始凭证填制要求，又要与订货合同、收料单等进行核对。

（6）建立科学合理的凭证传递程序，并与业务的标准处理程序结合起来，使各种凭证在业务经办部门和人员之间合理地流转。凭证传递程序既要经过每一个必要的环节，防止发生遗漏、失控现象、分不清责任的情况，又要尽可能地减少传递环节，提高工作效率。

（7）建立严格的印制、购买、保管、使用、注销和存档等管理制度。

（六）账簿控制

账簿控制是通过利用会计账簿对经济业务进行序时、分类记载的功能，实施内部控制。

（1）设计完整的账簿组织体系，明确规定各种账簿的作用以及它们之间的关系，做到总账控制明细账、日记账，明细账控制财产实物和债权债务的数量、金额变化，日记账控制收付款的笔数和金额。

（2）规定过账、对账、结账的要求，并区别各种账簿做出不同的规定。例如，总账既可逐笔过账，又可汇总过账，而明细账、日记账必须逐笔登记，尤其是库存现金、银行存款日记账还须逐笔结出余额。

（3）建立严格的账簿领用、存档、查阅、销毁等方面的管理制度。

（七）内部报告控制

内部报告控制是指单位应建立与完善内部报告制度，明确有关信息的收集、分析、报告和处理程序，及时提供业务活动中的重要信息，以全面反映经济活动情况，增强内部管理的时效性和针对性。内部报告方式通常包括例行报告、实时报告、专题报告、综合报告等。

（八）审批与稽核控制

审批与稽核控制是通过事前的审批控制与事后的稽核控制，对经济业务的合法合理性起到前把关、后验收的作用。

（1）建立专人审批制度，防止多人插手、"政"出多门，导致分不清责任，统一不了标准。

（2）严把审批关，按制度、政策办事，要求审有依据，批有理由，审要全面，批要慎重，正确行使权力。防止只批不审、滥用职权、草率行事、越俎代庖等现象的发生。

（3）健全内部稽核制度，设置专职或兼职稽核员，负责凭证、账簿、报表、合同、计划、预算等的稽查，以及账证、账账、账表、账实之间的核对，保证正确相符。

（九）档案专管控制

档案专管控制是指对会计凭证、账簿、报表等档案资料，实行专人保管，以便对档案所涉及的有关人员的工作情况实施控制，防止根据个人需要更改、调整甚至毁灭档案记录的现象发生，其主要内容是：设置专职或兼职（出纳不得兼任）档案保管员并规定其岗位责任；规定专门的保管场所；规定各种档案的存续时间；建立严格的档案调阅、销毁等制度。

（十）标准处理程序控制

标准处理程序控制是指对每种经济业务的处理程序和手续制定出标准化模式，使程序的各个环节之间形成步步核查、环环监督的格局，以便及时发现差错和弊端并加以处理，防止同类业务的处理因程序与手续不同而出现职责不清、结果各异等现象，其主要内容有：规定每种经济业务应经过的环节和手续；对主要经济业务用文字或流程图的方式制定出标准化处理程序；规定经济业务由哪些部门和哪些人员处理，各环节的流转手续和滞留时间以及审核内容等；规定各个环节和各道手续之间的关系。

采用标准处理程序控制方式实施内部控制，一方面可以把各职能部门串联在一起，形成一个有机的整体，有条不紊地开展工作，及时规范地完成任务；另一方面又可形成相互制约、相互监督的机制。把可能发生的差错和弊端消灭在业务处理过程中。

（十一）信息系统控制

随着电子计算机在会计中的普及应用，一些传统控制方式的作用被削弱，而舞弊手段也在朝着智能化、现代化的方向发展。为适应这种变化，必须运用电子信息技术手段建立控制系统，减少和消除人为控制的影响，确保内部控制的有效实施。同时要加强对电子信息系统开发与维护、数据输入与输出、文件储存与保管、网络安全等方面的控制。

（十二）经济活动分析控制

经济活动分析控制要求企业综合运用生产、购销、投资、财务等方面的信息，利用比较分析、比率分析、因素分析、趋势分析等方法，定期对企业经营管理活动进行分析，发现存在的问题，查找原因，并提出改进意见和应对措施。

（十三）绩效考评控制

绩效考评控制要求企业科学设置业绩考核指标体系，对照预算指标、盈利水平、投资回报率、安全生产目标等方面的业绩指标，对各部门和员工当期业绩进行考核与评价，兑现奖惩,强化对各部门和员工的激励与约束。

此外,制定内部结算制度、强化财产保全和风险控制、定期召开财务分析会议、健全民主理财制度等,都是强化内部控制制度的方式。

以上各种方式,有些是从总体上考虑,不局限于某种经济业务,如分权控制、凭证控制、授权控制等;有些则是针对具体业务而采用,如档案专管控制等。严密完善的内部控制制度取决于各种控制方式的综合效应,在设计各种业务内部控制制度时必须综合考虑。

六、企业内部控制的设计主体及设计程序

(一)企业内部控制的设计主体

企业可以成立内部控制项目,建设委员会或者类似工作机构,负责组织领导和统筹协调本企业内部控制的建立与实施工作,内部控制项目建设委员会负责人一般应由董事长或者总经理担任。

(二)企业内部控制的设计程序

企业应当按照下列五个阶段设计内部控制。

1. 调研阶段

调研阶段需要设计人员对企业的组织体系、机构设置、营业范围、经营方式、主要业务、营运情况、管理水平、员工情况、财务状况、经营成果以及所处的外部环境等进行全面考察、总结和分析。

2. 整合阶段

内部控制制度并不是一项独立运作的管理制度,它需要与其他相关的管理制度进行联结,甚至是融合。因此,整合阶段要求设计人员按照一定的方法,合理归集、构建适应企业经营管理状况和内部控制要求的相关子系统,包括职责确定、机构设置、职能划分、人员配备等决策管理系统;采购、生产、销售、储存、运输等经营系统;会计、统计、审计、计算机信息技术等支持保障系统。

3. 控制阶段

控制阶段要求设计人员对各相关子系统进行认真研究和梳理,确定各子系统运行过程中的主要风险、关键环节和关键控制点,并针对每一个关键环节和关键控制点制定有效的控制措施。

4. 具体设计阶段

通过前三个环节的工作,设计人员对内部控制制度涉及的业务范围、关键控制点有了清晰的认识以后,就可以进行具体设计了。在设计中,应采用文字、流程图和风险控制文档等多种形式将各相关子系统及其业务和事项的风险类型、控制目标、关键控制点、控制措施、控制频率加以规定和说明,从而形成与经营管理制度有机结合的内部控制。需要注意的是,运用计算机信息技术手段实施内部控制的企业,在设计内部控制时,应当充分考虑计

算机信息技术的特点及其与手工控制的差异,但不得因实行计算机信息技术控制而免除或减少必要的控制程序。

5. 修改和完善阶段

内部控制设计不是一劳永逸的工作,它需要随经营环境的变化而不断修改、补充和完善。

第二节 货币资金业务内部控制制度的设计

货币资金是流通的手段,是企业流动资金中最活跃的部分,容易招致非法挪用、侵吞的犯罪行为,无论是投资者、债权人还是企业管理当局都非常关心、重视企业货币资金的核算与管理。因此,根据企业自身的经营管理特点进行货币资金的业务流程与核算方法设计,对加强货币资金的管理、核算与监控,保证货币资金安全和正常有效使用,促进生产经营活动的正常进行,进而实现企业的经营目标具有重要意义。

一、货币资金业务流程设计目标

货币资金业务流程设计应实现以下目标。

(一) 经营目标

通过规范货币资金业务流程,确保货币资金的运营能够满足企业各种经营业务的需要,保证货币资金的使用效率,保证货币资金的安全。

(二) 财务目标

确保货币资金业务核算的及时、规范进行,保证有关货币资金会计信息的可靠、完整。

(三) 合规目标

保证货币资金业务的处理符合国家有关法律法规以及公司的内部规定,强化货币资金的内部控制制度。

二、货币资金业务风险

由于货币资金业务流程设计得不合理或控制不当,可能会导致以下风险出现,在业务流程设计过程中应注意规避。

(一) 经营风险

经营风险是指对货币资金监控不力,管理混乱,资金被非法挪用、盗用、出现差错、舞弊和经济犯罪的风险。

(二) 财务风险

财务风险是指货币资金存放分散,资金冗余,资金使用效率低下,会计信息不能及时、可靠地反映货币资金的增减变化及结存金额的风险。

(三) 合规风险

合规风险是指可能导致货币资金管理业务违反国家有关部门和公司的相关规定而受到处罚的风险。

三、货币资金业务内部控制的基本要求

(一) 货币资金业务的特点

货币资金业务是指现金、银行存款和其他货币资金的收支业务。它具有以下特点：

(1) 业务数量大。由于单位在资金筹集、材料采购、费用支付、工资发放、对外投资、产品销售、税金上缴、债权收回、负债偿还等经济活动中，都会发生货币资金业务，货币资金业务在单位发生的各种业务中占有很大的比重，且内容复杂。

(2) 发生范围广。货币资金业务的发生范围，不像其他业务，一般发生在某个部门或供产、销售各环节，它可以发生在单位内部的各个职能部门，还可以发生在本单位与其他单位或个人之间；既可以发生在供应环节，还可以发生在生产、销售环节。可以说，有经济活动的地方，就有发生货币资金业务的可能，其范围之广，是其他任何种类的业务不可比拟的。

由于以上特点，货币资金业务就成为最容易发生差错和舞弊的业务。加之，货币作为流通手段，可以与任何财产物资、商品交换，尤其是现金，既便于携带，又便于储存，就成了营私舞弊和贪污盗窃的猎取目标，哪里有货币资金业务，哪里就有可能发生舞弊行为。可见，货币资金的管理是整个资金管理的重点，货币资金业务的内部控制是整个内部控制制度设计的关键。如何堵塞漏洞、避免差错、防止舞弊、保护货币资金的安全完整是设计货币资金业务内部控制制度必须解决好的问题。

(二) 货币资金业务内部控制的基本要求

在设计货币资金业务的内部控制制度时，必须符合以下要求。

1. 严格遵守各项结算制度

国务院颁布的现金管理制度和银行结算制度，是管理货币资金业务的准绳，也是设计货币资金业务内部控制制度的基本准则。这些制度要求：对于每日收取的现金应当及时送存银行，不得坐支；对于库存的现金应当规定限额；支用现金应当符合现金使用范围，并严格按照付款申请、付款审批、付款复核和付款支付的程序办理；超过现金结算限额时应当使用转账结算方式；采用何种结算方式应当符合银行结算办法的有关规定等，通过这些制度保证货币资金收支的合法合理性。

2. 正确使用分权、授权和稽核控制等方式

(1) 坚持钱账分管，将货币资金业务的实际处理与记录工作分离，出纳人员管银钱收付，会计人员管账务记录，出纳人员只能根据会计主管人员审核后的原始凭证和收、付款记账凭证办理收款和付款，登记库存现金日记账与银行存款日记账，不得擅自收付现款。

（2）由业务经办部门和财会部门分管货币资金业务的不同环节,使各种收入能够及时足额地纳归财会部门,使各种支出能够从财会部门适度、有效、合法、合理地支付出去,从而形成各种业务的具体处理在业务经办部门,而货币资金的收支集中到财会部门这一"关口"的格局。

（3）一切货币资金的收支,除发生在外地或因特殊情况,由财会负责人授权有关人员代收、代付外,一律由出纳集中办理。

（4）稽核与出纳职务分离,稽核人员负责一切收付款业务及原始凭证的审核,发现问题,及时终止收付款;出纳人员根据审核无误的凭证办理款项收付,如发现不符合制度的情况,有权拒绝并退给稽核人员重新处理。任何单位的出纳人员都不得兼管稽核、会计档案保管和收入、费用、债权、债务等明细账的登记工作。

（5）银行印鉴章分管,单位的财务专用章与财会主管的印鉴章由两人分别掌管。

（6）有条件的单位,最好实行"双出纳"制度,由两个出纳人员分别负责货币资金的收支,分别登记库存现金（银行存款）收入日记账和支出日记账,强化牵制作用。

3. 实行永续盘存制度,强化对现金的清查盘点和对银行存款的账项核对

（1）出纳人员对库存现金必须日清月结,保证其实有数与库存现金日记账的结余数相符。

（2）财会部门应当定期、不定期地派人对库存现金进行盘点,检查其实有数与库存现金日记账余额、与总账中"库存现金"账户的余额是否相符,如果发现盈亏,应及时查明原因,公正处理。

（3）定期与开户银行核对账目,至少每月一次,保证银行存款日记账余额与"银行对账单"中的余额相符,如有未达账项,应通过编制"银行存款余额调节表"加以验证,必须强调,与银行对账应当由非出纳人员进行,而不能让出纳人员核对,以防掩盖真相、隐匿作弊行为,"银行存款余额调节表"的编制也应由非出纳人员进行。

4. 健全收付款凭证的管理制度

（1）各种收据、发票等办理货币资金收支业务的凭证,应由财会部门统一管理,按顺序编号,领用时办理领用手续,用后的存根及作废的凭证一律收回,按编号顺序核查后统一归档保管,以防私收、私支款项等行为的发生。

（2）各种支付款项的凭证,应当由会计部门的有关人员审核签章,并经审核后、由出纳人员再行付款。

（3）支票的签发,除财务专用章外,还必须具有财会主管和出纳的印章,签发空白支票时,必须注明收款单位、款项用途、签发日期以及最高限额内容,并严格控制数量,不得滥用。

5. 特殊结算方式的控制

实行网上交易、电子支付等方式办理货币资金支付业务的企业,应当与承办银行签订

网上银行操作协议,明确双方在资金安全方面的责任与义务、交易范围等。操作人员应当根据操作授权和密码进行规范操作,使用网上交易、电子支付方式的企业办理货币资金支付业务,不应因支付方式的改变而随意简化、变更支付货币资金所必需的授权批准程序。企业在严格实行网上交易、电子支付操作人员不相容岗位相互分离控制的同时,还应当配备专人加强对交易和支付行为的审核。

此外,为了强化货币资金收支业务的内部控制制度,还应当定期地调换出纳职务,不要让某一人长期从事出纳工作,以防积久生弊。

四、货币资金收入业务的内部控制

收入货币资金的途径有2种:一是通过银行收款,二是直接收取现金。由于通过银行收款的业务,受到了银行的直接监督,起到了外部控制的作用,客观上能够有效地减少和堵塞货币资金收入业务中的漏洞,是保护货币资金安全的一个有力措施。货币资金收入业务的内部控制制度设计应主要针对现金收入业务。

现金收入业务的内部控制,除严格按照前述货币资金业务内部控制基本要求设计外,还应当重点加强收入业务的记录工作,因为现金收入业务在未被记录下来之前,最易出现漏洞,给舞弊行为留有可乘之机,且在舞弊行为发生后无证据、无线索可查。为此,保护现金收入的关键是在现金进入单位时,立即记录下来及时准确的记录,既可以防止不轨行为发生,又能作为查找错弊的线索。企业应当针对收入现金的渠道和方式,建立合理的记录方式,并掌握好记录的时间和内容。

一般情况下,企业的现金收入主要有销售货物取得现金和回收欠款取得现金。下面分别介绍它们的控制方式。

(一)销售货物收入现金的内部控制

企业销售产品或商品,应尽可能采用银行转账结算方式收取货款,以强化银行对企业货币资金收入业务的控制作用,但对于小额销售、与个人交易等业务,只得收取现金。随着商品经济的发展。资金市场竞争的加剧,交易方式的多样化,现金收支业务将越来越多,对其控制的要求也就越来越高。为销售货物收取现金实施内部控制,企业可区别不同情况采用不同的方式。

(1)工业、商品批发等企业,应主要采用填制销货单、提货单、提货通知单的方式控制现金收入业务。这是"凭证控制方式"在现金收入业务中的具体应用,要求在顾客购货时,由销售部门开具销货单和提货单,注明所销物品的名称、规格、数量、单价、金额等内容,顾客持销货单向财会部门交付现金,然后持出纳盖"收讫"章后的销货单向保管员提货。由于填制了销货单,使销售业务在未收取现金、发出货物之前,就在销售部门留下了完整的记录,起到了事前控制的作用,也就保证了现金收入的严密性、合理性,商品发出的准确性。

（2）在专设"收款台"的商品零售企业，其控制方式可视同工业和批发企业，即营业员开具销货票，顾客持票向收款台交付现金，收款员收款后将盖有"收讫"章的销货票交给顾客办理取货。此时，营业员与收款员各持收入现金的记录，一日营业终了，营业员将销货票汇总上交会计部门，收款员登记现金收入日记账后，将汇总单及款项送交会计部门，会计部门将两方面的数据核对无误后，由出纳人员负责将款项送存银行，并将银行回单交给会计人员，再由会计人员编制记账凭证并登记入账。

以上两种情况都是将开票、收款、核对工作进行了分离，分别由业务员、出纳人员和会计人员负责，使他们三者之间形成牵制关系，达到了内部控制的效果。

（3）无法集中收款的商品零售企业，可考虑采用"售价金额核算法"控制现金收入业务。在这种情况下，虽然由营业员直接收取现金，但由于库存商品明细账反映的是各柜组（实物负责人）持有各种商品的总售价，通过定期盘点确定结存商品的总售价，即可倒挤出各柜组实际收取也是应当交回的现金总额，从而起到内部控制的作用。

（4）饮食服务等企业销售业务频繁，但每笔销售业务收入的现金不多，为简化开票等手续，可采用周转性购货凭证的方式控制现金收入业务，即收款员收取现金后，交给顾客购货凭证，顾客以此为据购货。营业终了，营业员将购货凭证交财会部门，用来与收款员上交的现金数额核对，以防止现金收入的短缺，达到内部控制的效果，但由于该方式没有完整的记录，购货凭证又容易丢失，企业最好采用开具销货单的方式。

（二）回收欠款收入现金的内部控制

单位在办理回收各种应收及暂付款项的业务时，应尽可能通过开户银行办理。如果采用收取现金的方式，通常有两种情况：一是由出纳人员直接收取现金，二是通过邮局汇款方式收取现金。其控制办法如下。

（1）在出纳人员直接向交款人收取现金时，必须由出纳人员开具事先印有连续编号的现金收据，采用复写方式，一式三联。在加盖财务专用章和出纳章以及交款人签章后，将其中一联给交款人作为交款凭证，一联送交会计部门作为记账依据，一联留作存根为保证现金收据的真实性和完整性。会计部门应当对出纳人员交来的收据逐一核对，除核实有关内容是否真实、完整外，应重点检查其编号是否连续，如有短缺，应及时查明原因。即使是作废的收据，也应将三联收据加盖"作废"字样后一并送交会计部门检查后归档保管。

应当指出，现金收据最好由会计人员开具，然后交给出纳加盖公章和出纳章。同时收取现金在这种方式下，由于票据、印章由两人分管，使开票和收款工作分离，这样可以进一步强化现金收入业务的内部控制。

（2）在通过邮局汇款方式收取现金时，由于不开具现金收据，容易发生截留挪用现金等舞弊行为，且容易遗失。因此，单位之间最好不采用这种方式，非用不可时必须设计严密的防范措施。较好的方法是填制汇款清单，即收到汇款时，由收件单位的收发室采用复写方式填制汇款收入清单，注明汇款单位、汇款详细地址、汇款数额及原因等内容，一份送交会计部门,一份连同汇款单送交出纳办理取款。会计部门根据清单所列内容核查出纳应收入的现金数额,并与有关现金收入原始凭证相核对,检查无误后进行账务处理,编制收款凭证、登记账簿。

需要指出的是,不论在什么情况下、采用什么方式收取现金,除前述应重点加强记录工作,即强调原始凭证的作用外,还必须充分利用账簿的功能,按规定及时登记现金日记账和现金总分类账,并加强两者之间的核对工作。

五、货币资金支出业务的内部控制

货币资金支出业务与收入业务相比,其相同之处在于支出途径也有两条,即通过银行转账支付和由出纳人员直接支付现金;不同之处在于支出用途多样、业务内容繁杂、牵涉范围广、涉及人员多,加之货币资金支出时资金已离开单位,如果此时发生损失不易挽回,现金支出业务又是一切不法分子作弊的主要目标。因此,在设计会计制度时,对货币资金支出业务的内部控制制度,更应当高度重视。

单位通过银行支出货币资金时,要求采用银行规定的结算办法,填制银行统一的结算凭证,这在客观上受到银行的外部控制,很大程度上起到了防错消弊的作用。因此,对这种业务实施内部控制,重点应放在结算凭证的管理上。基本要求是:建立严密完善的结算凭证管理制度,妥善保管各种凭证,尤其是现金支票和转账支票;严把各种凭证的使用关,出纳开具支票时,财务主管应当审查批准,而不能让其独自办理;对已用和未用凭证应当由非保管人员定期检查;严格限制签发空白支票;随时与开户银行对账等。

现金支出业务是货币资金支出业务内部控制的重点,该类业务按支出用途不同大致可分为采购物品支出现金、发放工资支付现金和支付各种借款使用现金等,由于各业务办理程序和涉及部门不同,所采取的具体控制方法也不相同。下面分别介绍不同业务的控制办法。

(一) 采购物品支出现金的内部控制

对采购材料、商品等支出现金的业务实施内部控制,关键是在付出现金之前,业务部门应先取得相应的原始凭证,如支付购货款须取得销货单位的发货票,支付货物运费应取得运输单位的收费单据等,并及时送交财会部门,由财会主管审核批准后,交由复核人对付款批准范围、权限、程序的正确性,手续和相关单证的齐备性,金额计算的正确性以及支付方式、支付单位是否妥当等进行复核,复核无误后,交给出纳人员支付现金。这样能够保证在现金付出之前,先经过业务部门、财会部门,使若干人知晓并实施监督,防止出纳人员独自支付现金可能发生的舞弊行为。

为了进一步强化内部控制,还应当提倡根据付款凭证而不是原始凭证支付现金的方式。也就是说,会计部门在接到发票等原始凭证后,先由财会负责人审核批准,再由会计人员据其编制付款凭证,注明会计科目、款项用途及金额等并交给出纳人员,由出纳人员根据付款凭证列示的金额支付现金并登记库存现金日记账,最后将付款凭证退交会计部门,以便登记总账。这样,出纳人员应当付出多少现金,会计部门已经记录在案,更有利于形成控制关系。

(二) 发放工资支出现金的内部控制

发放工资是单位支出现金数额最大的一项业务,特别是在企业里,随着经营机制的转换,劳动用工制度的改革,财务自主权的放开,工资的构成内容越来越复杂,发放范围越来越大,发出的数额越来越多,发生错弊的概率也就随之增大。因此,必须设计完善的内部控制制度,保证工资业务的合法、合理性。

对发放工资支出现金的业务实施内部控制,主要应采取下列措施:

(1) 严格划分劳资部门、财会部门和内部审计部门的职责,使工资发放业务由劳资管理员、工资计算员、现金出纳员和内部审计员分工协作完成,其具体要求是:劳资部门负责审查并提供职工名单和考勤记录、工资标准等;财会部门负责计算工资额、编制工资发放表、提取现金发放工资并分配工资费用等;内部审计部门负责审核各种资料。

(2) 建立健全劳动用工和考勤制度,具体要求有:工资表上的人名须经劳资部门审查,临时工须有合格的证明,以防虚设人名、冒领工资;调动工作和变更工资标准须有劳资部门的正式批准文件,以防多计工资总额、侵吞余额;考勤记录和产量记录须有车间负责人的签章,以防多记工时、产量等现象;离职人员应及时从工资表中除去,以防继续领发工资等。

(3) 强化审查复核手续。由于工资的构成内容复杂,包括基本工资、职务工资、各种津贴、奖金以及浮动工资等,而计算手续又相当繁琐,不仅要计算应发工资,还要计算代扣款项、实发工资等。即使不发生作弊行为,差错也在所难免,为此,必须强化审查复核工作。其具体要求有:重复计算每一张工资表,至少计算两遍;内部审计人员应当经常性地审查其他人员的工作;每一张工资表都应经过劳资部门、财会部门和审计部门多环节的复查等。

(4) 创造条件,委托金融机构代发工资。其具体做法是:为单位的全体职工在同一定点储蓄所内开设活期存款账户,每月计算出工资总额及每个职工的实发工资后,将工资结算单交给职工,而资金则一并交存储蓄所分别划入每个职工的存款户内。这样既可简化工资发放手续,减少现金流通,保证现金安全,又可将工资发放业务改变为"集体整存,个人零取"的储蓄业务,将内部控制与外部控制紧密结合起来,有效地防止工资业务中的差错和弊端。

(三) 借款支出现金的内部控制

一般情况下,发生出差借款和其他公务性借款业务时,需要支付现金,该类业务相对较简单,对其实施内部控制,应符合以下要求:

(1) 借款人需要预支现金时,应先填制借款单,并由所在部门负责人签字;然后交财务主管审核批准,再由出纳人员据以支付现金。

（2）财会部门应当根据借款单编制付款凭证，登记其他应收款明细账，发挥账簿控制的作用。待借款人出差归来或完成业务后，根据实际用款数长退短补，注销明细账上的有关记录。

（3）出纳人员根据付款凭证和借款单进行支付，借款人签字后由出纳人员在借款单上加盖"现金付讫"章。严格禁止非公务性借款行为，不得以便条作为借款手续，更不能搞口头承诺、君子协定。

（4）出纳人员依据付款凭证登记库存现金日记账。

六、货币资金业务内部控制的监督检查制度

为保证货币资金业务内部控制制度实施的有效性，单位应当建立对货币资金内部控制制度的监督检查制度，明确监督检查机构和人员的职责权限，定期和不定期地进行检查。通过检查，一方面可以促使货币资金内部控制制度的有效执行，另一方面可以及时发现货币资金内部控制中的薄弱环节，并及时采取措施，加以纠正和完善。

货币资金业务内部控制监督检查的内容主要包括以下几个方面：

（1）货币资金业务相关岗位及人员的设置情况，重点检查是否存在货币资金业务不相容职务混岗的现象。

（2）货币资金授权批准制度的执行情况，重点检查货币资金支出的授权批准手续是否健全，是否存在越权审批的行为。

（3）支付款项印章的保管情况，重点检查是否存在办理付款业务所需的全部印章交由一人保管的现象。

（4）票据的保管情况，重点检查票据的购买、领用、保管手续是否健全，票据保管是否存在漏洞。

第三节 采购业务内部控制制度的设计

采购与付款业务是企业取得外购材料、商品或劳务并支付价款的过程，是生产经营中的重要环节。企业应根据采购与付款业务的特点，合理设计业务流程，从而规范对采购与付款业务的管理，减少采购与付款过程中的差错与舞弊行为。

一、采购与付款业务的特点及业务流程设计目的

（一）采购与付款业务的特点

（1）采购业务与库存管理、生产、销售等活动紧密相关，需统一协调管理。

（2）业务发生频繁、交易金额大。

(3) 运行环节多,容易产生管理漏洞。

(二) 采购与付款业务的业务流程设计目的

设计采购与付款业务流程的目的主要有以下两点:

(1) 加强企业采购计划管理,规范采购工作,保障供应,控制开支。

(2) 规范企业采购物资的付款程序,帮助企业正确核算应付账款、及时签订与执行采购合同、审批控制采购付款。

二、采购业务的环节与采购业务内部控制的基本要求

(一) 采购业务的环节

采购业务是指企业围绕购买材料或商品等所发生的经济业务。它是企业生产经营循环中的第一阶段,从业务的处理过程看,一般分为五个环节。

1. 请购与审批环节

请购与审批是指由物资需求部门向拥有请购权的部门提出采购申请,拥有请购权的部门根据需求申请、生产计划和采购预算对采购申请审批后,将采购类别、质量等级、规格、数量、相关要求和标准、到货时间等信息通知采购部门的过程。

2. 询价与确定供应商环节

采购部门接到请购部门的通知后,要先组织采购员进行询价,然后组织请购部门、生产计划管理部门、财会部门、仓储部门等相关部门共同对供应商进行评价,包括对所购商品的质量、价格、交货及时性、付款条件及供应商的资质、经营状况等进行综合评价,并根据评价结果确定供应商。一般情况下、大宗材料采购等必须采用招投标方式确定采购价格,并明确招投标的范围、标准、实施程序和评标规则;其他材料的采购,应当根据市场行情制定最高采购限价,不得以高于采购限价的价格采购;同一企业(或企业集团)下属的分支机构应当尽量避免多头对同一供应商的情况。

3. 签订购货合同或订货单环节

确定了供应商后,一般由采购部门根据各用料部门的购货申请,确定供应计划、联系货源,与供货单位签订购销合同或订货单。合同或订货单中要列举所购材料或商品的品名、规格、数量、单价、交货日期和交货方式等内容,并作为购销双方共同遵守的契约对某些采购数量不大、不经常购买的材料,也可以不签合同而直接购买,以简化手续,加快进货速度。

4. 验收入库环节

验收入库是采购业务的重要步骤,包括验收和入库两个环节。为确保采购安全,无论采用提货制,还是发货制,所购材料或商品运抵企业后,都必须根据规定的验收制度和经批准的订单、合同等采购文件,由独立的验收部门或指定专人对所购物品的品种、规格、数量、质量和其他相关内容进行验收,并出具检验、计量等验收证明。对验收过程中

发现的异常情况,负责验收的部门或人员应当立即向有关部门报告,有关部门应当查明原因,及时处理。

5. 结算支付货款环节

企业财会部门在办理付款业务时,应当对采购合同约定的付款条件以及采购发票、结算凭证、检验报告、计量报告等相关凭证的真实性、完整性、合法性及合规性进行严格审核,对于不符合规定要求的采购事项,应推迟或拒绝付款。

(二)采购业务内部控制的基本要求

从采购业务的环节可以看出,该种业务涉及采购部门、仓库的有关人员及财会部门,由他们分别负责货物的购买、验收和款项结算工作。因此,设计采购业务的内部控制制度,重点是解决这些部门及其有关人员之间的相互制约和分工协作关系,使之符合以下基本要求:

(1)正确运用分权、机构独立控制方式,将采购业务中的预算、请购、审批、采购、验收、审核、付款、记账等工作相分离,分别由专门的预算与审批部门、专门的采购机构或专职采购人员、专职保管人员及财会机构的有关人员完成。避免盲目采购、重复采购和预算外采购行为,严禁采购员擅自采购、代办验收和记录性工作的现象发生。

(2)充分运用审批与稽核控制方式,建立严格的审批制度。任何材料或商品的购买都必须经过采购部门负责人批准,按其批准的品种、数量及质量要求进行采购;采购员不得在未经批准的情况下,擅作主张,以免造成材料或商品的超储积压,导致资金的浪费。

(3)按照授权控制方式,使采购员、保管员、记账员和出纳员在各自的授权范围内处理业务,各负其责,不得相互代替。采购员按审批的材料或商品购进计划,及时、保质保量地完成采购任务;保管员对所购物品的数量、质量等严格验收,核实无误后办理入库手续;记账员根据有关的原始凭证编制付款凭证,并计算材料或商品的采购成本,登记总账和明细账;出纳人员根据财会主管审批后的付款凭证,向供货单位支付货款。

三、采购业务内部控制的具体方式

根据采购业务的五个环节、涉及的职能部门和有关人员应当采用下列具体方式,设计采购业务的内部控制制度。

(一)填写请购单,办理申请手续

企业各部门所需要的材料、商品和其他物资,或者仓库认为某种货物的储备量已达到最低储备限额而需要补充时,应当通过填写请购单的方式,申请购货。请购单是通知采购部门进行采购活动的一种业务通知凭证。申请购货的有关部门负责人在请购单上签字后,送交采购部门负责人审批,并授权采购人员办理购货。采用这种方式,使每一次采购业务都能有相应的依据,并建立在有计划的基础之上,对于防止盲目采购、节约使用资金、分清各有关部门和个人的责任有一定的作用。

请购单一般采用两联复写方式,详细注明需求部门、请购部门、请购材料名称、规格、数量、质量标准、要求到货日期及用途等内容,一并交采购部门。供应部门据此办理订货手续后,将其中一联退回请购部门,以示答复。

(二)签订订货单,规范采购活动

如前所述,企业中除零星物品的采购可随时办理外,大宗购买业务应尽可能签订合同并采用订货单制度,以保证采购活动的规范化。订货单是采购部门进行采购活动的一种业务执行凭证,也是购销双方应当共同遵守的一种条约,它不仅使采购业务在开始时就置于控制的范围之内,而且便于企业查询整个采购业务在任何时候、任何环节上的执行情况。

订货单可根据实际情况,采用三联复写方式。其中,一联送交供货单位,请求发货;一联转交仓库保管部门,作为核收物品时与发票核对的依据,即验收货物的依据;一联留作存根,在采购部门归档保存,以便对订货与到货情况进行查对、分析。

(三)填制入库单,严格验收制度

采购部门购买回的各种材料物品,都应及时送交仓库验收;验收人员应当对照销货单位的发货票和购货订单等,对每一种货物的品名、规格、数量、质量等严格查验。在保证正确、相符的基础上填写入库单(或收料单)。入库单是证明材料或商品已经验收入库的会计凭证,由仓库验收人员填制。在取得采购人员的签字后,一联留存,登记仓库台账;一联退给采购部门进行业务核算;一联送交会计部门。严格的验收制度,有利于考核采购人员的工作质量,有利于划清采购部门与仓库之间的经济责任,保证入库材料的准确性、安全性。

(四)强化审查制度,严格审核购货业务的各种凭证

对购货业务的各种凭证进行严格的审查,是保证业务的合法合理性、内部控制的严密性的重要手续。财会部门在正式记录采购业务、支付货款之前,应对各有关部门送来的各种原始凭证,包括发货票、运费收据、入库单以及订货单等进行认真的审查、核对。财会部门不仅要审查每一凭证的购货数量、金额计算的正确性,还要检查各种凭证之间是否内容一致、时间统一、责任明确、手续清楚等,如果发现问题,应及时查明原因,分清责任,合理解决。在此基础上,财会部门应编制付款凭证,由出纳人员结算支付货款,并按货币资金支出业务的内部控制要求和方式实施内部控制,使两种业务的内部控制统一起来。

应当提出的是,当企业采用赊账方式购买货物时,必然形成债务,由此而引发债务结算业务,对此必须加强控制。其具体要求如下:

(1)尽可能设置专人专职登记应付账款明细账,充分发挥账簿控制的作用。

(2)由稽核人员定期与供货单位(债权人)核对账目,如果在对账中发现问题,应及时查明原因,分清责任,按有关规定予以处理,确保双方的账目相符。

(3)按双方事先约定的条件,及时清理债务,支付欠款后,应取得债权人的收款证明,并

以此为依据编制记账凭证,登记账簿。

(4) 强化总分类账对应付账款明细账的控制,保证账账相符。

四、采购业务内部控制的监督检查制度

为保证采购业务内部控制制度的有效实施,单位应当对采购业务内部控制建立监督检查制度,明确监督检查机构和人员的职责与权限,通过实施符合性测试和实质性测试,定期或不定期地检查采购业务内部控制制度是否健全、各项规定是否得到有效执行,以便及时发现采购与付款内部控制中的薄弱环节,及时采取措施,加以纠正和完善。采购业务内部控制监督检查主要包括以下内容:

(1) 采购业务相关岗位及人员的设置情况:重点检查是否存在采购业务不相容职务混岗的现象。

(2) 采购授权批准制度的执行情况:重点检查采购业务的授权批准手续是否健全,是否存在越权审批的行为。

(3) 应付账款及预付账款的管理:重点检查应付账款和预付账款支付的正确性、时效性与合法性。

有关单据、凭证和文件的使用与保管情况,重点检查凭证的登记、领用、传递、保管、注销手续是否健全,使用和保管制度是否存在漏洞。

第四节 资产盘存业务内部控制制度的设计

一、资产盘存业务的内容和环节

(一) 资产盘存业务的主要内容

资产盘存业务是指单位的实物资产从入库开始,到出库为止,即在仓库储存或滞留期间的业务。由于该业务一般只涉及企业内部的有关部门,不与企业外部发生关系,很少牵涉货币资金的收支,该业务在内部控制问题上往往不能引起人们的重视。这是造成许多企业账实不符、家底不清、财产短缺现象时有发生的重要原因之一。其实,资产盘存业务的内部控制制度完善与否,不仅关系到各种存货的安全完整,还直接影响到企业成本计算的准确性、利润指标的真实性。所以,在设计内部控制制度时,理应给予资产盘存业务以高度重视。

由于企业的经营方式不同,资产盘存业务的内容也有区别。在制造企业中,资产盘存业务的内容主要是存货,具体包括:

(1) 原材料的盘存。它包括各种原料、主要材料、辅助材料、燃料、修理用备件、外购半

成品等的盘存。

(2) 在产品和自制半成品的盘存。

(3) 包装物和低值易耗品的盘存。

(4) 产成品的盘存。

商品流通企业的盘存业务主要针对库存商品，此外也有材料物资、包装物和低值易耗品等的盘存。

(二) 资产盘存业务的环节

资产盘存业务是存货在仓库存续期间的业务，由以下三个环节组成。

1. 存货入库环节

它标志着盘存业务的开始，是与前述采购业务相衔接的环节。把好存货的入库关，对于保证各种存货记录准确无误、分清采购人员与仓库保管人员的经济责任有重要作用，能够使盘存业务建立在良好的基础上。

2. 存货储存环节

它是各种存货在仓库的滞留，表现为各种存货处于相对静止的状态，数量保持不变。因此，这一环节的控制重点是使各种存货的质量不受到影响，有一个安全的储存环境。

3. 存货出库环节

它标志着存货盘存期间的结束，是与销售业务或生产业务相衔接的环节。把好存货的出库关，不但能够使各种存货的减少建立在有据可查的基础上，防止存货的短缺、丢失，而且有利于分清保管人员与销售人员或领料人员的经济责任。

二、资产盘存业务与购销业务的关系及资产盘存业务内部控制的具体要求

(一) 资产盘存业务与购销业务的关系

明确资产盘存业务与购销业务之间的关系，不仅有利于分别设计各种业务的内部控制制度，还有利于各种业务之间形成完整的内部控制体系，有效地发挥内部控制制度的作用。

一般地讲，资产盘存业务的时间顺序介于采购业务与销售业务之间，它的开始意味着采购业务趋于结束，而它的结束又意味着销售业务已经开始发生。采购业务的完成，为仓库提供了各种材料或商品，使资产盘存业务的开展成为必要；销售业务的发生，减少了库存的各种产品或商品，使盘存资产的内容减少。因此，严格地说，资产盘存业务与购销业务并不能彻底分离，各自完全独立。设计资产盘存业务的内部控制制度时，必然要涉及其他业务如何控制的问题。资产盘存业务与购销业务之间的关系如图 5-1 所示。

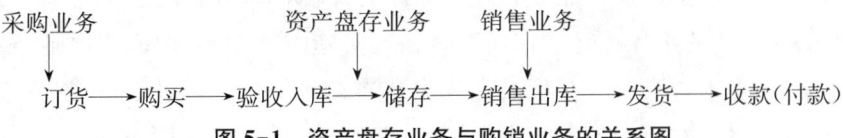

图 5-1 资产盘存业务与购销业务的关系图

从图 5-1 中可以看出,存货的入库、出库分别为两种业务之间的转折点,也是设计各类业务内部控制制度的关键环节。所以,在这些环节上,除运用分权、机构独立、授权和审核等控制方式外,一般都要利用"凭证控制方式",如入库环节须填制入库单,销售环节须填制销货单,以便使存货的增减都有据可查,出现问题时能够分清责任。

(二)资产盘存业务内部控制的具体要求

鉴于前述资产盘存业务的内容、环节以及与购销业务之间的关系,应当按照下列要求对资产盘存业务实施内部控制。

1. 建立专人保管制度

企业应当设置专门的仓库,由专人专职负责各种存货的保管,通过仓库台账记录各种存货的实物数量变化,无论存货进入仓库还是运出仓库,都必须经保管人员的同意和批准,并具备正式的手续和记录。任何非保管人员一律不得擅自变更库存物资。

2. 采用永续盘存制

由于永续盘存制对各种存货的增减变化,都要在会计账簿上作出连续的记录,通过采用永续盘存制能够从账面上随时掌握各种存货的结存数量和金额,并可将账面结存数与实物盘点的结果相对照,揭露财产管理中存在的问题,从而形成一种牵制关系。这种关系具体表现为存货的保管与存货变动的记录相互分离,永续盘存制是分权控制方式的具体运用。

永续盘存控制方式不仅有利于加强会计人员与财产保管人员之间的相互制约,防止资产盘存业务处理中的错弊,保护财产物资的安全完整,还能够促使保管人员尽职尽责,提高财产管理水平。

3. 严格财产清查制度

企业应当对各种存货进行定期或不定期的清查,使资产盘存经常化、规范化、制度化。清查工作应由专人负责,并成立专门的清查小组,不得由实物保管人员独自进行,以保证清查结果的客观公正性。在清查过程中发现盈亏,应及时查明原因、分清责任,并区别不同情况分别予以处理。属于主观原因造成的损失应当追究当事人的责任,酌情给予行政处分和经济处罚,严重者还应追究法律责任;属于客观因素造成的损失,应吸取教训、引以为戒。对超储积压物资,应予尽快处理,以加速资金周转;对储备不足的物资,应催促采购部门尽快购买,以保证生产顺利进行。总之,通过财产清查,不仅要完善资产盘存业务的内部控制,而且要促进企业管理水平的全面提高。

4. 严把入库和出库两个关口

把好入库关,能够使资产盘存业务有一个良好的开端;把好出库关,能够有效地防止资产盘存业务中的漏洞。关于各种存货在入库时如何实施内部控制,前面采购业务中已经作了较详细的介绍,这里不再赘述。存货的出库主要有两种原因:一是销售,二是生产领用。对于销售导致存货出库的内部控制,将在下节销售业务内部控制制度的设计中详细介绍,这里只讨论生产领用材料业务的内部控制。

生产领用材料业务,一般由申请领料、审核批准、仓库发料和会计账务处理四部分组成,涉及的部门有用料部门、生产计划管理部门、仓储部门和财会部门,分别负责领料、审批、发料和账务记录等工作。由此,生产领用材料业务的内部控制主要应通过填制领料单的方式实现。领料单是记录并据以办理材料的领用和发出的一种原始凭证,一般为一式四联,由用料部门填制,注明材料的名称、规格、用途、请领数量等内容。用料部门负责人签字后送交生产计划管理部门审批。仓库保管员根据审批后的领料单发出材料,并将实发数量填入领料单内,一张退回用料部门进行车间核算或费用预算,一张留存仓储部门登记台账,一张送交生产计划管理部门进行业务核算,一张送交财会部门审核后据以进行账务处理。

对于经常领用并有消耗定额的材料,企业可以使用限额领料单,由用料部门直接从仓库领料,不必每次进行审批,月终汇总后送交财会部门进行账务处理。这样既能保证内部控制,又可以简化手续。

材料领发业务处理程序如图 5-2 所示。

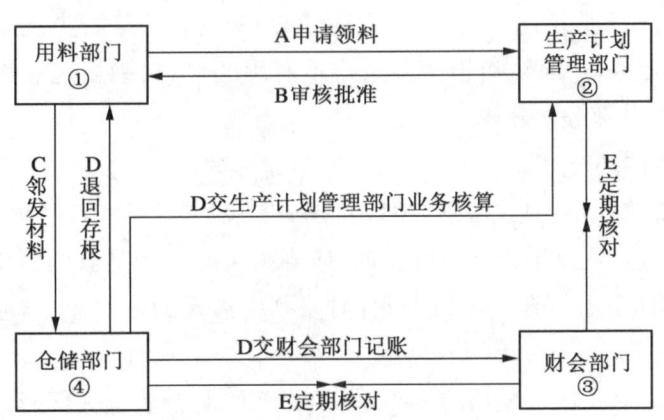

图 5-2　材料领发业务处理程序图

说明:A、B、C、D、E 表示业务处理步骤;①、②、③、④表示"领料单"联次(后同)。

三、资产盘存业务内部控制的监督检查制度

企业应建立资产盘存业务内部控制的监督检查制度,通过定期或不定期的检查,发现其薄弱环节,以便及时采取措施,加以纠正和完善。资产盘存业务内部控制的监督检查主要包括以下内容:

(1) 保管业务相关岗位及人员设置情况,重点检查是否设置专人保管制度。

(2) 财产清查制度,重点检查是否建立定期与不定期的财产清查制度及对清查结果的责任追究制度。

(3) 入出库制度,重点检查是否建立完善的存货入库和领用制度,尤其是领用手续是否健全。

第五节 销售业务内部控制制度的设计

一、销售业务内容和环节

（一）销售业务的内容

销售业务是指企业围绕销售商品或劳务所发生的经济业务，它是企业生产经营活动的基本内容，是生产经营过程的最后一个环节，其目的在于获得货币收入，实现产品的价值。

企业的经营方式和经营范围不同，销售业务的内容也不相同。在制造企业里，销售业务一般包括以下几个方面：

（1）产品销售业务，企业的主要销售业务，一般是指销售产成品、自制半成品和提供工业性劳务等发生的经济业务。

（2）其他销售业务，一般是指销售多余或不需用的材料、销售包装物等发生的经济业务，它属于企业的附营业务。

（二）销售业务的环节

从销售业务的发生及处理过程看，销售业务一般包括以下环节：

（1）销售谈判。企业在销售合同订立前，应当指定专门人员就销售价格、信用政策、发货及收款方式等具体事项与客户进行谈判，对谈判中涉及的重要事项，应当有完整的书面记录。

（2）合同审批。对于谈判成功的事项，由销售部门向企业有关部门或人员提交销售合同草案，审批人员应当对销售合同草案中提出的销售价格、信用政策、发货及收款方式等严格审查并建立客户信息档案；金额重大的销售合同，应当征询法律顾问或专家的意见；有条件的企业，可以指定内部审计机构等对销售合同草案进行初审。

（3）合同订立。销售合同草案经审批同意后，企业应当授权有关人员与客户签订正式销售合同。签订合同应当符合《中华人民共和国民法典》的规定，销售合同应当明确与销售商品相联系的所有权、风险与报酬的转移时点，明确所销产品的品名、规格、价格、交货方式及时间、货款结算方式、违约责任等。订立合同是企业销售业务的重要环节，也是强化内部控制的手段。

（4）组织销售。企业销售部门应当按照批准的销售合同编制销售计划，向发货部门下达销售通知单。在采用发货制时，企业的销售部门应根据销售合同填制发货单，并通知仓储部门和运输部门发货，企业的发货部门应当对发货单进行审核，严格按照销售通知单所列的发货品种和规格、发货数量、发货时间、发货方式组织发货，并建立货物出库、发运等环节的岗位责任制,确保货物的安全发运。

(5) 办理货款结算,在发货手续办妥后,销售部门应开具发票并送交财会部门,财会部门根据发票向购货单位收取货款。

如果采用提货制,则销售业务的环节如下:

(1) 签订销售合同。

(2) 销售部门开具销货单。

(3) 财会部门办理收款手续。

(4) 仓储部门办理发货手续。

销售与收款会计政策选择的设计包括销售收入的核算方法设计、应收与预付款项的核算方法设计和销售与收款业务的账务处理设计。

二、销售收入的核算方法

(一) 销售收入的确认条件

会计制度规定,销售商品的收入只有同时符合以下 5 项条件时,才能加以确认:

(1) 企业已将商品所有权上的主要风险和报酬转移给购货方。与商品所有权有关的风险,是指商品可能发生减值或毁损等形成的损失;与商品所有权有关的报酬,是指商品价值增值或通过使用商品等形成的经济利益。

商品所有权上的风险和报酬转移给了购货方,是指风险和报酬同时转移给了购货方。当一项商品发生的任何损失均不需要销货方承担,带来的经济利益也不归销货方,则意味着该商品所有权上的风险和报酬已移出该销货方。

判断一项商品所有权上的主要风险和报酬是否已转移给买方,需要关注每项交易的实质而不是形式,并结合所有权凭证的转移或实物的交付进行判断。通常情况下,转移商品所有权凭证或交付实物后,商品所有权上的主要风险和报酬随之转移,如大多数零售商品。

(2) 企业既没有保留通常与所有权相联系的继续管理权,也没有对已售出的商品实施有效控制。对售出商品实施继续管理,既可能源于仍拥有商品的所有权,也可能与商品的所有权没有关系。如果商品售出后,企业仍保留与该商品的所有权相联系的继续管理权,则说明此项销售商品交易没有完成,销售不能成立,不能确认收入。如果商品售出后,企业仍可以对售出的商品实施控制,也说明此项销售没有完成,不能确认收入。

(3) 与交易相关的经济利益很可能流入企业。在销售商品的交易中,与交易相关的经济利益主要表现为销售商品的价款。销售商品的价款能否有把握收回,是收入确认的一个重要条件。企业在销售商品时,如估计价款收回的可能性不大,即使收入确认的其他条件均已满足,也不应当确认收入。销售商品的价款能否收回,主要根据企业以前和买方交往的直接经验,或从其他方面取得的信息,或根据政府的有关政策等进行判断。例如,企业根据以前与买方交往的直接经验判断买方信誉较差;或销售时得知买方在另一项交易中发生了巨额亏损,资金周转十分困难,或在出口商品时,不能肯定进口企业所在国政府是否允许外币款汇出等。在这些情况下,企业应推迟确认收入,直至这些不确定因素消除。

(4) 收入的金额能够可靠地计量。收入能否可靠地计量,是确认收入的基本前提。企业在销售商品时,售价通常已经确定,但销售过程中由于某些不确定因素,也有可能出现售价变动的情况,则新的售价未确定前不应确认收入。

(5) 与销售相关的已发生或将发生的成本能够可靠地计量。根据收入和费用配比原则,与同一项销售有关的收入和成本应在同一会计期间予以确认。因此,即使其他条件均已满足,成本不能可靠计量,相关的收入也无法确认。

销售商品收入的确认比较复杂,企业在运用以上5项条件进行销售商品收入确认时,必须仔细地分析每项交易的实质。只有交易同时符合这5项条件,才能确认收入。

(二) 销售收入的计量方法

销售收入的计量是指为了在资产负债表上和利润表上确认和列报财务报表各要素而确定其金额的过程。企业销售商品满足收入确认条件时,应当按照已收或应收合同或协议价款的公允价值确定销售商品收入金额。已收或应收的合同或协议价款不公允的,应当按照公允的交易价格确定收入金额,已收或应收的合同或协议价款与公允的交易价格之间的差额,不应当确认为收入。

在对销售商品收入进行计量时,应注意区别商业折扣、现金折扣和销售折让三个概念。

(1) 商业折扣,是指企业为促进商品销售而在商品标价上给予的价格扣除。商业折扣通常用百分数来表示,如5%、10%、15%等。扣减商业折扣后的价格才是商品的实际销售价格。商业折扣通常作为促销的手段,目的是扩大销路,增加销量。一般情况下,商业折扣都直接从商品价目单价格中扣减,购买单位应付的货款和销售单位所应收的货款,都根据直接扣减商业折扣后的价格来计算。因此,商业折扣对企业的会计记录没有影响。

(2) 现金折扣,是指债权人为鼓励债务人在规定的期限内付款而向债务人提供的债务扣除。现金折扣一般用符号"折扣率/付款期限"表示。例如,"2/10,1/20,N/30"表示销货方允许客户最长的付款期限为30天,如果客户在10天内付款,销货方可按商品售价给予客户2%的折扣;如果客户在20天内付款,销货方可按商品售价给予客户1%的折扣;如果客户在21天到30天内付款,将不能享受现金折扣。现金折扣发生在企业销售商品之后,企业销售商品后是否发生以及发生多少要视买方的付款情况而定。企业在确认销售商品收入时不能确定现金折扣金额。因此,企业销售商品涉及现金折扣的,应当按照扣除现金折扣前的金额确定销售商品收入金额。现金折扣实际上是企业为了尽快回笼资金而发生的理财费用,应在实际发生时计入当期财务费用。在计算现金折扣时,还应注意销售方是按不包含增值税的价款提供现金折扣,还是按包含增值税的价款提供现金折扣。两种情况下购买方享有的折扣金额不同。

（3）销售折让，是指企业因售出商品的质量不合格等原因而在售价上给予的减让。销售折让如发生在确认销售收入之前，则应在确认销售收入时直接按扣除销售折让后的金额确认；已确认销售收入的售出商品发生销售折让，且不属于资产负债表日后事项的，应在发生时冲减当期销售商品收入，如按规定允许扣减增值税额的，还应冲减已确认的应交增值税销项税额。

现金折扣是否影响销售商品收入的计量，取决于所采用的会计处理方法是总价法还是净价法。

1. 总价法

在采用总价法的情况下，企业在确定销售商品收入金额时，不考虑各种预计可能发生的现金折扣，现金折扣在实际发生时计入当期财务费用。总价法可以较好地反映企业销售总过程，但如果客户在未来能够得到该项折扣，在销售发生时的计价将导致高估资产和收入。

2. 净价法

在采用净价法的情况下，企业在确定销售商品收入金额时，应将现金折扣予以扣除，净额部分确认为销售商品收入。净价法的处理实际上建立在客户都会尽力得到该折扣的假设基础上，防止了虚增资产或收益，但也存在虚减资产与收益的可能，尤其当客户全额付款时，会出现应收款与实收款不一致的情况，这时必须设立备查账。

考虑到现在我国内地现金折扣业务少，并且企业间往来款项拖欠较为普遍的现实，企业会计准则要求企业采用总价法对现金折扣进行会计处理。

在国际上，除上述两种方法通用外，还有一种混合法。这种方法是从理论上综合了前两种方法的特点，对它们做了折中。它按照总价法反映应收款，按净额记销售收入，两者间的差额作为备抵折扣。这种方法的优点是既能防止虚增收入，又能反映企业销售的全过程，但核算上比较复杂，而且缺乏理论上的依据，应用得并不广泛。

三、应收与预付款项的核算方法

应收与预付款项是指企业在日常生产经营过程中发生的各项债权，包括应收账款、应收票据、其他应收款和预付账款。下面对主要会计科目进行具体介绍。

（一）应收账款

应收账款是企业在生产经营活动中，由于销售商品、产品或提供劳务，而应向购货单位或接受劳务单位收取的款项，包括代垫的运杂费、包装费。应收账款的设计主要涉及入账金额的确定和坏账准备金提取方法的设计。

1. 应收账款入账金额的确定

一般情况下，应收账款应按照历史成本入账，包括发票金额和代垫的运输费，但如果涉及现金折扣，就存在不同的核算方法，如总价法、净价法和混合法。企业可以在这三种方法中进行选择。我国《企业会计准则》要求选用总价法。

2. 应收账款的坏账计提方法

应收账款的坏账计提方法主要包括直接转销法和备抵法两种。直接转销法在日常核算中对可能发生的坏账不予考虑，只在发生时计入发生当期的损益。其优点是核算简便，缺点是不符合权责发生制与配比原则。备抵法是采用一定的方法按期估计坏账损失，计入当期费用，并建立坏账准备，待坏账发生时，冲销已提的坏账准备金。其优点是较好地体现了配比的原则，避免企业明盈实亏，并使得应收账款的账面价值更能体现它的可变现价值。

3. 备抵法的计算

我国《企业会计准则》要求企业采用备抵法核算坏账准备。坏账准备的计算具体有三种方法可以选择：余额百分比法、销货百分比法和账龄分析法。

（1）余额百分比法，是按照应收账款的余额的一定比例计提坏账准备金。

（2）销货百分比法，是以赊销金额的一定百分比作为估计的坏账损失。

这两种方法计算比较简单。但由于其不区分应收账款的时间长短与坏账发生可能性之间的关系，统一按照相同的比例计提坏账准备金，不够合理。

（3）账龄分析法，是根据应收账款账龄的长短来估计坏账金额的方法。应收账款时间越长，计提坏账的比例越大。这种方法的优点是考虑到坏账与应收账款之间的联系，缺点是计算工作量比其他两种方法大。

（二）应收票据

应收票据是企业持有的、尚未到期兑现的商业汇票。其会计核算设计主要包括两个方面。

1. 入账价值的确定

应收票据可以按照账面价值入账，也可以按照资产的定义，采用应收票据未来能够收到的现金流量（包括票面价值和利息）的现值折现入账。从理论上说，后者更科学一些，但计算起来繁琐，而且不够谨慎（将利息提前确认）。我国《企业会计准则》要求应收票据采用账面价值入账。

2. 贴现的会计核算

在应收票据到期前，企业可以将其持有的商业汇票到银行加以贴现。贴现时，应按实际收到的金额（减去贴息后的净额），借记"银行存款"科目；按贴现利息部分，借记"财务费用"等科目；按商业汇票的票面金额，贷记"应收票据"科目（适用于满足金额资产转移准则规定的金融资产终止确认条件的情形）或"短期借款"科目（适用于不满足金额资产转移准则规定的金融资产终止确认条件的情形）。

（三）应收账款和应收票据对比分析

1. 应收账款的账务处理

（1）应收账款是指企业因销售商品、提供劳务等经营活动应收取的款项。企业应当设置"应收账款"科目。

企业(保险)按照原保险合同约定应向投保人收取的保费,可将本科目改为"应收保费"科目,并按照投保人进行明细核算。

企业(金融)应收取的手续费和佣金,可将本科目改为"应收手续费及佣金"科目,并按照债务人进行明细核算。

因销售商品、提供劳务等采用递延方式收取合同或协议价款、实质上具有融资性质的,在"长期应收款"科目核算。

(2) 本科目可按债务人进行明细核算。

(3) 企业发生应收账款,按应收金额,借记本科目;按确认的营业收入,贷记"主营业务收入""手续费及佣金收入""保费收入"等科目。收回应收账款时,借记"银行存款"等科目,贷记本科目。涉及增值税销项税额的,还应进行相应的处理。

代购货单位垫付的包装费、运杂费,借记本科目,贷记"银行存款"等科目。收回代垫费用时,借记"银行存款"科目,贷记本科目。

(4) 企业与债务人进行债务重组,应当分债务重组的不同方式进行处理:

① 收到债务人清偿债务的款项小于该项应收账款账面价值的,应按实际收到的金额,借记"银行存款"等科目;按重组债权已计提的坏账准备,借记"坏账准备"科目;按重组债权的账面余额,贷记本科目;按其差额,借记"营业外支出"科目。

② 收到债务人清偿债务的款项大于该项应收账款账面价值的,应按实际收到的金额,借记"银行存款"等科目;按重组债权已计提的坏账准备,借记"坏账准备"科目;按重组债权的账面余额,贷记本科目;按其差额,贷记"资产减值损失"科目。

③ 接受债务人用于清偿债务的非现金资产,应按该项非现金资产的公允价值,借记"原材料""库存商品""固定资产""无形资产"等科目;按重组债权的账面余额,贷记本科目;按应支付的相关税费和其他费用,贷记"银行存款""应交税费",借记"营业外支出"科目;涉及增值税进项税额的,还应按享有股份的公允价值,借记"长期股权投资"科目,贷记本科目;按应支付的相关税费和其他费用,贷记"银行存款""应交税费"等科目;按其差额,借记"营业外支出"科目。

④ 以修改其他债务条件进行清偿的,应按修改其他债务条件后债权的公允价值,借记本科目;按重组债权的账面余额,贷记本科目;按其差额,借记"营业外支出"科目。

本科目期末借方余额,反映企业尚未收回的应收账款;期末如为贷方余额,反映企业预收的账款。

2. 应收票据的账务处理

(1) 应收票据是指企业因销售商品、提供劳务等而收到的商业汇票。企业应当设置"应收票据"科目,本科目反映和监督应收票据取得、票款收回等经济业务。

(2) 企业应当按照开出、承兑商业汇票的单位进行明细核算。

(3) 应收票据的主要账务处理:①因债务人抵偿前欠货款而取得的应收票据,借记"应收票据"科目,贷记"应收账款"科目;因企业销售商品、提供劳务等而收到开出、承兑的商业汇票,借记"应收票据"科目,贷记"主营业务收入""应交税费——应交增值税(销项税额)"等科目,如为带息应收票据,应在会计期末(一般是月末)时,按应收票据的票面价值和确定的利率计提利息,借记"应收票据"科目,贷记"财务费用"科目。②商业汇票到期收回款项时,应按实际收到的金额,借记"银行存款"科目;贷记"应收票据"科目,如为带息应付票据到期收回,应按收到的本息,借记"银行存款"科目;按票面价值,贷记"应收票据"科目;按其差额,贷记"财务费用"科目。③企业可以将自己持有的商业汇票背书转让,企业将持有的商业汇票背书转让,以取得所需物资时,按应计入取得物资成本的金额,借记"材料采购"或"原材料""库存商品"等科目;按专用发票上注明的可抵扣的增值税额,借记"应交税费——应交增值税(进项税额)"科目;按商业汇票的票面金额,贷记"应收票据"科目;如有差额,借记或贷记"银行存款"等科目。④因付款人无力支付票款,收到银行退回的商业承兑汇票、委托收款凭证、未付票款通知书或拒绝付款证明等,按商业汇票的票面金额,借记"应收账款"科目,贷记本科目。

(4)企业应当设置应收票据备查簿,逐笔登记每一商业汇票的种类、号数和出票日、票面金额、交易合同号和付款人、承兑人、背书人的姓名或单位名称、到期日、背书转让日、贴现日、贴现率和贴现净额以及收款日和收回金额、退票情况等资料。商业汇票到期结清票款或退票后,应当在备查簿内逐笔注销。

(5)本账户期末借方余额,反映企业期末结存的应收票据金额。

3. 应收账款和应收票据的区别

(1)应收账款是企业因为销售产品而应当在一年内向客户收取的销货款,也就是其他企业欠的货款。企业因为采用赊销的办法促销商品,出售后不立即收取货款就形成了应收账款,是公司已有资产。但应收账款的收回存在一定的风险,故要设置"坏账准备"科目。"坏账准备"是应收账款的备抵科目,年底一般按应收账款的3%~5%计提。

(2)应收票据是指企业因销售商品、产品及提供劳务等而收到的商业汇票,包括银行承兑汇票和商业承兑汇票。应收票据和应收账款的区别就在于债务人是否有向债权人签发经银行承兑后可以保证付款的票据,并且企业可以选择在票据到期前将其转让给银行。这在会计上叫办理"贴现"。因此,同应收账款相比,应收票据更加可靠,也更加灵活。

四、销售与收款业务的核算方法

企业销售与收款业务的核算科目主要有"主营业务收入""主营业务成本""应收账款""应收票据""委托代销商品"和前述的"银行存款""库存商品""商品进销差价"等科目。

(一)商品销售收入的核算

1. 一般销售

对符合确认条件确认本期实现的主营业务收入,应按实际收到或应收的价款,借记"银行存款""应收账款""应收票据"等科目,贷记"主营业务收入""应交税费——应交增值税(销项税额)"科目。

本期发生的销售退回,应冲减当期的主营业务收入,作相反处理。但在年度财务会计报告批准报出之日前发生的,属于报告年度和以前年度的销售退回,应当调整报告年度拟对外提供的财务会计报告有关项目的数据。

2. 分期收款销售

分期收款销售是指销售商品已经交付,但货款分期收回的一种销售方式。这种销售方式实质上具有融资性质,应当按照应收的合同或协议价款的公允价值确定收入金额。应收的合同或协议价款的公允价值,通常应当按照其未来现金流量现值或商品现销价格确定。应收的合同或协议价款与其公允价值之间的差额,应当在合同或协议期间内,按照应收款项的摊余成本和实际利率计算确定的金额进行摊销,冲减财务费用。应收的合同或协议价款与其公允价值之间的差额,按照实际利率法摊销与直线法摊销结果相差不大的,也可以采用直线法进行摊销。

3. 代销商品销售

1) 视同买断方式

视同买断方式是指由委托方和受托方签订协议,委托方按协议价收取代销商品的货款,实际售价可由受托方自定,实际售价与协议价之间的差额归受托方所有的销售方式。在这种代销方式下,委托方在交付商品时不确认收入,受托方也不作为购进商品处理。受托方将商品销售后,应按实际售价确认为销售收入,并向委托方开具代销清单。委托方收到代销清单时,再确认收入。

2) 收取手续费方式

收取手续费方式是指受托方根据所代销的商品数量向委托方收取手续费的销售方式。在这种代销方式下,委托方应在受托方将商品销售后,并向委托方开具代销清单时,确认收入;受托方在商品销售后,按应收取的手续费确认收入。

4. 需要安装和检验的商品销售

需要安装和检验的商品销售是指售出的商品需要经过安装和检验等过程的销售方式。在这种销售方式下,在购买方接受交货以及安装和检验完毕前一般不应确认收入,但如果安装程序比较简单,或检验是为最终确定合同价格而必须进行的程序,则可在发出商品时,或在商品销售装运时确认收入。不符合收入确认条件的已发出商品,应单独设置"发出商品"科目。

5. 附有销售退回条件的商品销售

在附有销售退回条件的商品销售方式下,购买方依照有关协议有权退货。在这种销售方式下,如果企业能够按照以往的经验对退货的可能性作出合理估计的,应在发出商品时,将估计不会发生退货的部分确认收入,估计可能发生退货的部分,不确认收入;如果企业不能合理地确定退货的可能性,则在售出商品的退货期满时确认收入。

对于估计可能发生退货部分的已发出商品,应将其成本转入"其他应付款"科目,而不能合理地确定退货可能性的发出商品,应将其成本转入"发出商品"科目。对于估计不会发生退货的部分,其账务处理比照一般销售商品账务处理规定办理。

6. 分期预收款商品销售

分期预收款商品销售是指购买方在商品尚未收到前按合同约定分期付款,销售方在收到最后一次付款时才交货的销售方式。在这种销售方式下,预收的货款作为一项负债,记入"预收账款"科目或"应收账款"科目,不能确认收入,待交付商品时再确认营业收入。

7. 订货销售

订货销售是指已收到全部或部分货款而库存没有现货,需要通过制造等程序才能将商品交付购买方的销售方式。在这种销售方式下,应在商品交付给购买方时确认营业收入的实现,预收的货款作为一项负债,记入"预收账款"科目或"应收账款"科目。

8. 以旧换新商品销售

以旧换新商品销售是指销售方在销售商品的同时回收与所售商品相同的旧商品的销售方式。在这种销售方式下,销售的商品按照商品销售的方法确认收入,回收的商品作为购进商品处理。

9. 商品销售退回

商品销售退回是指企业售出的商品,由于质量、品种不符合要求等原因而发生的退货销售退回,应当分别情况处理:

(1) 未确认收入的已发出商品的退回,按照记入"发出商品"等科目的金额,其会计分录为:

借:库存商品
　　贷:发出商品

采用计划成本或售价核算的,应按计划成本或售价记入"库存商品"科目,并计算成本差异或商品进销差价。

(2) 已确认收入的销售商品退回,一般情况下直接冲减退回当月的销售收入、销售成本等。如果该项销售已发生现金折扣,应在退回当月一并处理。

(3) 资产负债表日及之前售出的商品在资产负债表日至财务会计报告批准报出日之间发生退回的,应当作为资产负债表日后事项的调整事项处理,调整报告年度的收入和成本等。如果该项销售在资产负债表日及之前已经发生现金折扣,还应同时冲减报告年度的现金折扣。

10. 现金折扣

现金折扣是指企业为了尽快回笼资金而发生的理财费用。现金折扣在实际发生时直接计入当期财务费用。企业应按实际收到的金额,借记"银行存款"等科目;按应给予的现金折扣,借记"财务费用"科目;按应收的账款,贷记"应收账款""应收票据"等科目。购买方实际获得的现金折扣,冲减取得当期的财务费用。

11. 销售折让

销售折让是指在商品销售时直接给予购买方的折让。销售折让应在实际发生时直接从当期实现的销售收入中抵减。

(二) 商品销售成本的结转

1. 数量进价金额核算法下商品销售成本的结转

工业企业和商品流通企业的批发业务一般对库存商品实行数量进价金额核算法。在数量进价金额核算法下,商品销售成本的计算和结转,按其计算和结转时间的不同分为两种:一是逐日或逐笔计算和结转;二是定期计算和结转。前者于每日反映商品销售收入时,计算和结转商品销售成本,后者于月末计算和结转商品销售成本。月末计算商品销售成本时,可采用先进先出法、加权平均法和移动加权平均法等。无论何时计算和结转商品销售成本,均借记"主营业务成本"科目,贷记"库存商品"科目。

如果是分期收款销售商品,在这种销售方式下,每期销售实现时按本期应结转的销售成本,借记"主营业务成本"科目,贷记"发出商品"科目。

2. 售价金额核算法下商品销售成本的结转

在售价金额核算法下,企业除了每日按商品售价反映主营业务收入和销货款的收取情况,还要按已销商品的售价结转主营业务成本并注销库存商品。零售商品销售的核算,之所以平时按售价结转主营业务成本,是为了正确反映实物负责人的经济责任。商品销售后,必须按售价及时注销库存商品,因而也就相应地按售价结转主营业务成本,待月末再采用一定方法计算已销商品的进销差价,把按售价结转的主营业务成本调整为进价成本。计算本月已销商品进销差价的公式如下:

进销差价率＝月末调整前商品进销差价余额月末库存商品余额＋本月主营业务成本总额×100%

本月销售商品应分摊的进销差价＝本月主营业务成本总额×差价率

其会计分录为:

借:商品进销差价
　　贷:主营业务成本

3. 进价金额核算法下商品销售成本的结转

在进价金额核算法下,商品销售后,财会部门根据实际销售收入登记"主营业务收入"和"银行存款"等科目,平时不结转主营业务成本,不注销库存商品。月末根据实际盘存商品进价金额倒挤已销商品成本,借记"主营业务成本"科目,贷记"库存商品"科目。

主营业务成本的计算公式如下:

本期商品销售成本＝期初库存商品金额＋本期购进商品金额－期末商品盘存金额

五、销售业务内部控制的基本要求

销售业务的发生,一方面引起企业的存货减少,另一方面引起收入的增加、货币资金的流入或债权的增加。因此,销售业务实际上是同时涉及销售和收款的业务,与资产盘存业务和货币资金收入业务密切相关。为销售业务设计严密完善的内部控制制度,不仅可以保证销售业务的合法合理性,还可以加强资产盘存业务和货币资金收入业务的内部控制。

根据上述销售业务的环节不难看出,销售业务涉及部门较多,又牵涉货币资金的收入。因此,企业对销售业务实施内部控制,应当符合以下基本要求。

(一)严格遵守不相容职务分离制度

销售业务中的下列职务应相互分离:
(1) 客户信用调查评估与销售合同的审批签订相分离。
(2) 销售合同的审批、签订与办理发货相分离。
(3) 销售货款的确认、回收与相关会计记录相分离。
(4) 销售退回货品的验收、处置与相关会计记录相分离。
(5) 销售业务经办与发票开具、管理相分离。
(6) 坏账准备的计提与审批、坏账的核销与审批相分离。

(二)设置专门的销售机构

任何企业都应设置专门的销售机构,配备专职销售人员负责办理销售业务。一般情况下不应该将销售机构与其他业务部门或管理部门合并,也不应当将销售业务交由非销售部门办理。销售部门及其人员不应兼办采购、保管、出纳、会计等工作,直接经手销货的人员,不能参与登记销售和应收账款明细账。

(三)建立销售登记制度,加强各种凭证的管理

任何一笔销售业务都应开具销售单据:企业应当在销售与发货各环节设置相关的记录,填制相应的凭证,建立完整的销售登记制度,对反映销售业务的合同、发货单、发票(销货单)等要按顺序编号,严格管理。尤其是发票,应当经过非开票人的审核,以防在价格、金额等方面发生差错。同时,企业应加强销售订单、销售合同、销售计划、销售通知单、发货凭证、运货凭证、销售发票等文件和凭证的相互核对工作。

(四)提倡合同销售方式

有条件的企业,应当尽可能采用事先与购货单位签订购销合同的方式办理销售业务。这样既可以合同作为销售依据,对销售业务起到事前控制的作用,又可用合同与销售发票核对,起到事后对比分析的作用,从而强化内部控制。

(五)建立健全销售检查制度

为保证销售业务的正确性,企业应当建立健全各种销售检查制度,对非合同销售、残料

与废料的销售、销售折让与折扣、销售退回、固定资产和包装物的出租等特殊的销售业务，企业应当有专人负责检查，并保持经常化、制度化。

（六）建立销售台账制度

销售部门应当设置销售台账，及时反映各种商品、劳务等销售的开单、发货、收款情况，并由相关人员对销售合同执行情况进行定期跟踪审阅。销售台账应当附有客户订单、销售合同、客户签收回执等相关销售单据。

（七）建立销售退回管理制度

企业的销售退回必须经销售主管审批后方可执行。销售退回的货物应当由质检部门检验和仓储部门清点后方可入库。质检部门应当对客户退回的货物进行检验并出具检验证明；仓储部门应当在清点货物、注明退回货物的品种和数量后填制退货接收报告；财会部门应当对检验证明、退货接收报告以及退货方出具的退货凭证等进行审核后办理相应的退款事宜，并增加对退货原因进行分析的自我评估控制。

此外，企业还应当加强销售业务各环节的审批工作。销售合同的签订、发货单的编制、销售发票的开出、销售方式的选择等，都力求经过有关负责人员的审核批准。

六、销售业务内部控制的具体设计

一般企业的销售业务都可以分为现销和赊销两种情况。

（一）现销业务的内部控制

现销业务是指企业在销售商品的同时，收取货款，强调钱货两清。工业、商品批发等企业对现销业务实施内部控制的主要手段是开具销货单，并确定其合理的传递程序。其具体做法如下：

（1）客户购货时，由销售部门填制一式数联的销货单，注明购货单位、货物名称、规格、数量、单价、金额等。经负责人审核签章后，留一联作为存根，进行业务核算，其余交客户办理货款结算和提货。

（2）客户持销货单向财会部门交款，财会部门对销货单认真审核后，办理收取货款的手续，并加盖财务专用章和有关人员的签章，留一张编制记账凭证，其余退给客户。客户持销货单中的提货联向仓储部门提货；仓库保管人员对销货单复核。确认已办妥交款手续后，予以发货，并将提货联留下登记仓库台账。值得指出，财会部门收取货款，可能通过银行转账，也可能由出纳人员直接收取现金，但不论采用哪种方式，都必须符合货币资金收入业务的内部控制要求，确保销售货款的安全。

商品流通零售企业的销售业务，大多为现销业务，其内部控制方法已在货币资金收入业务的内部控制中详细介绍，这里不再赘述。

（二）赊销业务的内部控制

赊销业务是指企业先办理商品发出，然后在规定的时间内收取货款。这种业务在使企业收入增加的同时,也使企业的债权结算业务发生。随着商品经济的发展,市场交易方式日趋灵活多样,企业的赊销业务将日益增多,债权结算业务也随之增多。由于赊销业务涉及的部门较多,销售活动与货款结算的时间不相一致,发生错弊的可能性也就较大。只有合理规定各有关部门之间的制约关系,强化销售业务各环节的衔接,明确债权结算的有关规定,充分发挥凭证控制的作用,才能使赊销业务的内部控制严密完善。

一般情况下,企业对赊销业务的内部控制除应符合前述基本要求外,还应当采用下列程序和方式:

(1) 严格订货单制度,明确定价原则、信用标准和条件,强化销售合同的作用。对于赊销业务,最好采用订货方式,将订单确定后列入销售计划,作为日后发货的依据。防止无计划地发出货物。

(2) 建立赊销业务批准制度。赊销业务应经过财务负责人的批准,未经批准,销售部门不得指令仓库发货,以防止因不了解客户信用度而造成损失。

(3) 尽可能设置专人专职,登记销售明细账和应收账款明细账,在发出货物后,财会部门应对销售部门开具的销货单以及相关的合同、订单等进行审查核对,正确无误后编制记账凭证,并及时登记销售和应收账款明细账,以充分发挥账簿的控制作用。

(4) 由稽核人员定期与客户(债务人)核对账目,对账目中发现的问题应及时查明原因,分清责任,并按有关规定予以处理,确保双方的账目相符。

(5) 准确掌握债务人的资信程度,及时催收货款,避免或减少坏账损失。

七、销售业务内部控制的监督检查制度

为保证销售业务内部控制制度的有效实施,企业应当对销售业务内部控制制度建立监督检查制度,明确监督检查机构和人员的职责权限,定期或不定期地通过实施符合性测试和实质性测试,检查销售业务内部控制制度是否健全、各项规定是否得到有效执行,以便及时发现销售业务内部控制中的薄弱环节,并及时采取措施,加以纠正和完善。销售业务内部控制监督检查主要包括以下内容:

(1) 销售业务相关岗位及人员的设置情况,重点检查是否存在销售业务不相容职务混岗的现象。

(2) 销售业务授权批准制度的执行情况,重点检查授权批准手续是否健全,是否存在越权审批行为。

(3) 销售的管理情况,重点检查信用政策、销售政策的执行是否符合规定。

(4) 收款的管理情况,重点检查单位销售收入是否及时入账,应收账款的催收是否有效,坏账核销和应收票据的管理是否符合规定。

(5) 销售退回的管理情况,重点检查销售退回手续是否齐全,退回货物是否及时入账。

第六节 对外投资业务内部控制制度的设计

投资是指企业为通过分配来增加财富,或为谋求其他利益而将资产让渡给其他单位所获得的另一项资产。投资业务流程的设计,对于保护投资资产的安全与完整,正确计量投资价值,反映和监督各类投资的形成、权益及收益的取得、投资收回与投资风险控制的情况以及对投资效益进行科学分析等都具有重要意义。

一、投资业务的流程设计

(一) 投资业务的特点和业务流程设计目的

1. 投资业务的特点

(1) 能为企业带来未来经济利益,可以直接或间接地增加流入企业的现金或现金等价物。

(2) 收益与风险并存。

(3) 投资资产的流动性较强,极易成为舞弊的目标,发生的舞弊行为往往又具有隐蔽性。

(4) 投资资产的价值变化较大,容易发生计价不当和财务处理弊端等问题。

2. 投资业务的业务流程设计目的

(1) 防范投资风险。

(2) 保护投资资产的安全与完整。

(3) 提供真实的投资状况和相关财务信息。

(二) 投资业务的业务流程

投资业务流程主要涉及选择投资项目、提出可行性研究方案、制订投资计划和执行投资计划四个环节。

1. 选择投资项目

投资管理部门应根据企业的实际情况来选择投资项目,在选择投资项目时,投资管理部门应考虑的因素为相关的法律法规、宏观经济政策、企业发展战略以及年度经营计划等。

2. 提出可行性研究方案

投资管理部门就计划投资的项目向有关部门进行调查咨询并收集相关信息,并根据收集到的资料进行初步分析,确定投资项目。之后,投资管理部门应该根据确定的投资项目进行招商,与多个不同的客户洽谈投资意向,选择最适合投资要求的客户签订投资意向书。

投资管理部门组织相关人员对投资项目进行可行性研究并提出可行性研究方案,提出的可行性研究方案经财务总监审核后报总经理审核,确定最佳方案。

总经理根据投资管理部门提出的可行性研究报告和建议组织有关部门和专家进行审议,评价不同方案的利弊,并根据审议结果选择最佳方案并作出投资决定。

3. 制订投资计划

财务部根据总经理决定的方案制订投资计划,投资计划应包括投资所采用的方法、规定投资进程等。投资计划制订完成后需报总经理审批。

4. 执行投资计划

财务部下达总经理审批通过后的投资计划,投资管理部门根据投资计划开展投资活动,财务部根据项目投资考核管理办法检查投资计划的实施与完成情况,并定期对投资收益与效果进行考核。

二、对外投资业务的内容、特点与环节

(一) 对外投资业务的内容

在市场经济环境下,企业除通过传统的原材料投入、加工、销售方式取得利润外,通常采用投资、收购、兼并、重组等方式拓宽生产经营渠道,提高获利能力。对外投资是指企业为了获取收益或实现资本增值,向被投资单位投放资金的一种经济行为。通过不同的分类可以看出,对外投资业务的内容从投资性质上划分,可以分为债权性投资和权益性投资;从管理层持有意图上划分,可以分为交易性投资、可供出售投资、债权投资;从持有时间上划分,又可以分为短期投资和长期投资,如交易性投资和可供出售投资属于短期投资,而债权投资和长期股权投资则属于长期投资,其中长期股权投资主要包括对子公司投资、对联营企业投资和对合营企业投资。

(二) 对外投资业务的特点

对外投资业务主要有以下特点:

(1) 企业以货币资金、固定资产和无形资产等向被投资单位进行投资,可以获得被投资单位的股权或债权,能够获取收益或实现资本增值。

(2) 有些投资是在证券交易市场上进行的,如股票、债券或基金等,其交易性强、价值变化快、舞弊隐蔽性强。

(3) 由于投出资金是在被投资单位运作的,除债权性投资外,投资收益取决于被投资单位的经营业绩,尤其是长期股权投资。为规范对外投资行为,防范对外投资风险,保证对外投资的安全,提高对外投资效益,企业应当建立健全对外投资业务的内部控制制度。

(三) 对外投资业务的环节

企业的对外投资,无论是债权性投资,还是权益性投资,一般都需要经过对外投资项目建议书编制、对外投资可行性研究、评估与决策、对外投资执行、对外投资持有和对外投

处置五个环节。

1. 对外投资项目建议书编制

为确保对外投资的计划性和安全性,应当由具有对外投资业务办理权的部门,根据经股东大会(或者企业章程规定的类似权力机构)批准的年度投资计划,编制对外投资项目建议书,并提交给企业相关部门或人员。

2. 对外投资可行性研究、评估与决策

企业收到对外投资项目建议书后,应先及时开展对被投资单位的调查或实地考察;然后组织相关部门或人员,或委托具有相应资质的专业机构对投资项目进行分析与论证,并形成评估报告;最后由企业董事会根据经股东大会(或者企业章程规定的类似权力机构)批准的年度投资计划,按照职责分工和审批权限,对投资项目进行决策审批。重大的投资项目应当根据企业章程及相应权限,报经股东大会或董事会(或者企业章程规定的类似权力机构)批准。

3. 对外投资执行

对外投资业务部门收到经审批的对外投资项目建议书后,应积极组织投资项目的实施:一是制订对外投资实施方案,明确出资时间、金额、出资方式及责任人员等内容;二是在签订合同时,要征询企业法律顾问或相关专家意见,经授权部门或人员批准后签订。

4. 对外投资持有

对外投资持有环节是指从投资形成到投资处置的环节,该环节的主要任务包括保管投资证书、对投资项目进行跟踪管理、控制投资收益、核对投资账目、计提减值准备、进行投资核算等。

5. 对外投资处置

对外投资处置环节是对外投资的最后环节,这一环节主要涉及对处置方式、处置时间的选择,以及对处置结果的会计处理等具体工作。

三、对外投资业务的内部控制

(一) 严格遵守不相容职务分离制度

对外投资业务是一项高风险业务,企业应当科学合理地设置投资专业机构,配备具备良好职业道德,掌握金融、投资、财会、法律等专业知识的合格人员,并明确职责分工、权限范围和审批程序。其中,最为关键的是准确划分不相容职务,实行对外投资项目的可行性研究与评估权力、决策权力、执行权力、处置审批权力、绩效评估权力的分离,并结合具体情况对投资业务经办人员进行岗位轮换。

(二) 建立对外投资授权和审核批准制度

具有对外投资业务办理权的部门和人员,应按照规定的权限和程序办理投资项目建议书的编制、调查、评估、预审和审批工作,以及对外投资的收回、转让与核销事宜。转让对外投资时,应当由相关机构或人员合理确定转让价格,并报授权批准部门批准,必要时可委托具有相应资质的专门机构进行评估;核销对外投资时,应当取得因被投资企业破产等原因不能收回投资的法律文书和证明文件。

(三)建立实地调查和跟踪制度

为确保对外投资项目的安全性和收益性,企业应当对拟投资项目与已投资项目建立实地调查和跟踪调查制度。例如,企业在接到投资部门提交的对外投资项目建议书后,应当及时组织有关人员对被投资企业的资信情况进行调查或实地考察,尤其要关注被投资企业的管理层或实际控制人的能力、资信等情况。对外投资项目如有其他投资者,还应当根据情况对其他投资者的资信情况进行了解或调查,以便为投资项目的可行性研究提供证据,对已投资项目,应当指定专门的部门或人员进行跟踪管理,掌握被投资企业的财务状况、经营情况和现金流量,定期组织对外投资质量分析,发现异常情况时应当及时向有关部门和人员报告,并采取相应措施,以尽量减少投资损失,降低投资风险。

(四)建立凭证记录控制和管理制度

为加强投资对外全过程的有效控制,对实际发生的对外投资业务,应当建立凭证记录控制制度,包括审批文件、投资合同或协议、投资方案书、对外投资付款申请书、对外投资处置决议书等,以如实记载各环节业务的开展情况,加强内部审计。企业对上述文件资料应当加强管理,明确各种文件资料的取得、归档、保管和调阅等各个环节的管理规定及相关人员的职责权限。

(五)建立权益证书专人保管制度

企业进行对外投资,尤其是长期债权性投资和权益性投资,往往有能够证明其投资的证券或证书。为防止丢失现象和舞弊行为的发生,企业应当指定专门的部门或人员保管权益证书,并建立详细的记录,未经授权人员不得接触权益证书;此外,财会部门应当定期和不定期地与相关管理部门和人员清点核对有关权益证书,以加强对有关权益证书的管理。

(六)加强对外投资核算制度

为加强对外投资的管理,财会部门要建立严格的投资核算制度,具体内容如下。

(1)严格审核投资项目计划书、投资付款申请书、对外投资处置决议书是否符合规定审批程序。对于获取的投资收益,要根据投资合同、被投资方股利分配公告和证券公司的利息或股利收入划账单编制投资收益表,以保证投资收益及时、正确入账,严防投资收益账外设账情况的发生。

(2)设置对外投资业务登记簿,及时反映对外投资的购入和处置,以及投资收益的取得情况,作为对会计凭证和账簿记录的补充。

(3)定期和不定期地与被投资企业核对有关投资账目,保证对外投资的安全完整。

(4)加强对对外投资项目减值情况的定期检查和归口管理,并按照有关规定准确及时地计提减值准备。

(七) 建立责任追究和奖励制度

对外投资的责任人因投资品种和性质的不同而有别,但一般会涉及投资项目负责人,以及向被投资企业派出的董事、监事、财务负责人或其他管理人员等。为防范责任人舞弊,企业应当建立责任追究制度和业绩考评制度。

四、投资业务会计政策选择的设计

投资业务会计政策选择的设计包括以公允价值计量且其变动计入当期损益的金融资产的核算、债权投资的核算、其他债权投资的核算、长期股权投资的核算。

(一) 以公允价值计量且其变动计入当期损益的金融资产的核算

1. 以公允价值计量且其变动计入当期损益的金融资产取得的核算

以公允价值计量且其变动计入当期损益的金融资产,主要是指企业为了近期内出售而持有的金融资产,如企业以赚取差价为目的从二级市场购买的股票、债券和基金等。该种核算属于进行集中管理的可辨认金融工具组合的一部分,且有客观证据表明企业近期采用短期获利方式对该组合进行管理的金融资产,划分为以公允价值计量且其变动计入当期损益的金融资产。此外,衍生金融资产不作为有效套期工具的,也应划入以公允价值计量且其变动计入当期损益的金融资产。

企业应设置"以公允价值计量且其变动计入当期损益的金融资产"科目,核算为交易目的而持有的债券投资、股票投资和基金投资等以公允价值计量且其变动计入当期损益的金融资产的公允价值,并按照以公允价值计量且其变动计入当期损益的金融资产的类别和品种,分别"成本""公允价值变动"等进行明细核算。

以公允价值计量且其变动计入当期损益的金融资产应当将取得时的公允价值作为初始确认金额,相关的交易费用在发生时计入当期损益。如果实际支付的价款中包含已宣告但尚未发放的现金股利或已到付息期但尚未领取的债券利息,应当单独确认为应收项目,不计入以公允价值计量且其变动计入当期损益的金融资产的初始确认金额。

企业取得以公允价值计量且其变动计入当期损益的金融资产,按其公允价值(不含支付的价款中所包含的已宣告但尚未发放的现金股利或已到付息期但尚未领取的债券利息),借记"以公允价值计量且其变动计入当期损益的金融资产——成本"科目,按发生的交易费用,借记"投资收益"科目,按已宣告但尚未发放的现金股利或已到付息期但尚未领取的债券利息,借记"应收股利"或"应收利息"科目,按实际支付的金额,贷记"银行存款"等科目;收到上列现金股利或债券利息时,借记"银行存款"科目,贷记"应收股利"或"应收利息"科目。

2. 以公允价值计量且其变动计入当期损益的金融资产持有期间的核算

(1) 现金股利或债券利息的会计处理。企业在持有以公允价值计量且其变动计入当期损益的金融资产期间所获得的现金股利或债券利息,应当确认为投资收益。

持有以公允价值计量且其变动计入当期损益的金融资产期间,被投资单位宣告发放现金股利时,投资企业按应享有的份额,借记"应收股利"科目,贷记"投资收益"科目;资产负债表日,投资企业按分期付息、一次还本债券投资的票面利率计提利息时,借记"应收利息"科目,贷记"投资收益"科目;收到上述现金股利或债券利息时,借记"银行存款"科目,贷记"应收股利"或"应收利息"科目。

(2) 以公允价值计量且其变动计入当期损益的金融资产的期末计量以公允价值计量且其变动计入当期损益的金融资产在最初取得时,是按公允价值入账的,反映了企业取得以公允价值计量且其变动计入当期损益的金融资产的实际成本,但以公允价值计量且其变动计入当期损益的金融资产的公允价值是不断变化的,会计期末的公允价值则代表了以公允价值计量且其变动计入当期损益的金融资产的现时可变现价值。根据《企业会计准则》的规定,以公允价值计量且其变动计入当期损益的金融资产的价值应按资产负债表日的公允价值反映,公允价值的变动计入当期损益。

资产负债表日以公允价值计量且其变动计入当期损益的金融资产的公允价值高于其账面余额时,应按两者之间的差额,调增以公允价值计量且其变动计入当期损益的金融资产的账面余额,同时确认公允价值上升的收益,借记"以公允价值计量且其变动计入当期损益的金融资产——公允价值变动"科目,贷记"公允价值变动损益"科目;以公允价值计量且其变动计入当期损益的金融资产的公允价值低于其账面余额时,应按两者之间差额,调减以公允价值计量且其变动计入当期损益的金融资产的账面余额,同时确认公允价值下跌的损失,借记"公允价值变动损益"科目,贷记"以公允价值计量且其变动计入当期损益的金融资产——公允价值变动"科目。

3. 以公允价值计量且其变动计入当期损益的金融资产的处置

企业处置以公允价值计量且其变动计入当期损益的金融资产的主要会计问题,是正确确认处置损益。以公允价值计量且其变动计入当期损益的金融资产的处置损益,是指处置以公允价值计量且其变动计入当期损益的金融资产实际收到的价款,减去所处置以公允价值计量且其变动计入当期损益的金融资产账面余额后的差额。其中,以公允价值计量且其变动计入当期损益的金融资产的账面余额是指以公允价值计量且其变动计入当期损益的金融资产的初始计量金额加上或减去资产负债表日公允价值变动后的金额。如果在处置以公允价值计量且其变动计入当期损益的金融资产时,已计入应收项目的现金股利或债券利息尚未收回,还应先从处置价款中扣除该部分现金股利或债券利息之后,再确认处置损益。企业在确认以公允价值计量且其变动计入当期损益的金融资产处置损益的同时,应将持有期间已确认的公允价值变动净损益,转为投资损益。

处置以公允价值计量且其变动计入当期损益的金融资产时,应按实际收到的处置价款,借记"银行存款"科目,按该以公允价值计量且其变动计入当期损益的金融资产的初始成本,贷记"以公允价值计量且其变动计入当期损益的金融资产——成本"科目,按该项以公允价值计量且其变动计入当期损益的金融资产的公允价值变动,贷记或借记"以公允价值计量且其变动计入当期损益的金融资产——公允价值变动"科目,按其差额,贷记或借记"投资收益"科目。同时,将该以公允价值计量且其变动计入当期损益的金融资产持有期间已确认的公允价值变动净损益,转入"投资收益"科目,借记或贷记"公允价值变动损益"科目,贷记或借记"投资收益"科目。

(二) 债权投资的核算

债权投资,是指到期日固定、回收金额固定或可确定,且企业有明确意图和能力持有至到期的非衍生金融资产。例如,企业从二级市场上购入的固定利率国债、浮动利率公司债券等,符合债权投资条件的,可以划分为债权投资,购入的股权投资因没有固定的到期日,不符合债权投资的条件,不能划分为债权投资。债权投资通常具有长期性质,但期限较短(1年以内)的债券投资,符合债权投资条件的,也可将其划分为债权投资。

企业应当设置"债权投资"科目,核算债权投资的摊余成本,并按照债权投资的类别和品种,分别以"成本""利息调整"和"应计利息"等科目进行明细核算。

1. 债权投资的取得

债权投资应当按取得时的公允价值和相关交易费用之和作为初始确认金额。如果支付的价款中包含已到付息期但尚未领取的利息,应单独确认为应收项目。

企业取得债权投资,应按该投资的面值,借记"债权投资——成本"科目,按支付的价款中包含的已到付息期但尚未领取的利息,借记"应收利息"科目,按实际支付的金额,贷记"银行存款"等科目,按其差额,借记或贷记"债权投资——利息调整"科目。收到支付的价款中包含的已到付息期但尚未领取的利息,借记"银行存款"科目,贷记"应收利息"科目。

2. 债权投资利息收入的确认

债权投资在持有期间应当按照摊余成本和实际利率计算确认利息收入,计入投资收益。其中,实际利率是使债权投资未来收回的利息和本金的现值等于债权投资取得成本的折现率。实际利率应当在取得债权投资时确定,在该债权投资预期存续期间或适用的更短期间内保持不变。

债权投资如为分期付息、一次还本债券投资,应于资产负债表日按票面利率计算确定的应收未收利息,借记"应收利息"科目,按债权投资摊余成本和实际利率计算确定的利息收入,贷记"投资收益"科目,按其差额,借记或贷记"债权投资——利息调整"科目。收到分期付息、一次还本债权投资持有期间支付的利息,借记"银行存款"科目,贷记"应收利息"科目。

债权投资如为一次还本付息债券投资,应于资产负债表日按票面利率计算确定的应收未收利息,借记"债权投资——应计利息"科目,按债权投资摊余成本和实际利率计算确定的利息收入,贷记"投资收益"科目,按其差额,借记或贷记"债权投资——利息调整"

科目。

3. 债权投资的处置

企业处置债权投资时,应将所取得的价款与该投资账面价值之间的差额,计入投资收益。

处置债权投资,按实际收到的金额,借记"银行存款"科目,按债权投资账面余额,贷记"债权投资——成本""债权投资——应计利息"科目,贷记或借记"债权投资——利息调整"科目,按其差额,贷记或借记"投资收益"科目。

(三) 其他债权投资的核算

可供出售金融资产,是指初始确认时即被指定为可供出售的非衍生金融资产以及除下列各类资产以外的金融资产:贷款和应收款项;债权投资;以公允价值计量且其变动计入当期损益的金融资产。例如,企业购入的在活跃市场上有报价的股票、债券和基金等,没有划分为以公允价值计量且其变动计入当期损益的金融资产或债权投资等金融资产的,可归类为其他债权投资。某项金融资产具体划分为哪一类主要取决于企业管理层的风险管理、投资决策等因素。

企业应当设置"其他债权投资"科目,核算持有的其他债权投资的公允价值,并按照其他债权投资的类别和品种,分别按"成本""利息调整""应计利息"和"公允价值变动"等明细科目进行核算。

1. 其他债权投资取得的核算

其他债权投资应当按取得该金融资产的公允价值和相关交易费用之和作为初始确认金额。如果支付的价款中包含已到付息期但尚未领取的债券利息或已宣告但尚未发放的现金股利,则应单独确认为应收项目。

企业取得其他债权投资,应按其公允价值与交易费用之和,借记"其他债权投资——成本"科目,按支付的价款中包含的已宣告但尚未发放的现金股利,借记"应收股利"科目,按实际支付的金额,贷记"银行存款"等科目。企业取得的其他债权投资为债券投资的,应按债券的面值,借记"其他债权投资——成本"科目,按支付的价款中包含的已到付息期但尚未领取的利息,借记"应收利息"科目,按实际支付的金额,贷记"银行存款"等科目,按差额借记或贷记"其他债权投资——利息调整"科目。

收到支付的价款中包含的已宣告但尚未发放的现金股利或已到付息期但尚未领取的利息,借记"银行存款"科目,贷记"应收利息"或"应收股利"科目。

2. 其他债权投资持有期间的损益确认

(1) 债券利息或现金股利收益的确认。其他债权投资在持有期间取得的债券利息或现金股利,应当计入投资收益。

资产负债表日,可供出售债券如为分期付息、一次还本债券投资,应按票面利率计算确定的应收未收利息,借记"应收利息"科目,按可供出售债券摊余成本和实际利率计算确定的利息收入,贷记"投资收益"科目,按其差额,借记或贷记"其他债权投资——利息调整"科目;可供出售债券如为一次还本付息债券投资,应于资产负债表日按票面利率计算确定的应收未收利息,借记"其他债权投资——应计利息"科目,按可供出售债券摊余成本和实际利率计算确定的利息收入,贷记"投资收益"科目,按其差额,借记或贷记"其他债权投资——利息调整"科目。收到可供出售债券投资持有期间支付的利息,借记"银行存款"科目,贷记"应收利息"科目。

可供出售权益工具投资持有期间被投资单位宣告发放现金股利,按应享有的份额,借记"应收股利"科目,贷记"投资收益"科目,收到可供出售权益工具投资发放的现金股利,借记"银行存款"科目,贷记"应收股利"科目。

(2) 公允价值变动损益的确认。资产负债表日,其他债权投资应当以公允价值计量,并且公允价值变动计入其他综合收益。

资产负债表日,其他债权投资的公允价值高于其账面余额(如其他债权投资为债券,即为其摊余成本)的差额,借记"其他债权投资——公允价值变动"科目,贷记"其他综合收益"科目;公允价值低于其账面余额的差额,借记"其他综合收益"科目,贷记"其他债权投资——公允价值变动"科目。

3. 其他债权投资的处置

处置其他债权投资时,应将取得的价款与该金融资产账面价值之间的差额,计入投资收益。同时,将原直接计入所有者权益的公允价值变动累计额对应处置部分的金额转出,计入投资收益。

处置其他债权投资时,应按实际收到的金额,借记"银行存款"科目,按该金融资产账面余额,贷记"其他债权投资(成本、公允价值变动、利息调整、应计利息)"科目,按应从所有者权益中转出的公允价值累计变动额,借记或贷记"其他综合收益"科目,按其差额,贷记或借记"投资收益"科目。

(四) 长期股权投资的核算

长期股权投资是指企业准备长期持有的权益性投资,主要包括:企业持有的能够对被投资单位实施控制的权益性投资,即对子公司投资;企业持有的能够与其他合营方一同对被投资单位实施共同控制的权益性投资,即对合营企业投资;企业持有的能够对被投资单位施加重大影响的权益性投资,即对联营企业投资。

除上述情况以外,企业持有的其他权益性投资,应当按照金融工具确认和计量准则的规定,划分为以公允价值计量且其变动计入当期损益的金融资产或其他债权投资。

1. 长期股权投资取得的核算

长期股权投资可以通过企业合并形成,也可以通过企业合并以外的其他方式取得。在不同的取得方式下,长期股权投资初始成本的确定方法有所不同,但是无论企业以何种方式取得长期股权投资,实际支付的价款或对价中包含的已宣告但尚未领取的现金股利或利润，应作为应收项目单独入账，不构成取得长期股权投资的成本。

1）同一控制下企业合并形成的长期股权投资

同一控制下企业合并形成的长期股权投资，应当在合并日按照取得被合并方所有者权益账面价值的份额作为长期股权投资的初始投资成本。长期股权投资的初始投资成本与支付的现金、转让的非现金资产等合并对价的账面价值之间的差额，应当调整资本公积；资本公积不足冲减的，调整留存收益。合并方为进行企业合并发生的各项直接相关费用，包括为进行企业合并而支付的审计费用、评估费用和法律服务费用等，应当于发生时计入当期损益。

合并方应在合并日按取得被合并方所有者权益账面价值的份额，借记"长期股权投资——成本"科目；按享有被投资单位已宣告但尚未发放的现金股利或利润，借记"应收股利"科目；按支付的合并对价的账面价值，贷记有关资产或借记有关负债科目；按其贷方差额，贷记"资本公积——股本溢价（或资本溢价）"科目。例如，借方差额，应借记"资本公积——股本溢价（或资本溢价）"科目；资本公积（股本溢价）不足冲减的，应依次借记"盈余公积""利润分配——未分配利润"科目。

2）非同一控制下企业合并形成的长期股权投资

非同一控制下企业合并形成的长期股权投资，应当以确定的合并成本作为长期股权投资的初始投资成本。合并成本，是指购买方在购买日为取得对被购买方的控制权而支付的现金、非现金资产等合并对价的公允价值之和。购买方发生的审计、法律服务、评估咨询等中介费用以及其他相关管理费用，与同一控制下企业合并相一致，应当于发生时计入当期损益。

购买方在购买日作为合并对价付出的非现金资产公允价值与其账面价值之间的差额，应当作为资产处置，按照下列情况分别处理：①付出资产为存货的，应当作为销售处理，以其公允价值确认收入，同时结转相应的成本。②付出资产为固定资产、无形资产的，应当计入营业外收入或营业外支出。③付出资产为长期股权投资的，应当计入投资收益。

购买方应在购买日按企业合并成本（不含应自被投资单位收取的现金股利或利润），借记"长期股权投资——成本"科目；按享有被投资单位已宣告但尚未发放的现金股利或利润，借记"应收股利"科目；按发生的直接相关费用，借记"管理费用"科目；按支付合并对价的账面价值费用，贷记"银行存款"科目；按其差额借记"营业外支出"或"投资收益"科目。

3）以其他方式取得的长期股权投资

以其他方式取得的长期股权投资贷记有关资产科目，按发生的直接相关贷记"营业外收入"或"投资收益"等科目。

除企业合并形成的长期股权投资外，企业还可以通过支付现金、非现金资产等非企业合并的其他方式取得长期股权投资。以支付现金、非现金资产等以其他方式取得的长期股权投资,应当按照实际支付的价款、非现金资产等的公允价值(包括与取得长期股权投资直接相关的费用、税金及其他必要支出),作为初始投资成本。

此外,为发行权益性证券支付的手续费、佣金等与权益性证券发行直接相关的费用,按照《企业会计准则第 37 号——金融工具列报》的规定,不构成取得长期股权投资的成本,该部分费用应冲减权益性证券的溢价收入,冲减不足部分应该冲减盈余公积和未分配利润。

2. 长期股权投资的后续计量

企业取得的长期股权投资在持有期间,要根据所持股份的性质、占被投资单位股份总额比例的大小以及对被投资单位财务和经营政策的影响程度等,分别采用成本法或权益法进行会计处理。

1) 长期股权投资的成本法

成本法,是指长期股权投资的价值通常按初始投资成本计量,除追加或收回投资外,一般不对长期股权投资的账面价值进行调整的一种会计处理方法。

企业应当设置"长期股权投资——成本"科目,反映长期股权投资的初始投资成本。在持有长期股权投资期间,当被投资单位宣告分派现金股利或利润时,投资企业按应享有的部分确认投资收益,但确认的投资收益仅限于被投资单位接受投资后产生的累积净利润的分配额。所获得的现金股利或利润超过上述数额的部分,应冲减长期股权投资的初始投资成本,不能确认为投资收益。被投资单位未分派股利,投资企业不作任何会计处理。

2) 长期股权投资的权益法

权益法,是指长期股权投资最初以投资成本计量,以后则要根据投资企业应享有被投资单位所有者权益份额的变动,对长期股权投资的账面价值进行相应调整的一种会计处理方法。

(1) 会计科目的设置。在"长期股权投资"科目下,企业应当设置"投资成本""损益调整""其他综合收益""其他权益变动"等明细科目,分别反映长期股权投资的初始投资成本以及因被投资单位所有者权益发生增减变动而对长期股权投资账面价值进行调整的金额。

(2) 取得长期股权投资的会计处理。企业在取得长期股权投资时,按照确定的初始投资成本入账。假如长期股权投资的初始投资成本大于投资时应享有被投资单位可辨认净资产公允价值的份额,则不调整长期股权投资的初始投资成本;假如长期股权投资的初始投资成本小于投资时应享有被投资单位可辨认净资产公允价值的份额,则其差额应当计入营业外收入,同时调整长期股权投资的初始投资成本。

3) 长期股权投资成本法与权益法的比较

企业的长期股权投资,应当根据不同情况,分别采用成本法或权益法进行核算。

成本法适用于企业持有的能够对被投资单位实施控制的长期股权投资。也就是说,投资方持有的对子公司的投资应当采用成本法,投资方为投资性主体且子公司不纳入其合并财务报表的除外。控制是指投资方拥有对被投资方的权利,可以通过参与被投资方的相关活动而享有可变回报,并且有能力运用对被投资方的权利影响其回报金额。

投资企业对被投资单位具有共同控制或重大影响的长期股权投资,即对合营企业和联营企业的投资,采用权益法核算。共同控制,是指按照相关约定对某项安排所共同的控制,并且该安排的相关活动必须经过分享控制权的参与方一致同意后才能决策。重大影响,是指投资方对被投资方的财务和经营政策有参与决策的权利,但是不能控制或者与其他方一起共同控制这些政策的制定。

4)持有长期股权投资期间投资损益的确认

投资企业取得长期股权投资后,应当按照应享有或应分担的被投资单位实现的净损益的份额确认投资损益,同时相应调整长期股权投资的账面价值;被投资单位宣告分派现金股利或利润时,投资企业按应分得的部分,相应减少长期股权投资的账面价值;被投资单位分派股票股利时,投资企业不进行账务处理,但应在备查簿中登记增加的股份。

5)其他综合收益的会计处理

被投资单位确认的其他综合收益及变动会影响被投资单位的所有者权益总额,进而影响投资企业应该享有被投资单位所有者权益的份额。因此,当被投资单位其他综合收益发生变动时,在持股比例不变的情况下,投资企业应按照持股比例计算的应享有或承担的部分,调整长期股权投资的账面价值,同时增加或减少其他综合收益。

6)被投资单位所有者权益其他变动的会计处理

投资企业对于被投资单位除净损益、其他综合收益以及利润分配以外所有者权益的其他变动。在持股比例不变的情况下,按照持股比例计算的应享有或承担的部分,调整长期股权投资的账面价值,同时增加或减少资本公积(其他资本公积)。

3. 长期股权投资的处置

处置长期股权投资发生的损益应当在符合股权转让条件时予以确认,计入处置当期投资损益。长期股权投资的处置损益,是指取得的处置收入与长期股权投资的账面价值和已确认但尚未收到的现金股利之间的差额。采用权益法核算的长期股权投资,在处置该项投资时,采用与被投资单位直接处置相关资产或负债相同的基础,按相应比例对原计入其他综合收益的部分进行会计处理。

(五) 投资项目不同核算方法的对比分析

投资业务会计政策选择的设计包括以公允价值计量且其变动计入当期损益的金融资产的核算、债权投资的核算、其他债权投资的核算、长期股权投资的核算。不同的核算方法会给企业带来不同的影响,企业可以根据自身的情况,结合各种资产的特点,进行会计政策的具体选择。

第七节 筹资业务内部控制制度的设计

一、筹资业务的概念和特点

筹资也称融资,是指企业为了满足生产经营发展的需要,通过发行股票、债券或者银行借款,或者抵押、质押等形式筹集资金的活动。筹资按照资本来源的不同,可分为权益性筹资和债务性筹资。

企业在筹集资金时必然会产生筹资成本,不同筹资渠道的筹资成本所带来的经济后果不同,权益性筹资成本由税后利润列支,债务性筹资成本由税前利润列支。不同筹资渠道的筹资成本的固定性也有差别,权益性筹资成本不具有固定性,而债务性筹资成本在筹资前就已确定,具有固定性。可见,任何筹资渠道都会给企业带来财务压力,但相比之下,债务性筹资的财务压力较大,对筹资业务建立内部控制制度,其目的就是合理确定筹资比例,控制筹资风险,降低筹资成本,防止筹资过程中的差错与舞弊。

二、筹资业务的环节

从内部控制的角度出发,不论是权益性筹资,还是债务性筹资,筹资业务都应经过如下环节。

(一) 拟订筹资方案

拟订筹资方案是保证筹资方式合法、筹资金额合理的关键环节,企业应当在符合国家有关法律法规、政策和企业筹资预算要求,并充分考虑企业经营范围、投资项目的未来效益、目标资本结构、可接受的资金成本水平和偿付能力以及财务风险等因素的前提下,明确筹资规模、筹资用途、筹资结构、筹资方式和筹资对象,并对筹资时机的选择、预计筹资成本、潜在筹资风险和具体应对措施以及偿债计划等作出安排与说明。在海外筹集资金的企业,还应当考虑筹资所在国的政治、法律、汇率、利率、环保和信息安全等风险。

(二) 评估、审批筹资方案

企业对重大筹资方案应当进行风险评估,形成评估报告,并报董事会或股东会。审批评估报告应当全面反映评估人员的意见,并由所有评估人员签章。对于重大筹资方案,企业应当实行集体决策审批或者联签制度,决策过程应有完整的书面记录。

(三) 签订筹资合同或协议

筹资合同或协议是维护筹资方与出资方双方利益的法律文书,也是确定双方权利与责任的重要凭证。因此,企业应当根据经批准的筹资方案,按照规定程序与筹资对象、中介机构或银行等订立筹资合同或协议,对筹资合同的订立与审核、资产的收取、股利(利润)或利息的支付方式等作出明确规定。企业相关部门或人员应当对筹资合同或协议的合法性、合理性、完整性进行审核,审核情况和意见应有完整的书面记录。

(四)偿付

偿付环节主要是由企业按照合同或协议规定,向出资方偿还本金,支付利息、租金、股利(利润)等,是出资方权利实现和受资方责任履行的重要环节。

三、筹资业务的内部控制

(一)严格遵守不相容职务分离制度

企业应当明确有关部门和岗位的职责权限,使办理筹资业务的不相容岗位相互分离,确保筹资方案的拟订与决策、筹资合同或协议的审批与订立、款项偿付的审批与执行等由不同的部门和人员完成。筹资业务的人员应具备必要的筹资业务专业知识和良好的职业道德,熟悉国家有关法律法规、相关国际惯例及金融业务。

(二)建立授权批准制度

企业应明确授权批准方式、程序和相关控制措施,规定审批人的权限、责任以及经办人的职责履行要求。企业在支付筹资利息、股息、租金时,应当履行审批手续,经授权人员批准后方可支付,企业的股利(利润)分配方案应当按照企业章程或有关规定,经审批后执行。

(三)建立凭证记录和保管制度

企业应当制定筹资业务流程,明确筹资决策、执行、偿付等环节的内部控制要求,并设置相应的记录或凭证,包括筹资决策、审批过程的书面记录制度以及有关合同或协议、收款凭证、支付凭证等资料的存档、保管和调用制度,并指定专人管理,明确其职责权限,以便如实记载各环节业务的开展情况,确保筹资全过程得到有效控制。

(四)建立筹资决策责任追究制度

企业应当按照筹资方案所规定的用途使用筹集的资金,因市场环境变化等特殊情况导致确需改变资金用途的,应当履行审批手续,并对审批过程进行完整的书面记录,严禁擅自改变资金用途。对重大筹资项目,企业应明确相关部门及人员的责任,定期或不定期地进行检查,对没有按照筹资计划和筹资程序进行的筹资业务责任人,以及变更筹资用途的直接责任人,按照产生不良后果的严重程度予以处罚。

(五)加强筹资业务核算制度

筹资业务的核算应当符合国家统一会计制度的规定。企业在取得货币性资产时,应当按实有数额及时入账;在取得非货币性资产时,应当根据合理确定的价值及时记录,并办理有关财产转移手续;对需要进行评估的资产,应当聘请有资质的中介机构及时进行评估。企业应严格按照筹资合同或协议规定的本金、利率、期限及币种计算利息和租金,并与债权人定期核对。如有不符,应查明原因,按权限及时处理。企业委托代理机构支付股利(利润)时,应清点、核对代理机构的股利(利润)支付清单,并及时取得有关凭据。

四、筹资业务会计政策选择的设计

筹资业务会计政策选择的设计主要包括负债性筹资业务会计政策的设计和权益性筹资会计政策的设计。

(一)负债性筹资业务会计政策的设计

1. 流动负债的会计核算

1) 短期借款的会计核算

短期借款是指企业向银行或其他金融机构借入的、偿还期限在1年以下(含1年)的各种借款。这部分借款一般是企业为维持正常生产经营所需资金而借入的或为抵偿某项债务而借入的款项。短期借款的债权人一般称该款项为"流动资金借款"。企业从银行及其他金融机构借入的短期款项,无论用于哪个方面,都需要反映借入的本金及利息。

(1) 短期借款取得的会计核算。为了正确反映短期借款的取得、归还及结余情况,企业应设置"短期借款"科目。取得借款时,根据借入的本金,借记"银行存款"科目,贷记"短期借款"科目。"短期借款"科目应按短期借款的种类设置明细分类账,进行明细分类核算。

(2) 短期借款利息的核算。短期借款是为生产经营的需要而借入的,其利息应作为费用计入当期损益。企业为了正确核算短期借款的利息情况,还应设置"财务费用"科目,对预提的短期借款利息,通过"应付利息"科目核算,这是短期借款的会计核算重点。为了正确反映各月借款利息的实际情况,会计上应根据权责发生制原则,按月计提利息;如果数额不足,也可于实际支付月份一次性计入当期损益。

(3) 短期借款归还的核算。短期借款到期时,应及时归还。对偿付的本金借记"短期借款"科目,对同时偿付的利息借记"财务费用"科目,按偿付的本息贷记"银行存款"科目。

2) 交易性金融负债的会计核算

交易性金融负债是指企业采用短期获利模式进行融资所形成的负债。满足以下条件之一的金融资产或金融负债,应当划分为交易性金融负债:①取得该金融资产或承担该金融负债的目的,主要是近期内出售、回购或赎回;②属于进行集中管理的可辨认金融工具组合的一部分,并且有客观证据表明企业近期采用短期获利方式对该组合进行管理;③属于衍生工具。

企业应设置"交易性金融负债"科目,核算交易性金融负债的公允价值,并按照交易性金融负债的类别,分别设置"本金"和"公允价值变动"明细科目进行明细核算。其中,"本金"明细科目反映交易性金融负债的初始确认金额;"公允价值变动"明细科目反映交易性金融负债在持有期间的公允价值变动金额。

与以公允价值计量且其变动计入当期损益的金融资产相似,交易性金融负债应当按照公允价值进行初始计量和后续计量。初始计量时,企业应当按照交易性金融负债的公允价值,借记"银行存款"科目,贷记"交易性金融负债——成本"科目。相关交易费用应当在发生时直接计入当期损益。后续计量时,根据企业会计准则的规定,交易性金融负债的价值应按资产负债表日的公允价值反映,公允价值的变动计入当期损益。

2. 非流动负债的会计核算

在我国会计实务中,除长期应付债券按公允价值(现值)入账外,其他非流动负债一般直接按负债发生时的实际金额记账。

1) 长期借款的核算

长期借款是企业向银行或其他金融机构借入的、偿还期限超过1年的各种借款。企业取得长期借款,必须按照规定的程序进行,一般要经过申请、审批、签订合同和划拨款项四个步骤。在借款的使用期间,应按期支付利息,到期偿还本金。为了核算长期借款的取得、计息和归还情况,企业应设置"长期借款"科目。该科目属于负债类科目,贷方登记取得的长期借款本金及利息,借方登记归还的本金及利息,期末余额在贷方,反映尚未归还的借款本金及利息。该科目应按借款的种类或用途设置明细科目,进行明细分类核算。

按照现行制度的规定,对长期借款的利息费用等,应根据权责发生制的要求,按期预提计入所购建资产的成本(即资本化),或直接计入当期损益(即费用化)。具体地说,该长期借款所进行的长期工程项目完工之前发生的利息,应将其资本化,计入该工程成本;在工程完工达到可使用状态之后产生的利息支出应停止借款利息资本化而予以费用化,即在利息发生的当期将其直接计入财务费用。因此,企业取得长期借款时,应借记"银行存款"科目,贷记"长期借款"科目;计算利息时应借记"在建工程""财务费用"等科目,贷记"长期借款"科目;偿还借款、支付利息时应借记"长期借款"科目,贷记"银行存款"科目。

2) 企业债券的核算

债券是企业为筹集资金而依照法定程序发行,约定在一定日期还本付息的有价证券。企业发行债券必须经国家有关部门批准,委托银行或其他金融机构代理发行。发行债券筹集的资金可用于购建固定资产,也可用于补充流动资金。企业发行的期限超过1年的债券,构成一项长期负债。

(1) 债券发行的核算。为了反映和监督债券的发行、归还和付息情况,发行债券的企业,应设置"应付债券"科目。该科目贷方登记应付债券的本金和应计利息,借方登记偿还债券本金和支付利息的金额,余额在贷方,表示尚未偿还的债券本金和利息。该科目下应设"面值""利息调整"和"应计利息"等明细科目,进行明细分类核算。

企业发行债券无论是按面值还是溢价或折价,均应按债券面值记入"应付债券——面值"科目。当企业按面值发行债券时,债券价格与债券面值一致,可按债券面值金额借记"银行存款"等科目,贷记"应付债券——面值"科目。

当企业溢价发行债券时,债券价格高于债券面值金额,按实际收到的款项借记"银行存款"等科目,按债券的面值金额贷记"应付债券——面值"科目,按实际收到的款项与票面金额的差额贷记"应付债券——利息调整"科目。

当企业折价发行债券时,债券价格低于债券面值金额,按实际收到的款项借记"银行存款"等科目,按债券的面值金额贷记"应付债券——面值"科目,按实际收到的款项与票面金额的差额借记"应付债券——利息调整"科目。

(2) 债券利息、溢价和折价摊销的核算。企业应根据权责发生制的要求按期计提应付债券的利息费用,并按所筹资金的用途,分别计入财务费用或有关资产的成本,即借记"财务费用"或"在建工程"等科目。同时,对于一次还本付息的债券利息应贷记"应付债券——应计利息"科目,而对于分期付息、一次还本的债券利息则应贷记"应付利息"科目。

实际工作中,对债券溢价和折价的摊销应采用实际利率法。实际利率法是以债券发行时的实际利率,乘以每期期初债券的账面价值(亦称摊余成本),求得该期的利息费用,利息费用与实际支付利息的差额,即为该期溢价、折价的摊销额,用公式表示如下:

溢价摊销额＝应付利息－当期利息费用
折价摊销额＝当期利息费用－应付利息
当期利息费用＝债券该期期初账面价值×市场利率

(3) 债券还本的核算。债券到期时,发行企业应根据发行债券时规定的还本期限与方式,偿还债券持有人的本金。溢价、折价发行的债券,由于溢价、折价在债券的整个存续期内已经摊销完毕,使得应付债券账面价值与面值一致,无论是面值发行、溢价发行还是折价发行的债券到期时,对于分期付息到期还本的债券,在偿还时均可按票面价值借记"应付债券——面值"科目,贷记"银行存款"科目。对于到期一次还本付息的债券,到期时除偿还债券本金外还需要偿付利息。由于其每期应付利息已记入"应付债券——应计利息"科目的贷方,故偿付本息时应借记"应付债券——面值"和"应付债券——应计利息"科目,贷记"银行存款"科目。

3) 其他非流动负债

长期应付款主要包括补偿贸易引进设备应付款、融资租入固定资产应付款等。采用补偿贸易方式引进设备时,企业可先取得设备,设备投产后,用其生产的产品偿还设备价款;融资租入固定资产实质上是以分期付款的方式取得资产,资产使用在前,款项支付在后。因此,在上述两种方式下,企业尚未支付的设备价款和尚未支付的融资租赁费,形成企业的一项长期负债,会计上称为长期应付款。长期应付款除具有一般长期负债的特点外,长期应付款的会计核算,单独设置"长期应付款"科目,与一般负债类科目的结构基本相同。其下设置"应付引进设备款""应付融资租赁款"明细科目。

3. 流动负债融资和非流动负债融资的对比分析

采用流动负债的方式融资,资金到位快,容易取得,长期负债的债权人往往要对债务人进行全面的财务调查以保护其自身的利益,因而所需时间一般较长且不易获得,而短期负债在短时间内就可以归还,债权人顾虑相对较少。流动负债融资的限制相对宽松,因而企业的资金使用较为灵活、富有弹性。不仅如此,流动负债的融资成本要低于长期负债。但是短期负债需要在短期内偿还,需要企业在短期内能够拿出足够的资金偿还到期债务,因而短期负债融资的风险相对较高。

采用非流动负债的方式融资,可以弥补企业长期发展资金的不足。企业不需要在短期内偿还到期债务,因此非流动负债的还债压力较小,融资风险相对较低。但是非流动负债融资的成本较高,款项使用方式的限制较多。

(二)权益性筹资业务会计政策的设计

权益性筹资业务就是企业吸收直接投资和对社会公开发行股票,该业务的会计核算并不复杂,重点是对筹资的财务决策环节的控制。其会计核算需设置"实收资本"科目,按投资者设置明细账。企业除通过"实收资本"总账和明细账进行实收资本核算外,还必须设置股东名册,详细登记股东的姓名(或名称)、住所以及出资额等。

1. 吸收直接投资的核算

股东以现金投入的资本,应以实际收到或者存入企业开户银行的金额作为实收资本入账。

如果股东以非现金出资,如实物资产或无形资产投资,接受的实物资产和无形资产投资,应按评估或双方确认的价值(或实物的发票价值)及相关的税金作为实收资本入账,同时借记"原材料""固定资产""无形资产"等科目。

2. 股票发行的核算

股份有限公司以发行股票方式筹集的股本通过"股本"科目核算,按照《企业会计制度》的规定,对既发行普通股又发行优先股的企业而言,"股本"科目下应分设明细科目,对普通股和不同类型的优先股分别进行登记股份有限公司。因发行股票、可转换债券调换成股票、发放股票股利等原因取得股本时记入"股本"科目贷方,按法定程序报经批准减少注册资本的公司在实际发还股款时记入该科目借方,"股本"科目贷方余额表示公司所拥有的股本总额。公司发行股票时,在收到现金等资产时,将实际收到的金额借记"库存现金""银行存款"科目,按股票面值和核定的股份总额的乘积计算的金额贷记"股本"科目。股票的转让只变更股东,而不改变股本总额,因此,只需在股东名册中记载,而无须在"股本"科目中记录,而且一般情况下的股票发行都是溢价发行,其溢价金额记入"资本公积"科目。

当股本减少时,如采用收购本企业股票方式减资的,在实际购入企业股票时登记入账。股份有限公司采用收购本公司股票(股票回购)方式减资时按注销股票的面值总额减少股本,购回股票支付的价款超过面值总额的部分依次减少资本公积、盈余公积和未分配利润。公司按法定程序以股票回购方式减少注册资本,借记"股本""资本公积"科目,贷记"银行存款"科目。如果公司购回股票支付的价款低于面值总额,支付的价款低于面值总额的部分增加资本公积。

(三) 负债性筹资和权益性筹资的对比分析

企业采用负债的方式进行筹资所筹集的资本并非永久的,当负债到期时企业必须偿还。而权益性融资所筹集的资本则具有永久性。采用负债方式筹资的资金有固定的利息负担,权益融资没有固定的股利负担。负债性筹资和权益性筹资的资本持有者具有的权利和义务各有不同,具体体现在以下几个方面。

1. 债权人与股东在投票权上权利的不同

当公司处于持续经营的正常状态下,股东在决策中起主导作用,债权人不参与企业决策。但在公司的持续经营受到威胁,尤其是当公司出现清偿违约的情况下,股东的主导作用就要让位于债权人。

2. 债权人与股东对股东的索取权不同

债权人受到债务契约的约束,他的索取权为企业的固定收益,而股东作为公司的权益所有者,股东的索取权则为剩余索取权。两种不同的索取权对公司的决策行为有着重大的影响。股东为使自己的剩余索取权最大化,有可能会侵害债权人的权益,比如进行有风险的投资,并将投资成功获得的利益归为己有,而将投资失败的风险转嫁于债权人承担。由于对公司的索取权不同,使得负债和权益的收益性和风险性产生了很大的区别。

3. 债权人与股东对权益主张的顺序不同

债权人有要求公司按期还本付息的权利,而股东收益的分配没有一定的强制性,股东投入的股本作为公司的永久性资金来源,不能随意被股东抽回。公司一旦不能偿还到期的债务,就有可能进入破产清算,届时债权人将优先于股东获得资金清偿。

4. 负债性融资和权益性融资的成本不同

负债性融资支付的利息可以在公司所得税前开支,而权益性筹资的红利则在税后支付。因此,负债性融资可降低公司的资本成本,利用财务杠杆提高公司的价值,增加每股盈余,对实现股东财富的最大化有着积极的影响。

5. 负债性融资和权益性融资对股东权益的影响不同

通过发行债券的方式融资不会摊薄公司的每股收益。公司每股收益的高低直接影响股票市盈率的高低,在我国当前的证券监管体制与资本市场中,市盈率是市场评价上市公司股价的一个重要依据,也直接影响上市公司首次发行新股的价格,以及再次融资的价格。但是,在负债性筹资资本的边际成本超过其边际收益时,负债将带来负的收益,反而降低了股本收益率。

复习思考题

1. 设计内部控制制度有何作用?
2. 货币资金业务内部控制的基本要求是什么?

3. 采购业务内部控制的基本要求是什么？
4. 资产盘存业务内部控制的具体要求是什么？
5. 销售业务内部控制的具体要求是什么？
6. 对外投资业务内部控制的基本要求是什么？
7. 筹资业务内部控制的基本要求是什么？

课堂结账测试

班级_____ 姓名_____ 学号_____ 日期_____ 平时分_____

一、单项选择题（每小题 6 分，共 30 分）

1. 采购和付款业务流程通常要依次经过下列几个业务活动,正确的是(　　)。
   A. 请购商品和劳务、编制订购单、验收商品、储存已验收商品、编制付款凭单、录负债、付款、记录现金与银行存款支出
   B. 编制订购单、请购商品和劳务、验收商品、储存已验收商品、编制付款凭单、录负债、付款、记录现金与银行存款支出
   C. 编制订购单、请购商品和劳务、编制付款凭单、储存已验收商品、验收商品、录负债、付款、记录现金与银行存款支出
   D. 请购商品和劳务、编制付款凭单、验收商品、储存已验收商品、编制订购单、录负债、付款、记录现金与银行存款支出

2. 在购入材料时,如果企业有能力支付货款,则企业选择赊购方式购入材料的情况是(　　)。
   A. 银行借款利率高于赊购成本率　　B. 银行借款利率低于赊购成本率
   C. 其他投资机会报酬率高于赊购成本率　　D. 其他投资机会报酬率低于赊购成本率

3. 根据生产计划编制日常采购计划的部门是(　　)。
   A. 计划部门　　B. 会计部门　　C. 生产部门　　D. 供应部门

4. 投资业务内部控制设计的首要目标是(　　)。
   A. 防范投资风险　　B. 实施保密控制
   C. 获取高额回报　　D. 保护投资资产的安全和完整

5. 内部控制的基本方式是(　　)。
   A. 岗位轮换控制　　B. 分权控制　　C. 控制措施　　D. 内部环境

二、多项选择题（每小题 6 分，共 30 分）

1. 采购与付款的业务流程设计的目的主要有(　　)。
   A. 加强企业采购计划管理　　B. 规范采购工作
   C. 保障供应,控制开支　　D. 规范企业采购物资的付款程序
   E. 帮助企业正确核算应付账款、及时签订与执行采购合同、审批控制采购付款

2. 下列各项中,属于内部控制的产生、发展过程的有(　　)。
   A. 内部牵制阶段　　　　　　　　　B. 内部监督阶段
   C. 内部控制制度阶段　　　　　　　D. 内部控制整合框架阶段
3. 在实际成本核算方法下,结算凭证和发票等单据与材料同时到达时,正确的会计处理包括(　　)。
   A. 借:材料采购
         应交税费——应交增值税(进项税额)
      贷:银行存款
   B. 借:原材料
         应交税费——应交增值税(进项税额)
      贷:银行存款
   C. 借:材料采购
         应交税费——应交增值税(进项税额)
      贷:应付账款
   D. 借:原材料
      贷:应付账款
4. 存货业务内部控制设计的目标包括(　　)。
   A. 保证存货的安全完整　　　　　　B. 控制存货的流动
   C. 提供真实、完整、有用的存货信息　D. 监督、落实存货的经营责任
5. 企业出纳人员不得兼任的职务有(　　)。
   A. 会计档案保管　　　　　　　　　B. 稽核
   C. 债权、债务账目的登记　　　　　D. 银行存款日记账的登记

三、判断题(每小题5分,共40分)

1. 仓库负责对需要购买的已列入存货清单的项目填写请购单,其他部门也可以对所需要购买的未列入存货清单的项目编制请购单。(　　)
2. 应付账款确认与记录的一项重要控制是要求记录现金支出的人员不得经手现金、有价证券和其他资产。(　　)
3. 实际成本核算方法可以剔除材料价格变动对产品成本的影响,有利于考核车间的经营成果。(　　)
4. 计划成本核算方法适用于材料收发业务频繁,且具备材料计划成本资料的大型企业。(　　)
5. 应付账款总价法在购入材料时,按照实际购货成本扣除现金折扣的金额记录。(　　)
6. 内部控制的基本控制方式是授权审批控制。(　　)
7. 货币资金内部控制的核心是职务分离控制。(　　)
8. 对外投资业务内部控制的核心是风险控制。(　　)

第六章　成本核算制度的设计

知识导航

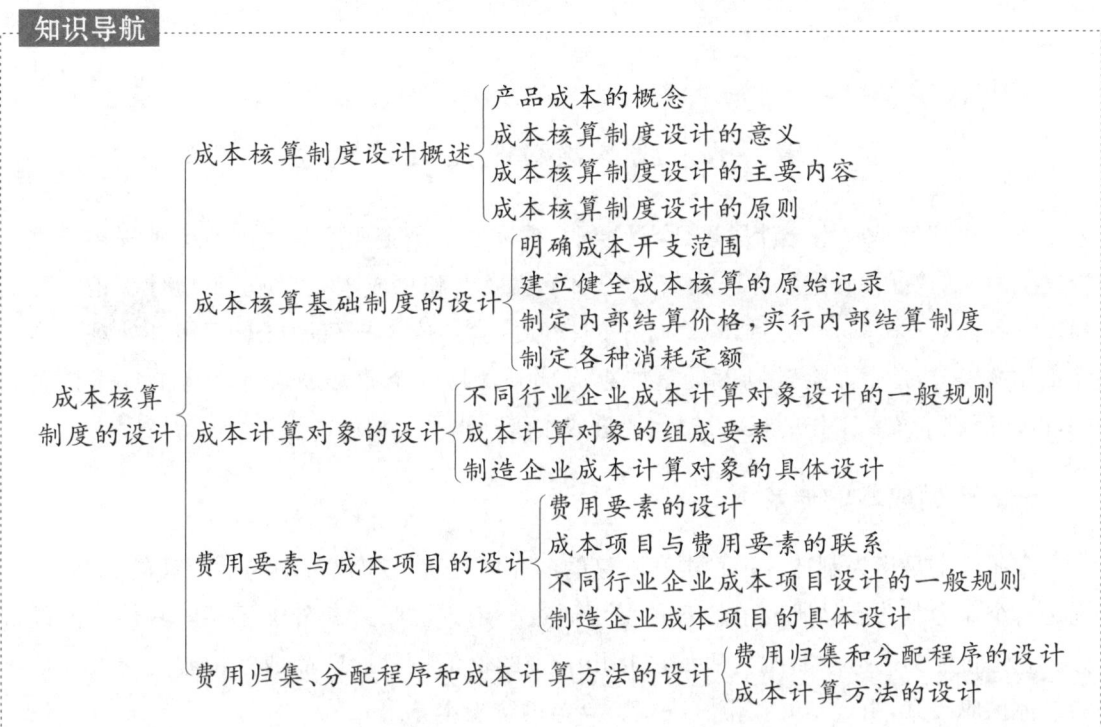

学习目标

1. 了解产品成本、成本计算对象、费用要素、成本项目等基本概念
2. 掌握成本核算基础制度、成本核算制度设计应遵循的原则和应设计的内容
3. 掌握成本核算制度设计基本理论和设计方法

寓德于教

近年来,各地区、各有关部门按照党中央决策部署,推动降低实体经济企业成本工作取得显著成效。总体要求有:以习近平新时代中国特色社会主义思想为指导,全面贯彻落实党的二十大精神,坚持稳中求进工作总基调,完整、准确、全面贯彻新发展理念,加快构建新发展格局,着力推动高质量发展,更好统筹疫情防控和经济社会发展,大力推进降低实体经济企业成本,支持经营主体纾困发展,助力经济运行整体好转;坚持全面推进与突出重点相

结合,坚持制度性安排与阶段性措施相结合,坚持降低显性成本与降低隐性成本相结合,坚持降本减负与转型升级相结合,确保各项降成本举措落地见效,有力有效提振市场信心。

资料来源:中国政府网,2023-05-31,国家发展改革委等部门关于做好2023年降成本重点工作的通知,https://www.gov.cn/zhengce/zhengceku/202306/content_6886123.htm。

试回答:为了满足企业管理的需要,成本核算制度设计的作用有哪些?

第一节 成本核算制度设计概述

成本核算就是应用会计原理、会计准则,系统地记录企业产品生产或劳务提供过程中所发生的一切费用,确定各种产品或劳务的单位成本和总成本,以便正确地计算销售利润和提供各种成本资料。它是成本会计中的核心内容。成本核算制度是组织和处理成本会计工作的规范,是企业会计制度的重要组成部分,因此,企业必须设计相应的成本核算制度,以保证成本核算工作的正常进行,促进成本管理水平的提高。

一、产品成本的概念

产品成本是指为制造一定种类和数量的产品所耗费的物化劳动与活劳动的总和,或者说是将企业为制造产品所发生的各种费用通过一定方法归集和分配于某一具体产品的部分。它是企业为制造产品所付出的用货币表现的价值牺牲。产品成本内容是指产品成本的具体构成要素,由成本开支范围决定。具体内容见本章第二节。

二、成本核算制度设计的意义

成本核算制度设计,是指根据国家的有关会计法规制度,结合企业的生产特点和成本管理需求,制定成本核算方面的有关制度。成本的高低,直接决定着企业经济效益的好坏。在其他因素一定的情况下,成本愈高,盈利愈少;反之,成本愈低,盈利愈多。加强成本核算是节约费用支出、降低产品成本、扩大经营利润、提高经济效益的需要。但是,成本核算如果没有一套严密完善的规章制度作指导,是无法进行的。这就要求我们必须为成本核算工作设计科学合理的核算制度。设计成本核算制度的意义,可归纳为如下几个方面。

1. 保证成本核算和成本管理工作的有序进行

成本核算制度包括成本预测、核算、控制、分析和考核等内容,健全的成本核算制度不仅可以为生产费用的确认、计量提供指导依据,规范归集和分配生产费用,计算产品成本的行为,监督和考核生产费用预算执行情况,正确反映产品成本水平;还可以依据成本核算资料,分析成本升降的原因,落实成本管理责任制,加强对产品生产事前、事中、事后的全过程控制,从而促使企业经营管理的全面改善和经济效益的全面提高。

2. 优化企业会计工作

设计完善的成本核算制度,不仅有利于成本核算和成本管理工作的顺利进行,还可以通过完善材料领用、固定资产折旧、工资结算分配、各种费用确认、损益计算等方面的会计制度,实现会计制度的统一完整,从而促进整个会计工作的优化。

3. 保障产品定价的合理性

设计科学合理的成本核算制度,能够保证产品成本的真实性和可靠性,防止弄虚作假,减少和避免工作中的失误,因而有利于制定各种产品的价格。

三、成本核算制度设计的主要内容

成本核算,表面上看似乎就是对生产过程中发生的各项费用进行的归集和分配,但是,从整个会计工作中看,成本核算是一项涉及业务领域最宽,核算内容最复杂,核算结果最重要的核算内容,成本核算制度必须涉及成本核算的事前、事中和事后事项,并强调算管结合,因此,成本核算制度应当包括:

(1) 成本开支范围的确定。

(2) 成本计算对象、成本计算期、成本项目的确定。

(3) 生产费用的归集和分配程序的规划。

(4) 成本计算方法的选择和确定。

(5) 成本报表的编制和报送制度。

(6) 其他有关成本核算的规定。

所有的企业都应当在国家会计法规制度的指导下,结合本企业的实际情况自行制定上述各项制度。对于国家有统一要求和规定的部分,企业应当严格执行并制定相应的配套制度。

四、成本核算制度设计的原则

成本核算制度设计,是指根据国家的有关会计法规制度,结合本企业的生产特点和成本管理需求,制定成本核算方面的有关制度。为了保证成本核算制度的科学性、完整性和有效性,充分发挥其作用,企业在设计成本核算制度时应当遵循以下原则。

(一) 符合国家有关会计法规制度的规定

《企业会计准则》《企业产品成本核算制度(试行)》等会计法规制度对企业的成本计算制度、成本开支范围等均作出了明确的规定,它们是企业设计成本核算制度的依据和准绳。各企业在设计成本核算制度时,必须严格贯彻、执行这些法规制度,不得与此相抵触。否则,各企业的成本核算制度将失去统一的标准,据此进行成本计算而提供的数据资料不仅无法比较分析各企业的财务状况、经营成果和成本管理水平,也不利于国家实施宏观调控和企业改进经营管理。

(二) 与企业生产经营特点相结合

由于各企业的经济性质、生产经营方式、会计核算组织方式不同、经营管理的要求不同,成本核算制度的设计必须在强调统一性的同时体现各企业的生产经营特点,注重制度的适用性,将制度的统一性与适用性有机地结合起来,以适应各企业的具体情况,设计出科学合理的成本核算制度。例如,企业成本计算方法的设计在很大程度上取决于企业的生产类型和产品的生产工艺过程,单步骤大量生产的企业应采用品种法,单件小批量生产的企业应采用分批法,连续加工式生产的企业则应采用分步法。

(三) 有利于正确计算成本和简化成本核算

要正确地归集和分配生产费用、计算产品成本、为经营管理提供准确的成本资料,必须具有严密、完整的成本核算制度。但是,为了保证成本资料的及时性,简化会计工作,提高工作效率,企业在设计成本核算制度时必须坚持保证成本指标真实可靠与简化手续相结合的原则。对于一些对产品成本影响不大的费用支出应尽可能采用简化的方式。例如,许多低值易耗品的价值低、使用年限短,其一次进入产品成本还是分次进入产品成本对成本资料的影响很小,因此,设计与此有关的成本核算制度时应考虑一次摊销法。

(四) 有利于提高成本管理水平

成本核算制度应当保证和促进成本管理各项职能的充分发挥。成本管理的职能,一般包括成本预测、成本计划、成本控制、成本核算、成本分析和成本考核等。它们相互联系,共同促进成本管理工作的改善。充分发挥这些职能,有利于控制各种生产费用的支出,降低产品成本。为此,成本核算制度的设计,必须坚持有利于提高成本管理水平的原则。

第二节 成本核算基础制度的设计

成本核算,实质上就是对生产过程中发生的各项费用进行的汇集和分配;在整个会计工作中,成本核算涉及的范围大,内容复杂,业务发生频繁,这就要求企业必须设计一整套制度,对发生的各项费用进行确认、记录、计量和控制。否则,很难有效地开展成本核算工作。要保证成本核算工作的系统性和完整性,必须从业务发生的最初环节抓起,做好各项基础工作。为此,企业必须设计和健全以下各方面的成本核算基础制度。

一、明确成本开支范围

为了统一成本计算口径,划清产品成本应包含的费用内容,保证成本数据资料的准确性和可比性,在进行成本核算之前,会计部门必须根据国家的有关规定,制定出企业的成本开支范围。

(一) 成本开支范围的理论观点

成本开支范围,是指应列入产品成本的费用项目及具体内容。成本开支范围不同,构成成本的项目也不同,进而产生不同的成本计算方法。那么,如何确定成本开支范围,哪些内容应当计入成本,哪些内容不应当计入成本,在我国成本会计发展史上,理论界曾经产生了以下三种观点。

1. 理论成本观

持这种观点的人认为,成本开支范围应以马克思的成本价格学说为理论依据,只包括物化劳动的耗费(C)和活劳动的耗费(V)两部分,即"成本＝C＋V"。为生产产品而消耗的一切劳动资料价值、劳动对象和支付给劳动者的劳动报酬,都必须计入产品成本,不得有所遗漏。除此之外,其他任何支出都不得列入。

理论成本是广义的,通常是指在正常生产、合理经营条件下的社会平均成本。因此,按照这种观点设计的成本开支范围,由于计入产品成本的内容与成本的经济本质一致,不仅有利于确定产品价值,并在此基础上制定产品价格,便于在实际计算成本时掌握,还可以作为预测产品成本水平高低的标准,成为衡量社会产品经济效果的尺度。但是,从加强成本管理、降低产品成本、提高经济效益的角度来看,按照这种观点设计的成本开支范围似有不足之处。因此,成本开支范围的确定不完全与此一致。

2. 财务成本观

持这种观点的人认为,成本开支范围是进行成本核算和成本管理的制度之一,其如何确定,应考虑成本管理的实际需要,不能单纯强调理论依据。马克思的"成本＝C＋V"学说,只应作为制定成本开支范围的基础。除此之外,成本还应包括生产经营过程中的一些特殊消耗,并体现国家的有关财经政策,只要有利于加强成本管理、提高综合经济效益,即使属于理论成本的内容,也可以适当地划在成本开支范围之外。按照这种观点设计的成本开支范围,有可能包括属于剩余价值(M)部分的某些内容,也可能不包括属于"C＋V"的某些内容。

3. 生产资料成本观

这种观点认为,成本内容只应包括生产资料成本(C),不包括工资成本(V),即劳动资料和劳动对象的耗费构成成本开支范围的全部内容。按照这种观点设计成本开支范围,由于工资不计入成本,而从企业净收益中分配,将职工利益与企业经济效益相挂钩,有利于调动企业和职工个人的生产经营积极性,提高经济效益,同时也有利于正确处理国家、企业和职工个人三者之间的关系。从长远的观点来看,这种主张不失为一种可行的、明智的选择。但就我国目前的生产力水平、价格体系以及职工的心理承受能力来看,这种主张实施的条件尚不成熟,还有待于进一步研究和尝试。因此,成本开支范围还不能以此为依据。

(二) 成本开支范围的实务选择

中华人民共和国成立以来,财政部对成本开支范围的规定经历了两个阶段,并产生了两种不同的成本计算方法。

1. 完全成本法

1993年7月1日以前,我国以财务成本观点设计成本开支范围,成本开支范围包括企业行政管理部门发生的经营管理费用、销售费用、属于M部分的银行借款利息,不包括职工付出超额劳动而得到的部分奖金。由于成本开支范围涉及生产经营活动的全过程,成本核算的空间领域为整个企业,这种成本计算方法被称为完全成本法。

2. 制造成本法

1993年7月1日以后,我国进行了会计改革,与国际会计惯例接轨,产品成本的计算采用制造成本法。制造成本法把原属于成本开支范围的行政管理费用、财务费用和销售费用划分出来,作为期间费用直接计入当期损益,缩小了理论成本的内容和范围。由于产品成本的内容只包括与产品生产有密切关系的劳动耗费,成本核算的空间领域为加工制造产品的生产车间,这种成本计算方法被称为制造成本法。制造成本法由于缩小了成本开支范围,不但简化了成本核算工作,而且有助于提高成本计算的准确性,正确考核企业生产经营单位的成本管理责任,方便了成本预测和成本决策,强化了成本管理。

按照制造成本法的要求设计成本开支范围,其具体内容应当包括:

(1) 直接材料。它包括企业生产经营过程中实际消耗的原材料、辅助材料、备品配件、外购半成品、燃料、动力、包装物以及其他直接材料。

(2) 直接人工。它包括企业直接参加产品生产的工人的工资费、福利费、社会保险费、住房公积金、工会经费、职工教育经费、非货币性福利、辞退福利和股份支付等费用,以及奖金、津贴和各种补贴。

(3) 制造费用。它包括企业各个生产单位(分厂、车间)为组织和管理生产所发生的生产单位管理人员的工资,生产单位厂房、建筑物、机器设备等的折旧费、租赁费(不括融资租赁费)、修理费、机物料消耗,低值易耗品摊销,车间取暖费、水电费、办公费、差旅费、运输费、保险费、设计制图费、试验检验费、劳动保护费、在产品盘亏、毁损和报废(减盘盈)损失、季节性、大修理期间的停工损失以及其他制造费用。

需要指出的是,我国的成本开支范围虽然由国家统一制定,但由于各企业的具体情况不同,发生的费用错综复杂,而国家的统一规定又不可能包罗万象,只能作出原则性规定。因此,各企业在制定成本核算制度时,必须在统一规定的基础上,对成本开支范围作出详细具体的补充。

企业在设计成本开支范围时,还应当对不应计入成本的内容做出明确的规定。例如,应当计入管理费用的公司经费、工会经费、待业保险费、无形资产摊销等;应计入财务费用的短期借款利息、银行手续费等;为购置和建造固定资产、无形资产和其他资产的资本性支出；对外投资的支出；被没收的财物，支付的滞纳金、罚款、违约金、赔偿金，以及企业赞助、捐赠支出；国家法律、法规规定以外的各种付费等，以便在实际执行时，有据可查，有法可依，从而保证成本核算的规范性、成本资料的可靠性。

二、建立健全成本核算的原始记录

企业在进行成本核算，或开展成本分析时，都必须依据内容齐全、数字可靠的原始记录，这就要求会计部门在进行成本核算工作之前，必须设计完整的原始记录制度，包括材料领用、工时消耗、设备运转、动力消耗、废品发生、质量检验、产品入库等方面的记录制度，并设计相应的记录凭证，最好责成专人负责记录，以保证成本核算的第一手资料真实可靠。

需要指出的是，成本核算工作涉及企业的许多生产部门和职能管理部门，建立原始记录制度需要由企业内部的生产、供应、销售、劳资、设备、质检、车间和会计等部门共同完成。因此，原始记录制度的贯彻落实，也必须由各有关部门通力合作，如材料领用、产品入库由仓储部门记录；设备运转、工时消耗由生产部门记录；质量检验结果由质检部门记录等。只有各个部门根据规定的制度，并按一定的程序将记录结果传递到会计部门，才能保证成本核算的规范进行。

三、制定内部结算价格，实行内部结算制度

内部结算制度是指企业各部门之间在发生经济往来时，按照价值规律要求和物质利益原则进行计价结算的一种内部经济核算制度。实行内部结算制度，有利于明确企业各部门的经济责任，考核各部门的工作业绩，促进各部门节约开支、降低成本。要开展内部结算，必须制定内部结算价格，对原材料、燃料、在产品、半成品、劳务等在各部门的转移实行计价结算。内部结算价格应根据企业的管理要求制定，但一般应以各种材料和产品的计划单位成本或计划单位成本加上预测的利润作为内部结算价格。由于内部结算价格制定是否合理，直接影响各部门的工作业绩和工作积极性，它是内部结算制度是否行之有效的关键。企业必须征求各方面的意见，掌握各方面的资料，妥善制定内部结算价格。内部结算价格一经制定，应保持相对稳定，不得朝令夕改。

四、制定各种消耗定额

制定消耗定额的目的是为成本费用的控制提供一个切实可行的目标，并以此为标准实施成本管理，从而加强成本管理的计划性，减少盲目性；加强其主观性和可预测性，减少被动性。在制造成本法下，需要制定的消耗定额主要有以下几个：

（1）企业的材料消耗定额，包括原材料、燃料、辅料、动力等消耗定额。
（2）劳动定额，包括产品生产工时、劳动生产率、停工率等方面的定额。

（3）设备利用定额，包括各种机器设备的利用率（或平均开工时间）等方面的定额。

（4）费用消耗定额，包括各种制造费用的消耗定额。制定时，应根据不同的制造费用项目分别定额，对发生数额较大的费用的定额力求精确，对不常发生且数额不大的费用的定额可适当估算。

第三节 成本计算对象的设计

成本计算对象是指成本核算过程中为归集和分配费用而确定的承受费用的产品、劳务或工程项目等，即生产费用的物质承担者。合理确定成本计算对象是设置生产成本明细账、归集和分配生产费用以及正确计算产品成本的前提。企业要计算成本，必须确定计算谁的成本、归集和分配的生产费用由谁承担。在企业，成本计算的最终对象一般是产品。但在不同的企业里，由于生产类型不同，具体的成本计算对象一般需要根据产品的生产类型来加以确定。

一、不同行业企业成本计算对象设计的一般规则

不同行业的企业因产品生产过程、生产组织方式、生产周期、生产工艺等各具特色，成本计算对象也存在一定的差异。现列示10个主要行业企业成本计算对象的一般规则，如表6-1所示。

表6-1　　　　　　　　不同行业企业成本计算对象的一般规则

所属行业	成本计算对象
制造企业	产品品种、批次订单或生产步骤
农业企业	生物资产的品种、成长期、批别（群别、批次）、与农业生产相关的劳务作业
批发零售企业	商品的品种、批次、订单、类别
建筑企业	订立的单项合同、合并合同
房地产企业	开发项目、综合开发期数并兼顾产品类型等
采矿企业	采掘的产品
交通运输企业	以运输工具从事货物、旅客运输的，一般按照航线、航次、单船（机）、基层站段等确定成本核算对象；从事货物等装卸业务的，可以按照货物、成本责任部门、作业场所等确定成本核算对象；从事仓储、堆存、港务管理业务的，一般按照码头、仓库、堆场、油罐、筒仓、货棚或主要货物的种类、成本责任部门等确定成本核算对象
信息传输企业	基础电信业务、电信增值业务和其他信息传输业务
设计与软件开发企业	科研课题、承接的单项合同项目、开发项目、技术服务项目
文化企业	制作产品的种类、批次、印次、刊次

对于企业内部管理有相关要求的,还可以按照现代企业多维度、多层次的管理需要,确定多元化的产品成本核算对象。多维度,是指以产品的最小生产步骤或作业为基础,按照企业有关部门的生产流程及相应的成本管理要求,利用现代信息技术,组合出产品维度、工序维度、车间班组维度、生产设备维度、客户订单维度、变动成本维度和固定成本维度等不同的成本核算对象。多层次,是指根据企业成本管理需要,划分为企业管理部门、工厂、车间和班组等成本管控层次。

二、成本计算对象的组成要素

成本计算对象包括成本计算实体、成本计算时间和成本计算空间三个要素。

(一) 成本计算实体

成本计算实体是指承担生产费用的产品(或工程项目)等实体。按费用归集和分配的实体不同,企业的成本计算对象一般可分为中间性成本计算对象和最终成本计算对象两种。前者以企业自制的各种半成品、零配件等作为费用的承担者,后者以企业生产的各种产成品、对外提供的劳务或作业等作为费用的承担者。一般地讲,任何一个企业在确定成本计算对象时,都必须确定最终成本计算对象,而中间性成本计算对象是否需要,则应根据企业的具体情况决定。

(二) 成本计算时间

成本计算时间又称成本计算期,是指企业在计算产品或劳务等成本时,将发生的费用计入产品或劳务等成本的时间界限。成本计算期的确定,一般有两种方法:一是以会计期间作为成本计算期,每月计算一次成本,这种成本计算期与编制月度会计报表的时间相一致;二是以生产周期作为成本计算期,从产品投产开始到产品完工为止计算一次成本,这种成本计算期与编制月度会计报表的时间不一定相符。从理论上讲,以生产周期作为成本计算期有利于保证成本计算的准确性,但生产周期短的企业里则不宜采用这种方法,而应以会计期间作为成本计算期,并通常以月为时间单位。

(三) 成本计算空间

成本计算空间是指企业归集和分配生产费用的空间范围。其按企业的生产特点和管理要求的不同,可分为三种情况:一是以全厂为成本计算空间;二是以各个生产车间为成本计算空间;三是以产品的各个生产步骤为成本计算空间。明确成本计算空间,有利于分清不同空间范围内的费用,保证费用的合理归属,从而准确计算产品成本。

三、制造企业成本计算对象的具体设计

(一) 制造企业的生产类型

制造企业成本计算对象的设计要充分考虑企业生产类型和工艺特点的影响。

1. 按产品生产的组织方式分类

按照企业产品生产的组织方式的不同,即在较长时期内生产同种(或同类)产品的重复程序的不同,企业的生产类型通常可分为以下三种:

(1) 大量生产,表现为经常不断地重复生产同种(或同类)产品,且生产数量较大。

(2) 成批生产,表现为周期性地重复生产同种(或同类)产品,按生产批量的大小又可分为小批生产和大批生产,其中小批生产类似于单件生产,大批生产类似于大量生产。

(3) 单件生产,生产数量小,产品不重复或很少重复生产。

2. 按产品生产工艺过程的特点分类

根据企业产品生产工艺过程的复杂程度的不同,企业的生产类型可分为以下几种:

(1) 单步骤生产,又称简单生产,是指产品从原材料投入到产品完工,其生产工艺过程不能间断的生产,或者由于工作地点限制不便于分散在几个不同地点进行的生产,如采煤、发电等企业就是单步骤生产的典型企业。

(2) 多步骤生产,又称复杂生产,是指生产工艺过程可以间断的、由若干生产步骤组成的生产。它又分为连续加工式生产和平行加工式生产两种类型。前者的特点是每一生产步骤的半成品必须依次转移到下一步骤加工,由最后的生产步骤制造出产成品;后者的特点是各生产步骤同时加工半成品,并直接交由最后的生产步骤组装成产成品,所以也称装配式生产。

上述两种分类的不同组合方式形成了完整的企业生产类型,它们之间的关系如图 6-1 所示。

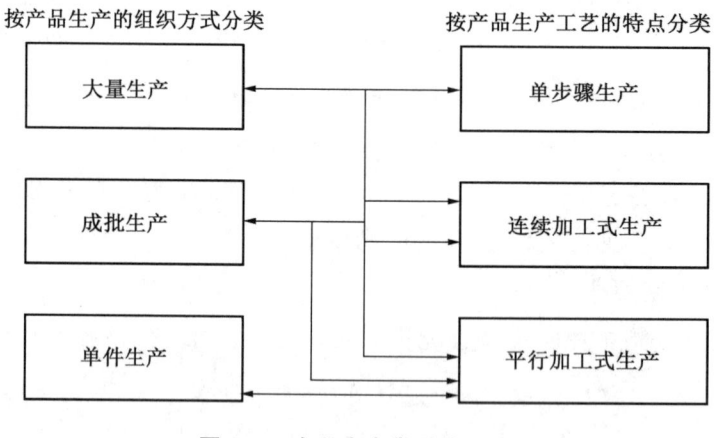

图 6-1 企业生产类型关系图

(二) 制造企业成本计算对象的设计

如前所述,成本计算对象的确定主要取决于企业的生产类型,此外,成本管理要求也影响成本计算对象的设计。成本管理要求包括对成本核算体制和成本指标等方面的要求。成本核算体制有厂部一级核算体制和厂部、车间二级核算体制;成本指标有产成品成本指

标和半成品成本指标两种。现综合成本计算对象的影响因素,具体设计成本计算对象如下:

(1) 在单件小批单步骤生产的企业,成本管理体制通常为一级核算,成本计算空间为全厂,成本计算期一般为生产周期,成本计算实体一般为该件或该批产品,只计算产成品成本。

(2) 在单件小批多步骤连续加工的企业,成本管理体制一般采用二级核算,成本计算空间为各生产步骤,成本计算期为生产周期,成本计算实体为该件或该批产品的各加工步骤,一般只计算产成品成本。如果企业生产的零部件对外销售,则还应以零部件作为成本计算实体,即需要明确中间性成本计算对象。

(3) 在单件小批多步骤平行加工的企业,成本管理体制为二级核算,成本计算空间为各生产车间,成本计算期为生产周期,成本计算实体为该件或该批产品,只计算产成品成本。

(4) 在大量大批单步骤生产的企业,成本管理体制只能采用一级核算,成本计算空间为全厂或封闭式生产的车间,成本计算期按会计期间进行,每月一次。由于这种企业的生产工艺过程不间断,没有在产品,成本计算实体为产品品种或产品类别,只计算产成品成本。

(5) 在大量大批多步骤连续加工的企业,成本管理体制必须采用二级核算;成本计算空间为各生产步骤;成本计算期为会计期间;成本计算实体应当为产品各加工步骤,既计算产成品的成本,又必须计算各步骤的半成品成本,即成本计算对象既有最终的,又有中间性的。

(6) 在大量大批多步骤平行加工的企业,成本管理体制应为二级核算体制;成本计算空间为各生产车间;成本计算期采用会计期间,每月一次;成本计算实体是产品品种及其零部件,分别计算产成品和半成品成本。

关于对外提供的劳务和作业等,企业在确定成本计算对象时,一般以各劳务项目和作业项目作为最终成本计算对象。劳务和作业一般没有半成品,故不设中间性成本计算对象。

成本计算对象确定得是否合理,直接影响产品成本的准确性和成本计算的工作量以及成本资料的及时性。因此,各企业在确定成本计算对象时,应当坚持"分别主次、区别对待、主要从细、次要从简、细而有用、简而有理"的原则,在保证成本资料准确、及时的前提下,尽量简化。

第四节 费用要素与成本项目的设计

费用要素是指生产费用按其经济性质进行的分类。设计费用要素,就是对生产过程中发生的全部耗费,按其经济性质进行归类。成本项目,全称为产品成本核算项目,是根据企业的成本管理要求,对计入产品的各种生产费用按其经济用途进行的分类。设计成本项目是为了分类反映用于产品生产的各种耗费,按发生费用的用途和发生地点确定各成本计算对象应当承担的各种费用,以便了解产品成本的构成,分析成本升降的原因,寻求降低成本的途径;同时,有利于确定企业各部门、各环节的生产责任。设计成本项目的基础是费用要素的设计,只有明确划分企业生产过程中发生的费用种类,才能在此基础上确定成本项目。

一、费用要素的设计

由于劳动过程的基本要素包括劳动力、劳动对象和劳动资料,生产费用一般可以分为支付给劳动者的劳动报酬、消耗的劳动对象和消耗的劳动资料价值三类。其中,支付给劳动者的劳动报酬按其支付的方式不同又可分为工资和工资附加费(计提的职工福利费)两部分;消耗的劳动对象按其在生产中的作用不同又可分为原料及主要材料、燃料及动力等;消耗的劳动资料价值则可分为固定资产折旧费和修理费用两种。

如何确定费用要素,既取决于生产费用的经济性质,又受经济管理要求的影响。因此,确定的费用要素既要能够分清不同性质的生产费用,又要有利于考核生产费用预算的执行结果,以及分析生产费用中活劳动和物化劳动消耗的比例,还要能够为计算国民生产总值和国民收入提供准确可靠的数据。按照这些要求,我国制造企业的费用一般可分为外购材料、外购燃料、外购动力、职工薪酬、折旧费、利息支出和其他支出等七类费用要素。每一费用要素包括该费用的全部发生数,而不论这些费用的用途和发生的地点。例如,外购材料这一费用要素就包括为进行产品生产而耗用的一切外购材料,而不论这些材料是直接用于生产产品,还是为管理部门所耗用。

需要指出的是,费用要素一经确定,应当保持较长时期的稳定,以便对生产费用进行计算和考核。但费用要素是根据管理需要确定的,因此,当管理要求变化时,费用要素必须作出相应的改变。

二、成本项目与费用要素的联系

成本项目是对计入产品的各种生产费用按其用途所做的分类,费用要素则是对一定时期内发生的全部生产费用按其经济性质所作的分类,由于在制造成本法下,企业发生的许多费用并不计入产品成本,成本项目与费用要素在数额上并不相等,但两者之间存在紧密的联系。这种联系可概括为以下几点:

(1)成本项目是各费用要素按其用途和发生地点进行的归类。因此,费用要素是设计成本项目的基础,成本项目则是费用要素按用途分配和归集的结果。

(2)一种费用要素可以直接计入一个成本项目,也可能被分配到几个成本项目中。前者如其他费用中的车间差旅费,后者如工资、外购动力等。同样,一个成本项目可以只包括一种费用要素,如"原料及主要材料";也可能包括若干种费用要素,如"制造费用"等。

(3) 生产费用的核算,既要区分费用要素归集,以反映企业在一定时期内生产费用的情况;又要按照成本项目计算,以确定各成本计算对象所应负担的生产费用。

综上所述,设计成本项目必须在费用要素的基础上进行。

三、不同行业企业成本项目设计的一般规则

根据费用要素设计成本项目,一要考虑费用成本管理上的要求,要求不同,设计的成本项目就不同,如有的企业对损失性费用(废品损失、停工损失等)单独核算和管理,就需设计相应的成本项目,有的企业则不单独列示;二要考虑各种费用在产品总成本中的比重大小,同样一种费用,在有些企业里所占比重较大,需单独设计成本项目,有些企业则不需要;三要考虑成本核算工作的简化,成本项目并不是设计得越具体越好,如果把各种费用都单独设置一个项目,势必增加成本核算的工作量,尤其是某些半成品还需要进行成本还原,如果项目设计得太细,还原工作将很困难。为此,成本项目的设计,在满足管理需求的前提下,应力求简化。不同行业企业成本项目设计的一般规则如表6-2所示。

表6-2　　　　　　　　不同行业企业成本项目设计的一般规则

所属行业	成本项目
制造企业	直接材料、燃料和动力、直接人工和制造费用
农业企业	直接材料、直接人工、机械作业费、其他直接费用、间接费用
批发零售企业	进货成本、相关税费、采购费
建筑企业	直接人工、直接材料、机械使用费、其他直接费用和间接费用
房地产企业	土地征用及拆迁补偿费、前期工程费、建筑安装工程费、基础设施建设费、公共配套设施费、开发间接费、借款费用
采矿企业	直接材料、燃料和动力、直接人工、间接费用
交通运输企业	营运费用、运输工具固定费用与非营运期间的费用
信息传输企业	直接人工、固定资产折旧、无形资产摊销、低值易耗品摊销、业务费、电路及网元租赁费
设计与软件开发企业	直接人工、外购软件与服务费、场地租赁费、固定资产折旧、无形资产摊销、差旅费、培训费、转包成本、水电费、办公费
文化企业	开发成本和制作成本

四、制造企业成本项目的具体设计

1. 关于劳动对象的耗费

劳动对象的耗费包括外购材料、外购燃料和外购动力。对于构成产品实体的原材料以及有助于产品形成的主要材料和辅助材料,可设计"直接材料"成本项目;对于直接用于产

品生产的燃料和动力,可设计"燃料和动力"成本项目。此外,在消耗的劳动对象中,如果外购半成品占成本比重较大,为了加强管理,也可单独设"外购半成品"成本项目。

2. 关于活劳动的耗费

对于直接从事产品生产的工人的职工薪酬,可设计"直接人工"成本项目。

3. 关于企业为生产产品和提供劳务而发生的各项间接费用

企业为生产产品和提供劳务而发生的各项间接费用包括企业生产部门(如生产车间)发生的水电费、固定资产折旧、无形资产摊销、管理人员的职工薪酬、劳动保护费、国家规定的有关环保费用、季节性和修理期间的停工损失等。因在产品成本中的比重不大,用途又较广,一般不单独设置成本项目,而合并在"制造费用"项目中。

4. 关于其他费用

其他费用大多属于共同性费用,不易分清各种产品的承担数额,且占产品成本的比重不大,可合并设置"制造费用"项目。如果其他费用中的某些费用占成本比重较大,或管理上需要专门列示,则可单独设计相应的成本项目,如"停工损失""废品损失"等成本项目。

需要指出的是,生产费用要素中的其他费用,有些发生在全厂范围内,为厂部组织和管理生产服务,这些费用在制造成本法下不计入产品成本,而作为期间费用直接计入当期损益,因此不需要设计成本项目;有些发生在车间范围内,为车间组织和管理生产服务,这些费用应计入产品成本,故应设计"制造费用"项目。

综上所述,产品的生产成本项目一般可归纳为如下项目:

(1) 直接材料,是指构成产品实体的各种原料及主要材料,如木器加工厂的木材、毛纺厂的羊毛等。

(2) 燃料及动力,是指直接用于产品生产的外购与自制的燃料和动力。

(3) 直接人工,是指直接参加产品生产的工人的工资费、福利费、社会保险费、住房公积金、工会经费、职工教育经费、非货币性福利、辞退福利和股份支付等费用。

(4) 废品损失,是指由于在生产中出现废品而发生的各项损失。

(5) 停工损失,是指因停工而发生的应计入产品成本的费用。

(6) 制造费用,是指企业基本生产车间与辅助生产车间为组织和管理生产而发生的各项费用。

各企业在设计成本费用时,可根据自己的生产特点和管理需求,在上述六个项目的基础上增加或合并、取消某些项目。如果企业消耗的燃料和动力比重较大,可将"燃料及动力"项目一分为二,设置"燃料""动力"两个成本项目;如果企业发生的废品损失和停工损失不多则可以不设"废品损失"与"停工损失"这两个项目;如果企业的零件经常委托外单位加工且费用开支大,可设置"外部加工费"项目;如果企业发生的某些专用费用较多,可设置"专项费用"项目。总之,要想使成本项目设计得科学合理,便于成本核算使用,必须充分考虑企业的具体情况。

第五节 费用归集、分配程序和成本计算方法的设计

一、费用归集和分配程序的设计

归集和分配费用的过程实质上就是产品成本的计算过程。因此,合理设计费用的归集和分配程序,对于严格成本核算手续、正确计算产品成本、保证成本资料的客观性具有重要的意义。

(一) 归集和分配费用的要求

为了保证费用计入各期产品成本和各种产品成本的合理性,在归集和分配费用时,应掌握以下要求。

1. 按照成本开支范围规定,划清费用的归属去向

在制造企业里,为制造产品而支出的直接费用和基本生产、辅助生产车间为组织与管理产品生产而发生的间接费用应归属计入产品成本;企业行政管理部门发生的各种费用、筹集资金发生的筹资费用、为推销产品发生的销售费用以及与生产经营无关的各种支出,均不应列入产品成本,而应作为当期损益列支。此外,各种资本性支出也不应计入产品成本。

2. 按照权责发生制原则,分清费用的受益期限

制造企业在一定时期内支付并应计入成本的费用,不一定都由该期生产的产品成本负担;有些费用虽在本期支付,但应由本期和以后几期的产品成本负担;有些费用应由本期产品成本负担,但在以后时期支付。这些费用的支付期和归属期不一致。这就要求我们在归集和分配费用时,必须根据费用的受益期限确定其归属期,解决是否计入本期产品成本的问题,以便在此基础上,将属于本期的费用在各成本计算对象之间进行归集和分配。

3. 按照成本计算对象或成本归集中心分清费用的受益对象和范围

在生产多种产品的情况下,费用由哪种产品负担、负担多少,应根据各成本计算对象的受益程度决定,各产品负担的费用应与该产品的受益程度成正比。如果成本计算对象与成本归集中心不一致,生产费用的归集和分配则应根据各成本归集中心的受益程度决定。

4. 适应成本核算体制和成本计算方法

对于实行集中核算的企业,其费用中的直接费用可由会计部门直接归集到各成本计算对象;而在分散核算的情况下,直接费用则需要先归集到车间(成本归集中心),再由车间归集到各成本计算对象。采用的成本计算方法不同,归集和分配费用的要求也不相同,如采

用品种法是将费用直接归集到各种产品;而采用分类法则是先按各类产品归集,再分配计入各种产品。

5. 合理确定完工产品和在产品各自负担的生产费用

归集和分配到各成本计算对象的费用,如果月末有未完工的产品,还需采用一定的方法,在完工产品和在产品之间进行分配,合理确定各自负担的部分。

（二）归集和分配费用的程序

归集和分配费用的过程要受到成本开支范围、成本核算体制、成本计算方法、有无在产品以及费用的期限等因素的制约和影响。因此,企业在具体设计费用的归集和分配程序时,必须根据这些因素来确定。现将归集和分配费用的一般程序介绍如下:

（1）按费用性质与种类在各有关耗用部门之间进行归集和分配。直接费用计入基本生产或辅助生产中的各成本计算对象,间接费用计入生产部门的制造费用,期间费用按其用途计入企业管理部门的管理费用、财务费用和产品销售费用。

（2）将成本计算期内发生的制造费用,按成本计算对象的受益情况进行分配,即制造费用在基本生产和辅助生产中的各成本计算对象之间进行分配。

（3）各成本计算对象所负担的费用在完工产品和在产品之间进行分配。

费用归集和分配的一般程序,如图 6-2 所示。

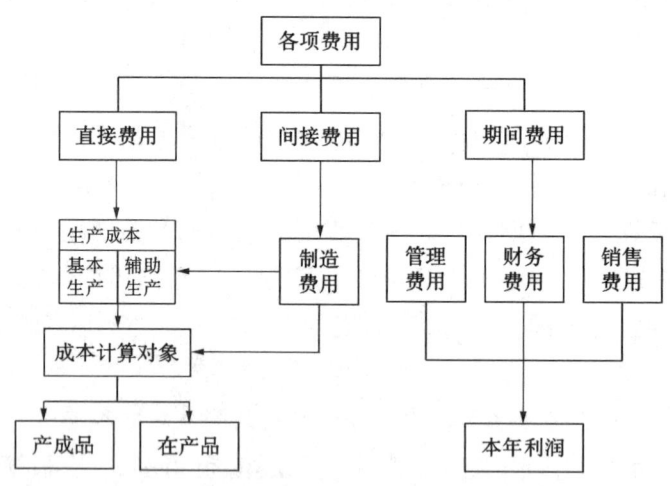

图 6-2　费用归集和分配的一般程序图

图 6-2 中,"生产成本""制造费用"等表示费用在归集和分配时应记入的会计账户。从中不难看出,直接费用发生时可直接记入"生产成本"账户,如直接材料费、直接人工费等;而间接费用发生后,需在"制造费用"账户中归集,并定期分配记入"生产成本"账户,期末计算出完工产品成本后,从"生产成本"账户转入"产成品"账户,至此,费用的归集和分配即宣告结束。

需要指出的是,设计费用的归集和分配程序,不仅有利于了解和掌握成本计算的过程,还在一定范围内说明了账务处理程序。由于这一程序必然需要设置相应的账户和进行成本计算,设计费用的归集和分配程序,必须与有关的会计账户和成本计算方法联系起来。

(三) 分配费用的方法

生产费用分配是制造企业产品成本计算中的重要一环,通常涉及要素费用的分配、辅助生产费用的分配、制造费用的分配和生产费用在完工品与在产品之间的分配四项内容。需要明确的是,不论哪一项费用的分配,都需要科学合理地选择分配标准,确定分配方法。

1. 生产费用分配标准选择的原则

(1) 相关性原则,即所选择的分配标准与被分配的生产费用之间存在密切的正相关关系,也称因果关系。

(2) 利于管理原则,即所选择的分配标准应当有利于企业进行成本管理,包括成本预算、成本控制、成本分析和成本考核。

(3) 简便性原则,即所选择的分配标准应当具有资料搜集便捷、计算简便、计算工作量适中的特点。

(4) 相对稳定性原则,即所选择的分配标准在满足当前环境的前提下,还应当具有一定的前瞻性,以保持一定时期稳定不变,避免朝令夕改。

2. 生产费用分配标准的设计

依据分配标准选择原则,通常情况下,制造企业不同生产费用选择的分配标准是:外购材料、外购燃料费用的分配,选择所生产产品定额消耗量、定额费用;外购动力费用的分配,选择产品的生产工时、机器工时或定额消耗量;计时工资形式下直接人工费的分配,选择产品的实际生产工时或定额工时;制造费用的分配,选择所生产产品的实际生产工时、定额工时、机器工时或生产工人工资,对于计划管理水平较高的企业,也可选择计划分配率。

3. 生产费用分配方法的设计

1) 直接材料费的分配

制造企业发出的材料成本,可以根据实物流转方式、管理要求、实物性质等实际情况,采用先进先出法、加权平均法、个别计价法等方法计算。对于有两种产品或两种以上产品共同消耗的材料费用,应选择定额消耗量法、定额比例法进行分配。

2) 辅助生产费用的分配

制造企业辅助生产部门为生产部门提供劳务和产品而发生的费用,应当参照生产成本项目归集,并按照合理的分配标准分配计入各成本核算对象的生产成本。辅助生产部门之间互相提供的劳务、作业成本,应当采用交互分配法。互相提供劳务、作业不多的,可以不进行交互分配,采用直接分配法直接分配给辅助生产部门以外的受益单位。

3) 制造费用的分配

制造企业发生的制造费用,应当按照合理的分配标准按月分配计入各成本核算对象的生产成本。企业可以采取机器工时比例法、人工工时比例法、计划分配率法等。

4) 联合生产成本的分配

制造企业应当根据生产经营特点和联产品、副产品的工艺要求,选择系数分配法、实物量分配法、相对销售价格分配法等合理的方法分配联合生产成本。

5) 生产费用在完工品与在产品之间的分配

制造企业应当根据产品的生产特点和管理要求,按成本计算期结转成本。制造企业可以选择原材料消耗量法、约当产量法、定额比例法、原材料扣除法等方法,恰当地确定完工产品和在产品的实际成本,并将完工入库产品的产品成本结转至库存产品科目;在产品数量、金额不重要或在产品期初期末数量变动不大的,可以不计算在产品成本。具体方法如下:

(1) 不计算在产品成本法。该方法适用于各月月末在产品数量非常少,占投产量比例非常低的产品,或在产品金额不重要,或在产品期初期末在产品数量变动不大的产品。其特点是某种产品当月发生生产费用,即为该月完工品的总成本。

(2) 原材料消耗量法。该方法适用于各月末在产品数量较大、各月末在产品数量变化也较大,而且直接材料费在产品成本中所占比重较高的产品。其特点是月末,只需将直接材料费在完工品与在产品之间进行分配,其他费用全部由当月完工品负担。

(3) 原材料扣除法。该方法适用于直接材料费在产品总成本中所占比重相当大且在开工时一次性投入,各月末在产品数量大,且数量变化也大的产品。其特点同原材料消耗量法。

(4) 约当产量法。该方法适用于各月末在产品数量较大、在产品数量变化也较大,而且各成本项目在总成本中所占比重相差不大的产品。其特点是先按照月末在产品的完工程度或投料程度,将月末在产品折合为相当于完工产品的数量(简称约当产量),再按照当月已完工产品数量和月末在产品的约当产量来计算分配每一件完工品应负担的各成本项目的金额,最后计算出完工品总成本和月末在产品成本。

(5) 定额比例法。该方法适用于消耗定额准确、稳定,各月末在产品数量变化较大的产品。其特点是首先根据当月完工品数量、月末在产品数量和消耗定额,计算出当月完工品定额费用或定额消耗量、月末在产品定额费用或定额消耗量以及总定额费用或总定额消耗量,其次计算当月完工品和在产品的定额比例,最后根据各自的定额比例计算分配实际生产费用,进而计算出当月完工品成本和月末在产品成本。

二、成本计算方法的设计

成本计算方法是指在生产过程中按照一定的成本计算对象,归集和分配生产费用,确定各种产品的总成本和单位成本所采用的业务技术方法。针对不同的生产组织和生产工艺过程以及管理要求,成本计算可采用品种法、分批法、分步法、分类法、定额法等具体方法。设计成本计算方法,就是针对各企业生产和管理的特点,选择适宜的方法或进行创新设计,以便正确归集和分配生产费用,计算产品成本。

(一) 设计成本计算方法的依据

各种成本计算方法都是在特定的条件下产生和应用的。因此,设计成本计算方法必须以一定的条件为依据,才能保证其科学合理、简明实用。设计成本计算方法的主要依据是企业的生产类型和成本管理及核算要求。

1. 企业生产类型

按生产组织方式和生产工艺过程的不同,企业的生产类型可分为六种,具体类型可参考图 6-1。

2. 成本管理及核算要求

成本计算方法的设计,除应考虑企业的生产类型外,还受成本管理及核算方法的影响。例如,连续加工、大量大批生产一种产品应当用分步法计算产品成本,但各生产步骤的半成品成本如何结转,即怎样确定最终产成品的成本,则取决于管理的需要。一般地讲,企业为了分清每一生产步骤的经济责任,查明成本升降的主客观原因及有关情况,考核各生产部门的工作业绩,需要分别计算各生产步骤的半成品成本,并逐步结转累计计算最终产成品成本,由此应当采用逐步结转分步法;而为了便于各步骤之间同步进行成本计算,克服逐步结转分步法下一步骤的成本计算需等待上一步骤计算结果的弊端,加速成本计算,则需要将各步骤的半成品成本按成本项目平行结转于最终产成品,以确定产成品成本,由此应当采用平行结转分步法。

这表明,采用什么方法计算成本,应当以成本管理要求为依据。因此,所采用的成本计算方法应能满足管理的需要。

(二) 成本计算方法的具体设计

由于成本计算方法是按照成本计算对象来归集和分配生产费用所使用的方法,不同的成本计算对象与不同的生产费用归集和分配程序相结合,就会形成不同的成本计算方法。设计成本计算方法时,应将成本计算对象与生产费用的归集和分配程序有机地结合起来,才能保证成本计算方法的可行性和适用性。

现对成本计算的几种主要方法设计如下。

1. 品种法

大量大批生产一种产品,生产过程较简单,一般为单步骤,或者虽是多步骤但各步骤之间联系很密切,属于封闭式生产,如采煤、发电、采油等,应以产品品种作为成本计算对象,按产品及其规定的成本项目归集和分配生产费用,即采用品种法。在这种方法下,应以会计期间作为成本计算期,每月计算一次成本。对多步骤生产但管理上不要求分步计算成本的,也可采用品种法。采用品种法既不需要按批计算成本,也不需要按步骤计算半成品成本。

采用品种法计算产品成本,如果只生产一种产品,则只需要设立一张成本计算单,将发生的全部费用直接计入该产品成本,不需要进行分配;如果生产多种产品,就需要按品种分别设立成本计算单,将各种直接费用直接计入各种产品成本,将间接费用按照一定的方法分配计入各种产品成本。采用品种法时,如果月末没有在产品,则各成本计算单上汇集的费用就是完工产品成本;如果月末有在产品,还需将成本计算单上汇集的费用在产成品和在产品之间进行分配。

在品种法下,成本计算的一般程序为:①按产品品种设置生产成本明细账或成本计算单,并按规定的成本项目设置专栏。②分配生产费用,编制各种费用要素分配表,企业对于直接材料费、直接人工费,应直接计入各产品的成本计算单;对于间接费用,如制造费用,应按一定的标准分配计入不同产品之中。③将成本计算单中汇集的费用在完工产品和在产品之间进行分配,确定产成品成本,完工产品应负担的各种费用加总后,就是完工产品的总成本,它除以完工产品的数量即为完工产品的单位成本。

2. 分批法

单件小批组织生产的产品,大多为多步骤生产,其生产过程虽然复杂,但一般不要求计算各步骤的半成品成本。因此,应以每批产品或每一订单作为成本计算对象,按批别及其成本项目归集和分配生产费用,即采用分批法。这种方法应以产品生产周期作为成本计算期,在每批产品完工后,根据各产品归集的费用总额计算各批产品的总成本和单位成本。在不重复生产一批产品或产品种类经常变动的企业里,可采用分批法。

采用分批法计算产品成本,是按照某一订单或某批产品来归集生产费用的,因此,不论订单或批别所包括的产品是单一品种,还是许多品种,只要是属于该订单或该批产品的费用都要归纳进去,计算出该订单或该批产品的成本即可。在计算成本时,即使是相同产品,只要批别不同,也要划分费用。关于费用的计入,如果是直接费用,应直接计入各批别的成本;如果是几批产品共同负担的费用,则应分配计入。采用分批法计算产品成本,其计算期是产品的生产周期,在产品未完工时所归集的费用都是在产品的成本,而在产品完工后,所有费用又都是产成品的成本,没有在产品成本,因此,费用不需在完工产品和在产品之间分配。

在分批法下,成本计算的一般程序为:①按产品批别或每一订单设置成本明细账或成本计算单,并按规定的成本项目设置专栏。②分配各种要素费用,首先在反映直接费用的原始凭证上注明订单号或产品批号,反映间接费用的原始凭证上注明发生地点,其次将直接费用按凭证所标批别直接计入各批产品的成本计算单,间接费用则汇集到有关账户中。③采用合理的分配标准,对间接费用进行分配,并计入各批产品的成本计算单。④产品完工时,汇总各批产品成本计算单中的费用总额,确定完工产品的总成本和单位成本。

3. 分步法

大量大批多步骤生产的产品,生产过程复杂,管理上要求计算各步骤的半成品成本。因此应以各种产品品种作为最终成本计算对象,以每种产品的各个生产步骤作为中间性成本计算对象,按产品品种和经过的生产步骤以及成本项目分别归集各生产步骤的费用,即采用分步法。这种方法以会计期间作为成本计算期,每月计算产成品成本和各步骤半成品成本。半成品成本可通过逐步结转或平行结转等方法进行计算。

采用分步法计算产品成本,生产过程中的各项费用应按加工步骤进行核算,其中属于各产品的直接费用应按产品归集,对于每一步骤的一般费用,先按整个步骤归集,然后在步骤内的各产品之间进行分配。由于分步法的成本计算期与会计报告期一致,又是连续式加工,月终时各步骤都有在产品,在计算成本时必须把生产费用在完工产品和在产品之间进行分配。

分步法下的成本计算程序,由于半成品成本的结转方式不同,可分为逐步结转分步法和平行结转分步法两种。

1) 逐步结转分步法

逐步结转分步法又称顺序结转分步法,是按照产品生产步骤的顺序,计算并结转半成品成本,上一生产步骤的半成品成本随半成品实物转移到下一步骤的产品成本中,直到最后步骤累计计算出产成品成本。其成本计算的程序一般如下:

(1) 设置成本明细账或成本计算单。在一个车间为一个步骤的企业,应在各车间按产品品种设置专栏。如果一个车间里又有若干步骤,还应在成本计算单中按加工步骤设置专栏,以便分别归集各加工步骤的费用。

(2) 归集生产费用,计算各步骤在产品成本。先将发生的费用按各生产步骤进行归集,然后把各步骤的费用直接或分配计入各种产品的成本计算单,接受领用上步骤的半成品要全部计入本步骤的成本计算单,以便确定各步骤的在产品成本。

(3) 结转半成品成本将各步骤生产费用总额减去该步骤在产品成本后计算出半成品的成本,从本步骤成本计算单内转销后记入下一步骤的成本计算单。

(4) 进行成本还原,即将最后生产步骤投入的半成品还原为具体的成本项目。

(5) 归集最后步骤的费用,计算完工产品成本。将成本还原后,加上最后步骤的各项费用,求出其生产费用总额,再扣除最后步骤的在产品成本,计算出最后的完工产品成本。

逐步结转分步法的成本计算程序,如图 6-3 所示。

2) 平行结转分步法

平行结转分步法与逐步结转分步法的主要区别在于,各步骤只计算本步骤的加工费用,一般不计算完工半成品的成本。半成品成本不随着半成品实物向下一步骤转移,各步骤应计入产成品的加工费用,平行地计入产成品成本,再加上原材料成本即可计算出产成

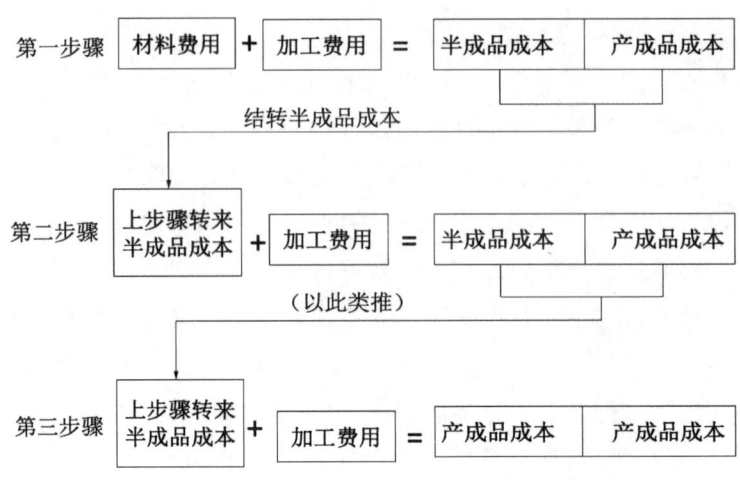

图 6-3 逐步结转分步法的成本计算程序图

品的成本。采用这种方法,半成品成本不随半成品实物的转移而结转,仍留在各加工步骤的成本计算单内,直到最后加工为产成品才将其成本从各步骤中转出来。平行结转分步法成本计算的具体程序如下:

(1) 设置成本计算单。其具体方法和要求与逐步结转分步法基本相同。

(2) 归集和分配生产费用。其具体方法和要求与逐步结转分步法类同。

(3) 计算各步骤的单位半成品加工费用,并确定应计入产成品的费用数额。

(4) 计算产成品成本和在产品成本。由于各步骤计入产成品的费用数额已经确定,只要把它们加总起来就是产成品成本,而各步骤归集的费用总额扣除计入产成品的部分,所剩余额即在产品成本。

平行结转分步法的成本计算程序,如图 6-4 所示。

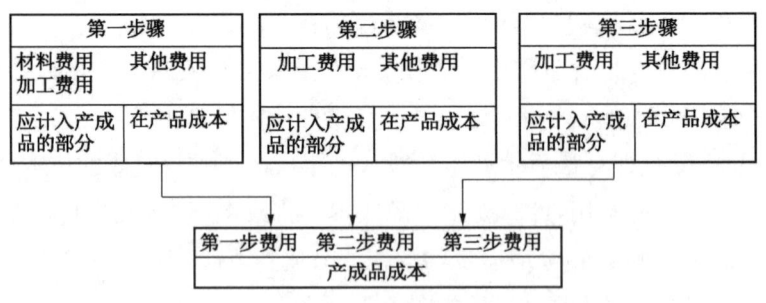

图 6-4 平行结转分步法成本计算程序图

4. 分类法

对于多品种生产的情况,不论生产组织方式、生产工艺过程特点如何,为了简化成本计算过程,均可采用分类法。这种方法是上述三种基本方法的演变发展,因此,其可依附其中任何一种方法。以各类产品作为中间性成本计算对象,以各类产品中的每种产品作为最终成本计算对象。先按各类产品及其成本项目归集生产费用,计算出各类产品总成本后,再按一定的比例或系数分配计算每类产品中各品种的总成本和单位成本。至于这种方法的成本计算期,应根据其依附的基本方法决定,如在品种法基础上采用分类法,成本计算期应为会计期间,而在分批法基础上采用分类法,成本计算期则是生产周期。

此外,还有定额法、平行结转差异法等方法,都是在上述三种基本方法的基础上,结合定额成本(或计划成本)管理而采用的。它们的成本计算对象、成本计算期以及生产费用归集和分配的程序等都应根据基本方法确定,与分类法一样,此处不再赘述。

品种法、分批法、分步法和分类法的设计特点与要求,如表6-3所示。

表6-3 成本计算方法设计参考表

生产类型	成本计算对象	成本计算期	应使用方法	归集分配生产费用的要求	主要适用范围
大量大批单步骤生产	产品品种	会计期间	品种法	按产品品种归集和分配生产费用,计算产成品成本	采煤、采矿、发电等企业
单件小批多步骤生产	产品批别	生产周期	分批法	按产品批别归集和分配生产费用,计算各批产品成本	轮船、机车、飞机制造等企业
大量大批多步骤生产	各种产品的每一生产步骤	会计期间	分步法	按各种产品的每一生产步骤归集和分配生产费用,计算各步骤半成品成本和最终产成品成本	机械、冶金、纺织、化工、电子等企业
单件或大批多品种生产	产品类别(中间性)产品品种(最终)	会计期间或生产周期	分类法	按各类产品归集生产费用,计算出各类产品总成本后,再在每类产品中的各品种之间进行分配,计算各种产品的总成本和单位成本	服装、鞋帽、针织、陶瓷等企业

需要指出的是,以上是设计成本计算方法的一般规律,而不是唯一的模式,企业在设计成本计算方法时,可根据实际情况变通和结合使用。这是因为,任何一种方法都是以特定条件为依据的,即使是同一产品,在不同的企业或同一企业的不同时期,也可能因条件改变而采用不同的成本计算方法。同样,在同一个企业里、针对各种产品的不同生产特点,企业也可同时采用几种方法分别计算它们的成本。各企业在设计成本计算方法时,必须灵活变通。

复习思考题

1. 设计成本核算制度应遵循哪些原则?
2. 生产费用的归集和分配应符合哪些要求?

3. 费用要素和成本项目有何关系?
4. 如何设计成本项目?
5. 成本计算对象应如何确定?
6. 如何根据企业的生产特点选择成本计算方法?

课堂结账测试

班级_____ 姓名_____ 学号_____ 日期_____ 平时分_____

一、单项选择题（每小题6分，共30分）

1. 单件小批生产的企业，其成本计算对象的设计一般为（　　）。
   A. 产品品种　　　　　　　　　　B. 产品批次
   C. 产品类别　　　　　　　　　　D. 生产步骤

2. 成本核算基础制度设计中，不应包括（　　）。
   A. 定额管理制度　　　　　　　　B. 定额管理制度
   C. 内部价格控制制度　　　　　　D. 奖惩制度

3. 在大量大批多步骤生产的企业，一般适用的成本计算方法是（　　）。
   A. 品种法　　　　　　　　　　　B. 分批法
   C. 分类法　　　　　　　　　　　D. 分步法

4. 消耗定额准确、稳定，月末在产品数量变化较大的产品，其生产费用在完工品与在产品之间的分配方法一般可采用（　　）。
   A. 不计算月末在产品成本的方法　B. 定额比例法
   C. 约当产量法　　　　　　　　　D. 在产品按定额成本计算法

5. 下列各项中，不包括计算在产品成本的常用方法的是（　　）。
   A. 约当产量比例法　　　　　　　B. 定额比例法
   C. 计划成本分配法　　　　　　　D. 定额成本法

二、多项选择题（每小题6分，共30分）

1. 单件小批生产的企业，其成本计算期的设计一般（　　）。
   A. 定期计算成本　　　　　　　　B. 成本计算期与会计报告期一致
   C. 不定期计算成本　　　　　　　D. 成本计算期与会计报告期不一致

2. 根据企业的生产特点和管理要求，以产品批别为成本计算对象，一般适用于（　　）。
   A. 大量大批单步骤生产的产品
   B. 小批单件组织生产的产品

C. 大量大批,但在管理上不要求分步骤计算半成品成本的多步骤生产的产品

D. 小批单件,但在管理上不要求分步骤计算半成品成本的多步骤生产的产品

3. 在设计成本项目时,必须设计的成本项目有(　　)。

  A. 直接材料   B. 废品损失

  C. 制造费用   D. 直接人工

4. 成本计算方法的基本方法有(　　)。

  A. 品种法   B. 分类法

  C. 分批法   D. 分步法

5. 计算完工产品成本的方法有(　　)。

  A. 定额比例法   B. 约当产量法

  C. 不计算在产品法   D. 定额成本法

三、判断题(每小题 5 分,共 40 分)

1. 大量大批,且在管理上要求分步骤计算半成品成本的多步骤生产的产品的企业,应当采用分步法。　　　　　　　　　　　　　　　　　　　　　　　　　　　　　(　　)

2. 在废品数量较多,但在管理上不要求单独计算废品损失的企业,不需要设置"废品损失"成本项目。　　　　　　　　　　　　　　　　　　　　　　　　　　　　(　　)

3. 成本开支范围一经确定,要保持相对稳定,以保证成本计算口径的一致。　(　　)

4. 交互分配法是辅助生产费用的分配标准。　　　　　　　　　　　　　　(　　)

5. 平行结转分步法适用于大量多步骤装配式生产企业。　　　　　　　　　(　　)

6. 多品种生产的企业适宜采用品种法计算产品成本。　　　　　　　　　　(　　)

7. 分步法可以和分类法同时选用。　　　　　　　　　　　　　　　　　　(　　)

8. 分批法的成本计算期是会计期间,每月计算一次成本。　　　　　　　　(　　)

第七章 责任会计制度的设计

知识导航

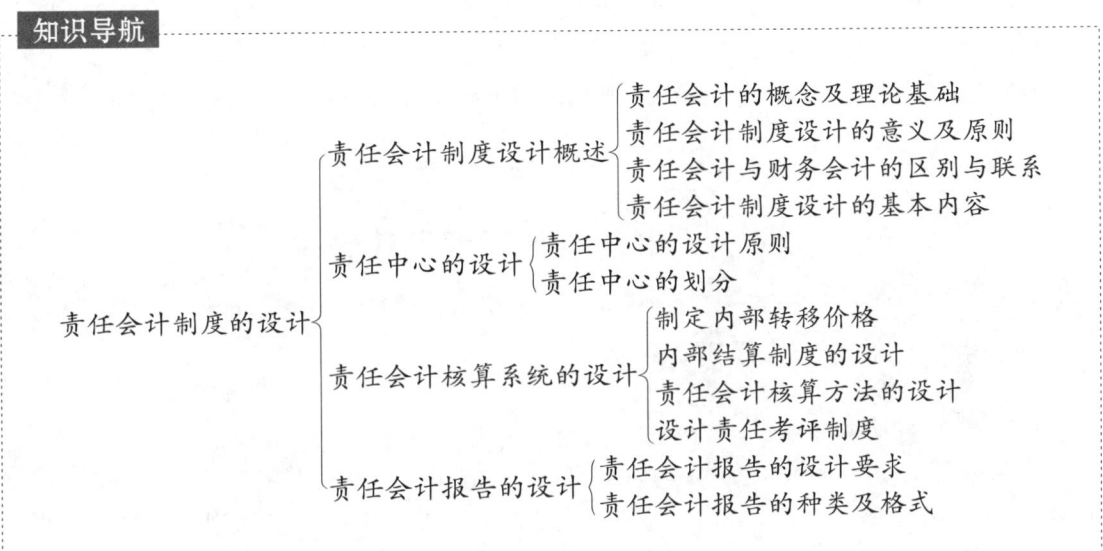

学习目标

1. 了解责任会计的概念及理论依据
2. 掌握责任会计制度设计的具体内容
3. 清楚责任会计与财务会计的联系与区别
4. 熟悉责任会计报告的种类

寓德于教

责任会计是指为适应企业内部经济责任制的要求,对企业内部各责任中心的经济业务进行规划与控制,以实现业绩考核与评价的一种内部会计控制制度。企业组织结构与其责任会计系统存在密切的关系,理想的责任会计系统应反映并支撑企业组织结构。

任何制度的制定都是有章可循、有法可依的。企业必须重视社会责任的重要性,从而增强企业的责任意识。企业不仅要履行所负社会责任,而且要将这些责任纳入会计报表记录,以便让投资者和其他利益相关者可以更好地理解企业的社会责任行为,从而扩大企业社会责任发挥的作用。

在我国经济的发展中,企业经营管理需要与会计工作深入结合,能够更好地确定经营责任以提高绩效。学习责任会计制度也能够有效地将企业的基本发展情况和自身经营管理及责任管理进行有效的关联,对企业发展和市场经济体制规范都有着重要的意义。

《会计职业道德》中对于会计人员也进行了一定的规范:坚持准则,守责敬业。严格执行准则制度,保证会计信息真实完整。勤勉尽责、爱岗敬业,忠于职守、敢于斗争,自觉抵制会计造假行为,维护国家财经纪律和经济秩序。

资料来源:中国政府网,2022-11-18,关于印发《财政总会计制度》的通知,https://www.gov.cn/zhengce/zhengceku/2022-12/23/content_5733221.htm。

试回答:责任会计制度的设计必须遵循的有哪些法律法规?

第一节 责任会计制度设计概述

一、责任会计的概念及理论基础

(一)责任会计的概念

责任会计(responsibility accounting)的概念最早于1952年由美国著名会计学家John A. Higgins提出,但至今人们对这一概念在理论上仍没有统一的认识。我国学术界对责任会计的看法主要有以下四种:

第一种观点认为责任会计是一种内部控制制度。该观点认为责任会计与经营责任制紧密联系,主要是利用会计资料考核各部门的责任与业绩。

第二种观点认为责任会计是一种会计核算系统。该观点认为责任会计既采用一般会计方法,又采用特殊的会计手段,对各责任中心的经营活动进行确认和计量。

第三种观点认为责任会计是一种内部管理活动。该观点认为责任会计以企业内部各责任单位为基础,以保证企业计划顺利进行为目的,对企业内部生产过程的耗费、占用和成果进行全面管理。

第四种观点认为责任会计是一种业绩控制会计。该观点认为责任会计主要是把会计数据与内部责任结合起来考评责任人的工作业绩。

以上四种观点各有侧重,分别从不同的角度来认识责任会计。我们认为,责任会计的含义应表述如下:责任会计是以企业内部各部门所承担的经济责任为对象,以调动各责任人的积极性为目的,采用一定的会计技术方法,核算和管理各部门的经济活动的内部会计系统。

(二)责任会计的理论基础

责任会计源于分权管理,以泰勒为代表的一批管理工程师率先提出要用科学管理方法替代传统经验管理方法,并创立了"科学管理"理论。泰勒所倡导的科学管理,核心是依靠物质刺激调动员工的积极性,从而提高工人的劳动效率。因此,他采用了标准化、定额化管理,即通过科学的方法,分析工人的操作过程,选用最适用的工具和合理的操作方法,制定出各种标准的操作方法,并以此为基础对工人进行训练,制定劳动时间定额。与此同时,他还将责任划分为计划职责和执行职责两大类。他认为工作制度取决于事先制订出的工作计划,而监督计划执行的责任要分配给各个领班,每个领班各负其责,这样才能保证计划的顺利实现。他的这些做法与责任会计的要求是相吻合的。尽管当时这些做法仍局限于成本管理,只要求反映成本责任,但在科学管理阶段,已经形成了责任会计的原始形态。

泰罗的科学管理理论对责任会计的形成产生了一定的影响,但随着社会经济的发展、劳动者受教育程度的提高,简单的物质刺激已无法有效地调动劳动者的积极性,加之企业规模的逐渐扩大以及分权制的实施,泰罗的科学管理理论已经不能适应西方企业管理的要求。在这样的背景下,新的管理理论出现了,这些新的管理理论的出现对责任会计的发展产生了显著的影响。

1. 行为科学理论

行为科学理论是采用科学方法研究人的行为及其产生原因、影响行为的因素以及分析行为规律的学科。其目的是通过对个体行为、群体行为、领导行为、组织行为的研究来提高工作和管理效率,这正是责任会计追求的效果。

2. 代理人假说理论

代理人假说理论是用来协调主管者和代理者之间权、责、利关系问题的一种管理理论。其基本思想是设计出一个业绩衡量和物质激励的管理控制系统,使代理者的局部利益与主管者的整体利益协调一致,并通过局部利益最大化实现整体利益最大化,这正是责任会计所希望达到的最终目标。

3. 经济责任制理论

经济责任制理论是用来划分各经济单位的责、权、利,并保证三者有机结合,进而调动经济单位积极性的管理理论,这也是责任会计的基本目标之一。

二、责任会计制度设计的意义及原则

(一) 责任会计制度设计的意义

随着现代经济的发展,企业规模不断扩大,传统的企业集中管理模式已无法满足经营管理的需要,为了有效地控制、管理庞大的经济组织,分权管理模式应运而生。采用分权管理的优点在于:

第一,通过授予各部门管理人员一定的决策权以及通过为他们提供许多发挥其创造力的机会,可以提高各层管理人员的工作积极性。

第二,由于部门的计划、决策和控制是与其所处的特定环境或特定问题密切相关的,因而能迅速及时地解决问题,提高管理效率。

第三,通过业绩评价和奖惩措施,将各部门管理人员的利益同其经营业绩紧密联系,从而使管理人员的利益与企业保持高度一致。

第四,通过分权后的部门化组织结构划分,由各部门的管理人员承担企业的日常管理工作,可使企业最高管理层将精力集中在企业战略目标的制定及其控制管理上。

但分权管理也会带来相应问题,诸如部门以牺牲整体利益为代价实现自身利益,部门之间产生摩擦、恶性竞争等问题。为使分权管理扬利去弊,责任会计应运而生。通过设计一套行之有效的、完整的责任会计制度,将企业划分为各种不同形式的责任中心,建立起以责任中心为主体,以责、权、利相统一为特征,以责任预算、责任控制、责任考核为内容,通过信息的积累、加工和反馈而形成的企业内部控制系统,就可以使企业确定的目标、组织、控制、决策等达到最优组合。

(二) 责任会计制度设计的原则

在设计责任会计制度时,应遵循以下几个基本原则。

1. 责任主体原则

在分权管理模式下,企业经营管理的责任也随着经营决策权的下放一起层层落实到各级管理部门,使各级管理部门在充分运用经营决策权的同时,也对其经营管理的有效性承担相应的经济责任。为了考核、评价各级管理部门经济责任的落实情况,责任会计的核算必须按各级管理部门设置相应的责任中心,建立责任主体,并以责任中心为对象进行会计资料的搜集、加工整理、记录、计算对比和分析等工作。

2. 目标一致原则

无论是集中管理还是分权管理,其最终目的都是实现企业的整体目标。因此,当经营决策权被授予各级管理部门时,实际上就是将企业的整体目标分解成各责任中心的具体目标。为此,责任会计制度的设计,无论是责任中心权责范围的确定,还是责任预算的编制、责任中心的业绩考评,都必须始终注意与企业的整体目标保持一致,避免因片面追求局部利益而损害整体利益。

3. 可控性原则

各责任中心的利益与其经营业绩直接挂钩,因此,对各责任中心的业绩考核与评价,包括收入和费用的核算,必须以责任中心自身能够控制为原则。一个责任中心,自身不能有效地控制其可实现的收入或发生的费用,也就很难合理地反映其实际工作业绩,从而也无法进行相应的评价与奖惩。因此,设计责任会计制度,在责任中心的责任目标、责任预算、责任核算与责任考核等方面,必须始终关注可控性原则,尽可能排除责任中心不能控制的因素。

4. 激励原则

分权管理及相应的责任会计的建立,都是为最大限度地调动各责任中心员工的工作积极性,提高工作质量,更好地实现企业的整体目标。这就要求对各责任中心的责任目标、责任预算的确定相对合理,它包括两个方面:一是目标合理、切实可行。目标过高,会挫伤员工的积极性;反之,也不利于企业整体目标的实现;二是奖励水平与努力程度相适应。充分而有效的激励能够使员工保持甚至进一步提高工作的努力程度,激励水平过高或者过低都会对员工的努力程度起到消极影响。

5. 反馈原则

责任会计的管理集中在事前、事中和事后三个方面,这些都需要相应的信息反馈,尤其是事中、事后管理。只有及时、准确地反馈生产经营中的各种相关信息,才能有效实施管理控制。这就要求责任会计制度的设计必须保证以下两个信息反馈渠道的畅通:一是信息向责任中心的反馈,使其能够及时了解预算的执行情况,以便采取有效措施调整偏离目标或预算的差异;二是向责任中心的上级反馈,以便上级管理部门进行适当反应。

6. 重要性原则

重要性原则要求责任会计制度在责任预算、责任核算、业绩考核、报告及评价等方面的指标设计,应注意在全面中突出重点,注重成本效益性。

三、责任会计与财务会计的区别与联系

(一) 责任会计与财务会计的区别

1. 服务对象不同

责任会计的重点是反映责任中心的工作业绩,主要是为企业的内部管理服务;而财务会计的重点是核算企业一定期间的财务状况和经营成果,主要是为企业的外部关系人服务。

2. 核算主体不同

责任会计以企业内部的责任中心和责任人为核算主体,而财务会计则以整个企业为核算主体。

3. 核算内容不同

责任会计核算的是企业内部责任中心或责任人的可控经济活动,而财务会计核算的是企业生产经营过程中能用货币计量的经济活动。

4. 核算程序与期间不同

责任会计可根据企业的具体情况自行确定核算期间,而财务会计则是按国家相关会计法规确定核算期间;就核算程序而言,前者可自行设计和调整,而后者则需按照相关会计法规的规定来进行。

5. 成本核算范围不同

责任会计核算的成本只限于责任单位的可控成本(费用),而财务会计核算的成本是以企业为主体生产某一产品所发生的全部成本(费用)。

(二) 责任会计与财务会计的联系

责任会计与财务会计之间,虽然存在一些区别,但在内部管理方面又保持着密切的联系,主要表现在以下几个方面。

1. 会计对象方面

虽然责任会计与财务会计的会计主体及会计对象范围不同,但两者之间也有一定联系。责任中心是企业的组成部分,而责任中心的可控资金运动是企业资金运动的有机组成部分。因而可以说,责任会计对象的总和构成了财务会计的对象。

2. 会计目的方面

责任会计与财务会计的目的虽然有一定的差异,但由于在实行责任会计的企业,财务会计活动需要通过企业会计部门和各责任中心进行,财务会计的许多原始数据也需要由责任中心提供。因此,以责任会计数据为基础,并对其进行适当的调整,就可以使其与财务会计资料沟通起来,为各有关方面提供会计资料。此外,责任会计通过对各责任中心的管理,调动了各责任中心加强内部经济管理、提高自身经济效益的积极性,也使整个企业经济管理水平和经济效益的提高有了可靠的保证。由此可见,责任会计的目的与财务会计的目的也是紧密联系的。

3. 会计职能方面

财务会计的职能可以分为对外职能和对内职能两方面。对外职能主要是制订企业财务计划以及向其他信息相关者提供其所需的各种会计信息;对内职能主要是制订企业内部财务计划,反映和监督企业内部的资金运动并进行考核。而责任会计的职能主要是通过计划、控制、核算和考核,反映各责任中心的资金运作,监督根据企业财务计划分解落实的责任计划的执行情况。两者的职能虽然有一定的差异,但在对内职能上,两者是非常相似的,而且责任会计的对内职能更完善,可以部分替代财务会计的内部职能。将责任会计对内核算职能所提供的资料,按照财务会计对外提供会计资料的要求进行适当调整,还可以满足财务会计对外职能的需要。因此,责任会计与财务会计在职能上也有一定的联系。

4. 会计要求方面

国家宏观经济管理要求企业财务会计正确、及时地反映和有效地监督企业生产经营活动的过程与结果;企业微观经济管理也要求责任会计正确、及时地反映和有效地监督各责任中心生产经营活动的过程与结果。由此可见,责任会计在企业内部管理方面可以满足财务会计的基本要求;如果对责任会计的相关资料进行适当的调整,还可以使责任会计提供某些财务会计资料,从而为国家宏观经济管理服务。

四、责任会计制度设计的基本内容

(一) 责任预算制度

责任预算是以企业责任中心为主体,以其可控的成本、收入、利润、投资等为对象编制的预算,是企业未来一定期间经营总目标的分解与具体化。它既是各责任中心努力奋斗的目标和控制其经营活动的依据,又是考核各责任中心工作业绩的基本标准。

该制度要求根据企业的总目标和任务,按责任中心层层分解,制定责任中心应完成的具体指标,责任预算制度是控制和考评责任中心经济责任履行情况的主要依据。

(二)责任控制制度

为了正确反映和监控责任履行情况,实现经济责任的制度化和数量化,企业必须建立具有完整日常记录、能够监督有关责任预算执行情况的控制制度,以便及时了解各有关责任中心的经营活动情况,并通过对实际数与预算数的差异比较和分析,使企业各管理阶层能够按照企业的总体目标要求,有针对性地调节和控制各责任中心责任范围的生产经营活动,进而实现企业对执行过程的控制以及各执行主体的自我控制。

该制度要求对各责任中心日常发生的经济业务进行确认、计量、记录和汇总,正确反映责任预算的完成情况,揭示实际完成数与预算数的差异,计算有利差异和不利差异,并对不利差异及时进行纠正,为责任控制和业绩考评提供依据。责任控制制度的内容包括事前的预算控制、事中的日常控制和事后的反馈控制。

(三)责任考评制度

责任考评制度是指对各责任中心的经济活动进行考核、评价、确定功过是非及其原因,以便实行奖惩和建立各种制度。其目的是总结经验、吸取教训来调动各责任中心的积极性,真正做到责、权、利有机结合,从而保证责任会计制度的进一步推行,不断改进责任会计工作。

第二节 责任中心的设计

责任中心,是指根据其管理权限承担一定的经济责任,并能反映其经济责任履行情况的企业内部核算单位。责任中心既不是法律主体,也不是会计主体,它是为了履行某种责任而设立的特定部门,是一个责、权、利的结合体。如何建立责任中心、建立多少责任中心,完全取决于企业内部经济核算和管理的要求。

一、责任中心的设计原则

在一家企业里,如何设置责任中心、设置多少责任中心,取决于以下几个基本原则。

(一)与企业的组织机构相适应

一家企业的经营管理机构是由一个个既相互依存又相互制约的管理部门形成的完整体系。无论是集权管理的企业还是分权管理的企业,它都会有若干个部门和若干管理层次。这就要求责任会计作为企业内部管理的一种形式,其责任中心的设置,一方面必须与企业的组织机构相适应;另一方面必须对企业原有的组织机构作通盘研究,统筹设计,根据责任会计的要求进行适当调整,将责任会计管理与企业管理的其他形式有机结合。

(二)能够划清责任单独核算

为保证责任中心经营管理责任的有效实施,企业的各个责任中心就必须单独核算。只有以划清各责任中心的责任范围为前提,才能对责任中心进行单独核算。

(三)使责、权、利紧密结合

在责、权、利三者中,责是核心,权是尽责的必要条件,利是履行责任的内在动力。企业对责任中心的管理要做到:第一,责任中心拥有与企业总体管理目标相协调,且与其职能责任相适应的经营决策权;第二,使责任中心承担与其经营决策权相适应的经济责任;第三,建立与责任中心相配套的利益机制。

二、责任中心的划分

由于授权范围的不同,各责任中心承担的经济责任也不会相同。按授权范围和责任范围的不同,责任中心可以设置成本中心、利润中心、投资中心三种形式。

(一)成本中心

1. 成本中心的概念和分类

成本中心是指对成本或费用承担责任的责任中心,即只负责计量和考核发生的成本和费用,而不负责计量和考核取得的收入和利润等的责任单位。成本中心只对有关的成本、费用负有控制责任。在企业里,凡不能形成收益、只对成本或费用负有责任的单位(分厂、车间、工段、班组)或个人,均可以作为一个成本中心。

成本中心是责任中心中应用较为广泛的一种责任中心形式。上至工厂一级,下至车间、工段、班组,甚至个人都可划分为成本中心,可以说只要有费用支出的地方,就可以建立成本中心。由于成本中心的规模大小不一,各成本中心的控制、考核的内容也不相同。成本中心有标准成本中心和费用中心两种类型。

(1)标准成本中心,通常是指通过技术分析可以相对可靠地估算出该部门成本发生的数额的成本中心,如产品成本中的直接材料、直接人工、制造费用等。其特点是投入(耗用)量与产出量有密切关系,成本可通过标准成本或弹性预算予以控制。或者说标准成本中心是对那些实际产出量的标准成本负责的成本中心。

(2)费用中心的范围适用于对于那些产出不能用财务指标来衡量,或者投入和产出之间没有密切关系的部门或单位。这些部门或单位包括财务、人事、劳资、计划等行政管理部门,研究开发部门,销售部门等。对于费用中心,唯一可以准确计量的是实际费用,无法通过投入和产出的比较来评价其效果和效率,从而限制无效费用的支出,因此,有人称之为"无限制的费用中心"。

2. 成本中心的考核

成本中心考核的主要内容是责任成本,将成本中心实际发生的责任成本同预算的责任成本目标或目标成本进行比较,包括成本(费用)降低额和降低率。其计算公式如下:

$$成本(费用)降低额 = 预算成本(费用) - 实际成本$$
$$成本(费用)降低率 = 成本降低额 \div 预算成本 \times 100\%$$

在对成本中心进行考核时,需要注意的是,如果预算产量与实际产量不一致,则应先按弹性预算的方法先调整预算指标,再计算上述指标。

(二) 利润中心

1. 利润中心的概念和分类

利润中心是既考核成本和费用,又考核收入和利润的责任单位,它具有一定的经营决策权。利润中心一般处于企业内部的较高层次,它适用于拥有销售权并能取得收入,能相对独立地进行会计核算的责任单位,如分公司、分厂、销售公司等。与成本中心相比,利润中心既要对发生的可控成本负责,又必须对收入和利润的实现负责。因此,利润中心不但要寻找降低成本的途径,而且更要追求收入的增长,或者说,利润中心对成本的控制是联系收入进行的,它强调相对成本的节约。

利润中心按其产品或劳务的销售方式不同,可分为自然利润中心和人为利润中心。

(1) 自然利润中心是指可以直接向企业外部销售产品或提供劳务的责任单位,它类似于一个完整、独立的企业。作为自然利润中心,其生产经营一般是封闭式的,同外部市场有着比较直接和紧密的联系,其对外提供产品或劳务之后,即可获得相应的收入和利润。

(2) 人为利润中心是指只能在本企业内部销售产品或提供劳务的责任单位。销售业务发生时,人为利润中心必须按照内部转移价格结算,并因此而获得相应的内部利润。可见,内部转移价格制定得合理与否是考核利润中心责任履行情况的关键。

2. 利润中心的考核

考核利润中心的指标主要是利润,但对于不同范围的利润中心来说,其利润指标的表现形式也不相同,但一般都包括毛利、贡献毛益和营业利润三种形式。

1) 毛利

毛利等于销售净额与销售成本之差。作为利润中心的考核指标,它包含了利润中心管理者所能控制的收入和销售产品成本两个因素,有利于各部门进行成本分析与控制。此外,由于这一指标不考虑销售费用因素,能促使各部门管理者调整产品结构,以最大限度地获取毛利,为最终利润的实现奠定基础。在采用这一指标时,应注意由于毛利的增加所引起的销售费用不相应增加,从而导致净收益减少的问题。

2) 贡献毛益

贡献毛益是毛利额减去直接费用后的差额。在计算贡献毛益时要区分直接费用和间接费用。这里的直接费用是指那些由于特定部门的业务所引起、能直接归属于该部门并能为该部门所控制的费用,如与销售量相关的推销员工资等。间接费用则是指那些由企业整体受益、不能直接归属于某一部门的费用,如企业管理人员工资等。某一部门的毛利减去部门直接费用后即为该部门的贡献毛益。

采用贡献毛益指标对利润中心进行考核评价,有三个明显的优势:一是由于将各部门可以影响和控制的一部分销售费用(直接费用)记入各部门,使这些费用的减少既有利于部门创利额的增加,又有利于企业净收益的增加,保持了利润中心目标与企业整体目标的一致;二是贡献毛益指标更好地体现了可控性原则,能促使各部门充分利用公用设备、设施,节约有关费用;三是采用贡献毛益指标有利于企业高层管理者的决策,即当一个部门发生亏损时,只要它能创造贡献毛益,在没有其他合理方案的前提下,就应当保留。

3)营业利润

营业利润是在上述贡献毛益的基础上减去各部门应负担的销售费用(间接费用包括摊销费用和管理费用)后的余额,采用营业利润作为考核指标,不但可以克服毛利指标可能出现的利润中心目标与企业整体目标的不一致,而且考虑到了企业发生的间接费用都是间接地为各部门经营服务的事实。但是间接费用在各部门之间的分配,应根据企业的具体情况而定,这是保证营业利润可控及保护各部门工作积极性的关键。

(三)投资中心

1. 投资中心的概念

投资中心是既考核收入、成本、利润,又考核资金及其利用效果的责任单位。投资中心能够相对独立地运用其所掌握的资金进行对外投资活动,发生相应的成本和收入。因此,投资中心既要对成本、利润负责,也要对资金的合理运用负责。投资中心是企业内部较高层次的责任中心,拥有较大的权力,也承担着较大的责任。大型集团公司下属的分公司、子公司、事业部都可以作为投资中心。

2. 投资中心的考核

评价投资中心业绩的指标,主要是投资利润率和剩余收益。

1)投资利润率

投资利润率又称投资报酬率,是指投资中心所获得的利润与投资额之间的比率,其计算公式如下:

$$投资利润率 = \frac{利润}{投资额} \times 100\%$$

为便于分析,投资利润率还可扩展为:

$$投资利润率 = \frac{销售收入}{投资额} \times \frac{成本费用}{销售收入} \times \frac{利润}{成本费用} = 资本周转率 \times 销售成本率 \times 成本费用利润率$$

投资利润率是目前许多公司十分偏爱的评价投资中心业绩的指标。其优点如下:一是能反映投资中心的综合盈利能力;二是投资利润率具有可比性,体现了资本的获利能力,有利于评价各投资中心经营业绩的优劣;三是可以作为选择投资机会的依据,有利于调整资本流量和存量,优化资源配置;四是以投资利润率作为评价投资中心经营业绩的尺度,有利于正确引导投资中心的管理行为,避免短期行为。以投资利润率作为评价指标的不足之处是缺乏全局观念,各投资公司为达到较高的投资利润率,可能会采取减少投资的方式,损害集团的整体利益。

2) 剩余收益

剩余收益是指投资中心获得的利润扣除其最低投资收益后的余额。其计算公式如下:

$$剩余收益 = 利润 - 投资额(或净资产占用额) \times 规定或预期的最低投资收益率$$

以剩余收益作为投资中心经营业绩评价指标的基本要求是,只要投资利润率大于预期的最低收益率,该项投资便是可行的。一项投资只要其投资利润率高于预期最低投资收益率,就能为投资中心和企业所接受。反之,该投资项目既不会为企业,也不会为投资中心所接受。它避免了投资利润率的缺陷,与投资利润率起互补作用,可以在投资决策方面使投资中心利益和企业整体利益保持一致。

现对三大责任中心的特征进行归纳总结,具体如表 7-1 所示。

表 7-1　　　　　　　　　　三大责任中心的特征

项目	应用范围	权利	考核范围	考核指标
成本中心	最广	可控成本的控制权	可控成本的成本、费用	成本(费用)降低额和降低率
利润中心	较窄	经营决策权	成本(费用)、收入、利润	贡献毛益、毛利、营业利润
投资中心	最小	经营决策权、投资决策权	成本(费用)、收入、利润、投资效果	投资利润率、剩余收益

第三节　责任会计核算系统的设计

在责任核算系统下,要求分别考核各责任中心的经营业绩,为此,应该建立责任中心。当各责任中心相互提供产品或劳务时,应当按照合理的内部转移价格进行结算,对于因责任归属而发生的责任成本也应进行转移和清算,以便分清各责任中心的经济责任,明确各责任中心的业绩,为考核提供依据。进行责任核算系统设计时,需要设计内部转移价格和内部结算制度以及选择适合本企业特点的责任会计核算方法。

一、制定内部转移价格

(一) 内部转移价格的设计

为了正确反映各责任中心的工作业绩,需要对企业内部各责任中心之间相互提供的,即内部所转移的各种产品、劳务等都应进行结算,并确定其转移价格。由于转移价格的确定直接涉及与其相关的各责任中心的利益,企业在制定内部转移价格时必须根据各种产品或劳务的具体情况,将其确定得科学、合理,使之无可争议,为内部结算、考核打好基础。

内部转移价格,是指企业内部有关责任中心之间转移中间产品和相互提供劳务的结算价格。从企业总体来看,内部转移价格无论怎样制定,都不影响企业的利润总数,影响的只是利润或内部利润在各责任中心之间的分配情况。

1. 内部转移价格的设计原则

1) 全局性原则

设计内部转移价格应强调企业的整体利益高于各分权单位的利益。由于内部转移价格直接关系到各责任中心经济利益的大小,每个责任中心必然会为本责任中心争取最大的利益。在利益发生冲突的情况下,企业应从整体利益出发设计内部转移价格,以保证企业利润最大化。

2) 激励性原则

内部转移价格的设计应公正合理,防止某些部门因价格上的缺陷而获得一些额外的利益或损失。也就是说,内部价格的设计应能激励各责任中心经营管理的积极性,使他们的努力工作与所得到的收益相适应。

3) 自主性原则

在企业整体利益的前提下,要承认各责任中心的相对独立性,就必须给予各责任中心相对独立的经营权,如生产权、技术权、人事权和理财权等,设计的内部转移价格必须为各方所接受。

2. 内部转移价格的设计类型

1) 市场价格

以市场价格作为内部转移价格的责任中心,应该是独立经营核算的利润中心。它们有权决定生产的数量、出售或购买的对象及其相应的价格。通常认为,市场价格是制定内部转移价格的最好依据。因为市场价格最能体现责任中心的基本要求,即在企业内部引进市场机制,造成一种竞争气氛,使其中每个利润中心实质上都成为独立的机构,各自经营、相互竞争,最终通过利润指标来考核和评价其工作成果。但是,以市场价格作为内部转移价格时,应注意两点。第一,在中间产品有外部市场,可向外部单位销售,或从外部单位购买时,以市场价格作为内部转移价格,并不等于直接将市场价格用作结算,而应在此基础上,对外部价格进行一些必要的调整。外部销售价格一般包括销售费、广告费及运输费等。这些费用在内部转移时，一般可避免发生。为使利益在各责任中心分配得更公平，这些可避免的费用应从市场价格中扣除，即以市场价格减去对外的销售费、广告费等才是尚未销售的中间产品价格。第二，以市场价格为依据制定内部转移价格时，通常假设中间产品有完全竞争的市场或中间产品提供部门（即"卖"方）无闲置生产能力，但完全竞争的市场条件是很难找到的，而且市场价格也受到一定的限制，有些产品（半成品）没有现成的市价，而另一些产品只有非完全竞争市场价格，不能直接作为内部转移价格。

2）协商价格

以内部协商价格作为内部转移价格，具有一定的弹性，可以照顾双方利益并得到双方的认可，但在确定内部协商价格时，容易使双方争执不休，造成部门间的矛盾。如果过多地依赖上级管理当局的仲裁，又会降低衡量部门业绩的能力。

3）双重内部转移价格

双重内部转移价格，是指对产品（半成品）的供需双方分别采用不同的转移价格。如对产品（半成品）的"出售"部门可按协商的市场价格计价，而对"购买"部门则按"出售"部门的单位变动成本计价，其差额由会计部门进行调整。这样区别对待，有利于产品（半成品）接受部门正确地进行经营决策，避免因内部定价高于外部市场价格，接受部门向外部进货，而不从内部"购买"。这种方法通常在中间产品有外界市场、生产（供应）部门生产能力不受限制，且变动成本低于市场价格的情况下才会行之有效，提高企业的整体收益。

4）以"成本"作为内部转移价格

以产品成本作为内部转移价格，是制定转移价格最简单的方法。由于成本有不同的概念，如实际成本、标准成本和变动成本等，在制定转移价格时，也分别有不同的方法。

（1）实际成本法是以中间产品生产时发生的生产成本作为内部转移价格。这种方法的优点就是简单，但只是一种实际成本的计算转让过程，严格来讲不能作为一种内部"价格"发挥其在各部门之间划清经济责任和调节企业内部利润的作用。因此，这种方法对于产品或劳务的提供部门降低成本缺乏激励作用。

（2）实际成本加成法是在实际成本的基础上加上一定的利润作为内部转移价格。这种方法的优点是能够让提供中间产品的部门取得一定的利润，适用于各成本中心相互转移产品或劳务时确定价格，其缺点是转移价格包含了实际成本，成绩和缺陷转嫁现象不能消除，无助于调动提供部门降低成本、增加利润的积极性，而加成的高低具有主观随意性，影响双方经营业绩的正确评价。

（3）标准成本法是以各中间产品的标准成本作为其内部转移价格。这种方法最大的优点是将管理和核算工作结合起来，可以避免成绩和缺陷转嫁现象的发生，使责任分明，能调动双方的积极性。

（4）变动成本法是以变动成本作为内部转移价格的一种方法。这种方法的优点是符合成本性态,能够明确揭示成本与产量的关系,便于考核各责任中心的工作业绩,有利于企业和各责任中心进行生产经营决策。其缺点是不包含固定成本,不能反映劳动生产率的变化对单位固定成本的影响,割裂了固定成本与产量之间的关系,不利于调动各责任中心增加产量的积极性。变动成本法主要适用于采用变动成本法计算产品成本的成本中心。

二、内部结算制度的设计

只有建立以内部转移价格为基础的内部结算制度,才能及时、准确地反映各责任中心之间的相互联系和责任关系。内部结算制度的形式有很多种,如内部转让通知单方式、内部托收承付结算方式、内部货币结算方式、内部银行支票方式等。各种结算制度的繁简程度不一,适合各种不同类型的企业和责任单位。因此,企业必须根据自身的实际需要进行选择确定。

(一) 内部结算方式的选择

企业各责任中心之间在发生经济往来时,可以将国家银行的结算方式有选择地引入企业内部,本着既能满足内部往来结算和资金管理的要求,又能简化结算工作的原则,来确定适合本企业特点的内部结算方式。从我国企业目前的情况来看,可以采用的内部结算方式主要有以下四种。

1. 内部支票结算方式

内部支票由企业内部银行或内部结算中心发行,仅限于企业内部使用。内部支票由付款方向收款方签发,收款方将支票送存内部银行,内部银行根据支票载明的金额,将款项由付款方账户划拨至收款方账户。内部支票一般分为存根联和正联两部分,存根联为付款方的付款依据,付款方根据支票存根及有关原始凭证编制付款凭证并据以登记账簿。正联由收款方送存内部银行并取得内部银行的入账通知单后,连同有关原始凭证编制收款凭证并据以登记账簿。内部支票应在有效期内使用,不准签发空头支票。内部支票结算方式能较好地保证双方利益,可以使收、付款双方当即结清款项,避免由于产品质量、价格等原因在结算过程中发生纠纷,影响责任中心正常的资金周转。因此,该种结算方式一般适用于收、付款双方直接会面发生经济往来业务的结算。

2. 内部委托收款结算方式

内部委托收款结算方式是收款方主动委托内部银行向付款方收取款项的结算方式。采用这种方式办理结算时,由收款方根据有关原始凭证填制内部委托收款结算凭证(一式三联),到内部银行办理收款手续。内部银行受理后,留一联作为记账依据,而将盖了章的内部委托收款结算凭证的收款通知联退回委托收款的责任中心,该责任中心可根据收款通知联及有关原始凭证编制记账凭证,并据以记账。付款方则根据内部银行转来的内部委托收款结算凭证的付款通知联及有关原始凭证编制记账凭证,并据以记账。该种结算方式一般适用于收、付款双方有固定往来业务,而且不易发生争执的结算。

3. 内部委托付款结算方式

内部委托付款结算方式是一种付款方委托内部银行主动向收款方付款的结算方式。采用这种方式办理结算时,由付款方根据有关原始凭证填制内部委托付款结算凭证(一式三联),到内部银行办理付款手续。内部银行受理后,留一联作为记账依据,而将盖了章的内部委托付款结算凭证的付款通知联退回委托付款的责任中心,该责任中心可根据付款通知联及有关原始凭证编制记账凭证,并据以记账。收款方则根据内部银行转来的内部委托付款结算凭证的收款通知联及有关原始凭证编制记账凭证,并据以记账。该种结算方式是一种由付款方起主导作用的结算方式,办理款项划转时一般不事先通知收款方,主要适用于上缴内部利润及其他业务收入、下拨款项等业务的结算。

4. 厂币结算方式

厂币是企业内部银行发行的"货币"。各责任中心在采用厂币结算方式办理结算时,应由付款方向收款方直接支付内部货币。厂币只是企业内部各责任中心进行往来结算的支付手段,不能作为会计凭证使用。因此,经济业务发生后,各责任中心还必须取得有关原始凭证,并根据原始凭证编制记账凭证,登记账簿采用此种结算方式,不仅可以免去结算过程中填制内部银行结算凭证的过程,简化结算手续,而且可以形象直观地反映各责任中心的资金运动。但由于厂币携带、清点和保管不方便,该种结算方式通常只适用于各责任中心之间小额、零星的结算。

三、责任会计核算方法的设计

企业责任会计核算是责任会计设计的一个重要环节,责任会计核算是以责任中心为对象,对其经营活动所进行的日常记录与反映。企业在设计责任会计制度时,可根据自身具体情况选用以下两种会计核算模式。

1. 双轨制核算模式

双轨制核算模式是指责任会计系统独立于财务会计系统之外的一种核算模式。财务会计系统是按照国家统一的会计制度的要求设置账簿,以满足外部报表使用者了解企业一定时期财务状况和经营成果为目的而进行的核算;责任会计系统则是按照责任会计的要求,为满足企业内部需要,就各预算执行主体的预算目标实现情况,如责任成本、责任利润等进行的核算。两者的核算内容和核算形式均没有直接联系。

以双轨制方式进行责任会计核算时,企业应根据各责任中心的责任内容分别设置账簿,如针对各成本费用中心分别进行责任成本的记录和核算,计算各责任中心的可控成本或责任成本的差异,反映其责任成本预算目标的执行。在实行双轨制核算模式时,企业完全可以按照预算系统运行的要求进行核算而不受国家会计制度的制约,具有较大的灵活性,它有利于及时反馈责任会计信息,更好地保证预算调控职能的发挥。因此,该种模式便于理解、易于操作。但由于设置两种会计核算系统必将导致大量的重复劳动、增加核算工作量,而且容易导致两种核算之间的信息冲突,加大内部管理者对信息理解与利用的难度。

2. 单轨制核算模式

单轨制核算模式是指将责任会计核算纳入财务会计核算体系之中,使两者合二为一,仅需设置一套账簿同时进行财务会计与责任会计核算的模式。例如,各成本中心既要计算责任成本,又要计算产品成本。采用单轨制核算模式时,一般以传统的产品成本核算体系为基础设置账簿,用以计算产品成本,然后在此基础上将各责任中心本期所发生的不可控费用剔除,以计算责任成本。责任成本的计算可通过编制调节表进行,也可在各成本中心的生产费用科目下设置"可控费用"和"不可控费用"明细科目,分别记录各成本中心的可控成本与不可控成本,并将其分别在各种产品之间进行分配:各成本中心当月的可控成本之和即为其实际责任成本,各产品的可控成本与不可控成本之和即为其实际产品成本。

单轨制核算模式免去了大量的重复工作,增强了产品成本和责任成本之间的信息联系,能够清晰地表明产量变动和成本控制水平对成本变动的影响,便于合理考核预算执行主体的工作业绩,能及时、有效地提供预算管理的相关信息,具有更强的实用性。

四、设计责任考评制度

责任考评是责任会计的一项重要工作,其主要职责是利用责任中心编制的责任报告对责任中心各项责任预算的执行结果进行分析与评价,总结成功的经验,揭示存在的问题与不足,并给予合理的奖惩,从而进一步加强管理,提高经济效益。责任考评制度的设计包括责任考评指标和奖惩办法两方面。

(一)责任考评指标的设计

由于责任考评指标具有驱动性,企业在设计责任考评指标时,必须考虑该指标可能导致的行为后果。例如,如果以利润的实现作为考核利润中心的唯一指标,则可能造成利润中心的"短期行为"。因为利润中心的员工一旦知道他们的报酬与利润的实现紧密相关的话,就会不惜一切代价追求利润的最大化。例如,减少广告支出、延缓固定资产的购入等开支对于企业的长远发展来说,可能是十分必要的。又如,成本中心若单纯以成本节约作为考核指标,则可能导致工作效率及工作质量的下降。因此,责任中心的考评指标不应当单纯采用传统的财务指标,而必须将财务指标与非财务指标有机结合起来,促使各责任中心不仅关心自身短期利益的实现,而且关注企业的长远发展。

(二)奖惩办法的制定

企业在对各责任中心的责任预算完成情况进行全面分析之后,应当对其工作成果作出科学、合理的评价,并将其责任预算执行结果与经济利润挂钩,给予适当的奖励或惩罚。奖惩的办法可视具体情况而定。例如,企业可以采用百分制综合奖惩的办法,即将责任中心的各项责任预算执行结果换算成分值(其中主要责任预算的分值应相对高一些),并制定加减分的计算办法,然后综合计算责任中心的总得分,根据分值确定责任中心的奖金总额;也可以采用直接奖惩的办法,即规定各项责任预算完成应得的奖金额,以及超额完成责任预算或未完成责任预算应当增加或扣除的奖金,然后根据责任中心的各项责任预算执行结果汇总确定奖金总额。总之,在制定奖惩办法时,要合理公正、奖惩分明。

第四节 责任会计报告的设计

一、责任会计报告的设计要求

(一) 内容系统

责任会计制度要求以按责任中心编制的责任预算为起点,对预算的执行情况进行系统的记录、计量,按期编制责任报告,对责任中心进行考核。责任报告要能够系统地反映企业内部经济活动的全貌,在不同层次的责任中心编制不同的责任报告,其详细程度应根据各责任中心管理人员的管理需要来调整。因此,各企业责任报告的内容会不尽相同,但必须以最低的责任层次为起点,将责任报告逐级汇总(如成本中心的从班组到车间),直至向企业最高管理层的报告,形成企业的一个责任报告系统。

(二) 信息相关

它要求责任会计报告所披露的信息必须与所要报告的管理者需要相关。一方面,它能够提供该层管理人员所能控制的因素,并能提供对责任预算指标有影响的指标;另一方面,要保持指标的形成具有清晰的逻辑层次。同时,还要以文字形式提出需要管理当局引起特别注意的地方。

(三) 形式灵活

由于责任会计报告是对各责任中心的责任履行情况所作出的专门报告,在将责任预算、实际执行情况及其产生的差异用报表列示的同时,还必须对重大差异予以分析,查找原因,并作出说明或提出改进建议。可见,与财务会计的财务报告不同,责任会计报告是企业的一种内部报告,它必须根据管理当局的需要进行灵活多样的设计。除了编制报表,责任会计报告还必须采用数据分析、文字说明等方式进行编制。

二、责任会计报告的种类及格式

责任会计报告按不同的标志可以有多种不同的分类。但责任中心是责任会计的报告主体,责任会计报告按不同类型的责任中心分类并进行设计是最重要的。下面就不同类型责任中心的责任报告格式和内容分别加以说明。

（一）成本中心的责任报告

成本中心的责任报告应主要反映其责任成本的预算额、实际额及其差异额，并按成本或费用项目分别列示。采用不同成本计算方法的责任中心，其责任报告的成本或费用项目也不相同。表7-2是采用变动成本法编制的成本中心责任报告。

表7-2　　　　　　　　　　　　成本中心责任报告

编制单位：　　　　　　　　　　　　　年　月　日　　　　　　　　　　　　　金额单位：

项目		本期预算额	本期实际额	差异额	差异率	备注
可控成本						
变动成本	直接材料					
	直接人工					
	变动制造费用					
	其他变动成本					
固定成本	固定制造费用					
	其他固定成本					
责任成本合计						
不可控成本						
成本合计						

通过成本中心的责任报告，可以了解成本中心责任成本预算的完成情况和产生差异的原因，有助于对成本中心进行控制，并据此对各成本中心的业绩进行考核。

（二）利润中心的责任报告

利润中心的责任报告主要反映其责任利润的预算额、实际额和差异额，并按利润的形成过程分项列示。其一般格式如表7-3所示。

表7-3　　　　　　　　　　　　利润中心责任报告

编制单位：　　　　　　　　　　　　　年　月　日　　　　　　　　　　　　　金额单位：

项目	本期预算额	本期实际额	差异额	差异率	备注
销售净额					
减：变动成本					
变动生产成本					
变动销售费用					
变动成本合计					
贡献毛益					

(续表)

项目	本期预算额	本期实际额	差异额	差异率	备注
减：可控性固定成本					
责任中心可控利润					
减：不可控固定成本					
营业利润					

利润中心的利润差异较大时，应在责任报告中进行分析并进行说明。通过利润中心的责任报告，可以了解利润中心的销售、成本等情况，分析影响责任中心目标利润完成的主要原因，并据以对利润中心的工作业绩进行评价。

（三）投资中心的责任报告

投资中心的责任报告主要反映投资利润预算完成情况，包括责任利润预算的完成情况、责任投资收益率和资产周转率等指标的完成情况。其一般格式如表 7-4 所示。

表 7-4   投资中心责任报告

编制单位：   年 月 日   金额单位：

项目	本期预算额	本期实际额	差异额	差异率	备注
销售净额					
减：变动成本					
变动生产成本					
变动销售费用					
变动成本合计					
贡献毛益					
减：可控性固定成本					
分部可控利润					
减：不可控固定成本					
分部营业利润					
资产平均占用额					
资产周转率					
销售利润率					
投资收益率					

在投资中心的责任报告中，应对投资收益率预算的完成情况、影响投资收益率变动的原因进行重点分析。

复习思考题

1. 责任会计制度设计的原则是什么?
2. 责任中心设计的原则是什么?
3. 责任中心有哪几种形式?
4. 如何编制责任会计报告?
5. 责任会计的核算模式有哪两种?各适用于什么单位?
6. 内部转移价格的设计原则是什么?
7. 责任会计报告体系的设计的基本要求有哪些?

课堂结账测试

班级_____ 姓名_____ 学号_____ 日期_____ 平时分_____

一、单项选择题（每小题6分，共30分）

1. 责任会计产生的直接原因是(   )。
   A. 行为科学的产生和发展   B. 运筹学的产生和发展
   C. 分权管理   D. 跨国公司的产生
2. 只考核责任中心成本和费用的责任中心是(   )。
   A. 投资中心   B. 利润中心
   C. 客户服务中心   D. 成本中心
3. 责任会计和财务会计的相同之处是(   )。
   A. 会计主体   B. 会计报表
   C. 会计对象   D. 会计计量单位
4. 下列选项中，不属于利润中心负责范围的是(   )。
   A. 利润   B. 收入
   C. 成本   D. 投资效果
5. 下列说法中，错误的是(   )。
   A. 成本中心对可控的成本或费用承担责任
   B. 利润中心既对可控的成本负责又对可控的收入和利润负责
   C. 投资中心只对投资效果负责
   D. 投资中心既对成本、收入和利润负责，又对投资效果负责

二、多项选择题（每小题6分，共30分）

1. 下列各项中，属于责任会计制度内容的有(   )。
   A. 设置责任中心   B. 编制责任预算
   C. 提交责任报告   D. 评价经营业绩
2. 责任会计报告的种类通常有(   )。
   A. 成本中心会计报告   B. 投资中心会计报告

C. 利润中心会计报告　　　　　　　　D. 管理中心会计报告

3. 下列选项中,属于建立责任会计制度应遵循的原则有(　　)。
   A. 责任主体原则　　　　　　　　　B. 目标一致原则
   C. 可控性原则　　　　　　　　　　D. 激励原则

4. 制定内部转移价格的作用主要表现在(　　)。
   A. 有助于目前划分责任中心的经济责任
   B. 有助于责任中心的业绩考核建立在客观、可比的基础之上
   C. 有助于调动企业内部各部门的生产积极性
   D. 有助于制定正确的经营决策

5. 责任中心成本与产品成本的不同之处有(　　)。
   A. 产品成本是按产品计算,责任中心成本是按责任中心计算
   B. 产品成本是谁受益、谁承担,责任中心成本是谁负责、谁承担
   C. 产品成本为考核不同产品的盈利性提供客观依据,责任中心反映责任预算执行情况
   D. 从理论上说,某一个期间,企业的产品总成本不等于企业的责任中心成本的总和

三、判断题(每小题5分,共40分)

1. 利润或投资中心之间相互提供产品或劳务,最好以市场价格作为内部转移价格。
   (　　)
2. 在一定的时空条件下,可控成本与不可控成本可以实现相互转化。　(　　)
3. 通常利润中心被看成是一个可以用利润衡量其业绩的组织单位。因此,凡是可以计算出利润的单位都是利润中心。　(　　)
4. 成本中心实际发生的责任成本大于其责任成本预算的差异是有利差异。(　　)
5. 一般来讲,成本中心之间相互提供产品或劳务,最好以"实际成本"作为内部转移价格。
   (　　)
6. 投资中心在责任中心的最高层次,具有最大的决策权,要求投资利润率最大化。(　　)
7. 投资中心主要考核指标中的剩余收益,不会造成投资中心的局部目标与企业整体目标相背离。
   (　　)
8. 内部转移价格是指企业内部有关部门之间相互转移产品和提供劳务的结算价格。
   (　　)

第八章　会计政策及其选择

知识导航

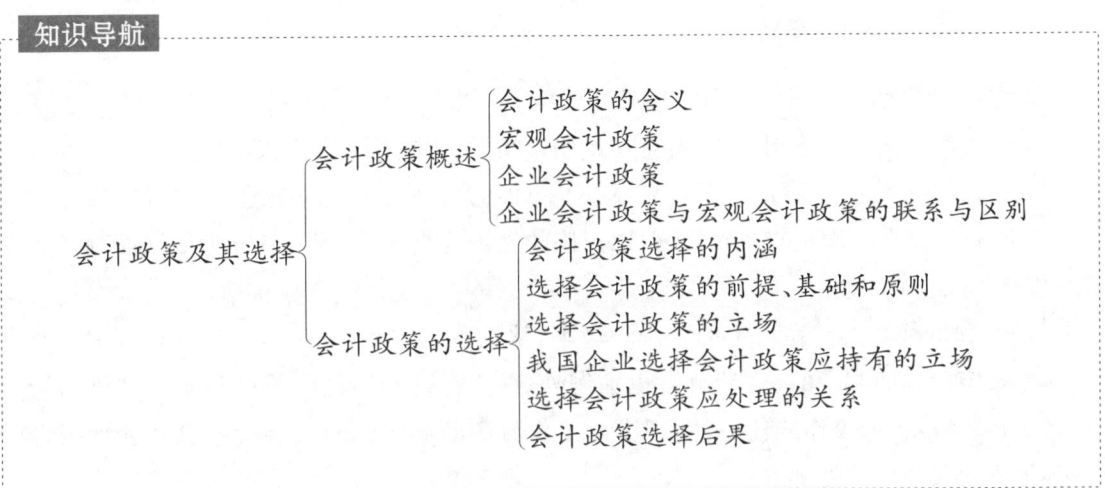

学习目标

1. 明确我国企业选择会计政策应持有的立场,掌握选择会计政策需要处理的关系
2. 掌握会计政策选择的原因
3. 了解会计政策、宏观会计政策和企业会计政策的含义
4. 区分宏观会计政策和微观会计政策的联系和区别
5. 掌握会计政策选择理论和方法

寓德于教

我国财政部门坚持以习近平新时代中国特色社会主义思想为指导,弘扬伟大建党精神,坚持稳中求进工作总基调,完整、准确、全面贯彻新发展理念,加快构建新发展格局,认真贯彻落实"积极的财政政策要提升效能,更加注重精准、可持续"要求,加强财政资源统筹,实施新的组合式税费支持政策,兼顾稳增长和防风险需要,适当降低赤字率,合理安排债务规模,保证财政支出强度,优化支出重点和结构,推动财力下沉,持续改善民生,严肃财经纪律,着力稳定宏观经济大盘。

资料来源:界面新闻,2022-08-30,财政部:下一步将加大宏观政策调节力度,谋划增量政策工具,https://baijiahao.baidu.com/s? id = 1742553402155976955 & wfr = spider & for = pc。

试回答：企业会计政策的选择需要考虑宏观政策吗？

第一节　会计政策概述

一、会计政策的含义

政策一词包括以下三个方面的含义：

(1) 政策是某一主体制定的，有意识地用以指导、影响某一方面工作的产物。

(2) 政策有预定的目标，并通过主体某一方面的活动直接或间接地予以贯彻实施。

(3) 政策是介于理论与实践之间，以正确的理论为指导，以现实状况为依据而制定的准则、规章、方法和措施。

任何政策都是人们在一定的客观环境下，从主观愿望和目的出发，为达到一定目的或为实现一定目标而制定的，会计政策也不例外。一般认为，会计政策就是某一主体为指导会计工作、完成会计工作的任务、实现会计工作目的而制定的有关会计核算和会计报告的具体原则与具体会计处理方法。

关于会计政策的理解，目前因政策制定主体不同有如下两种观点。

1. 企业主体观

企业主体观认为企业是会计政策的制定主体，较具代表性的解释是1975年1月公布的《国际会计准则第1号——会计政策的说明》中对会计政策的表述：会计政策，包括在编制会计报告时，管理人员所采用的原则、基础、惯例、规则和程序，即使是对同一题目，在使用中也有许多不同的会计政策，需要根据企业的具体情况选用最能恰当地表明其财务状况和经营成果的政策。

企业主体观强调企业在会计政策制定中的自主权，认为企业是生产经营的主体，会计政策的制定是企业自己的事情，企业有完全和充足的理由制定适用于自己的会计政策，无需他人干涉。从某种程度上讲，如果我们站在强调会计职业自律的角度，该观点确实有一定道理，因为对于强调会计职业自律的国家来讲，只有被企业接受的会计规范才能发挥作用。但从国民经济运行的全局出发，会计事务并非完全是企业自身的事情，会计工作秩序的好坏和工作质量的高低，会直接影响到整个国民经济的运行状况，甚至会影响到国家、社会的安定和政治的稳定。这种完全忽视国家政府机关或权力机构在会计管制中的作用的观点是不可取的。

2. 双层主体观

双层主体观强调国家的会计政策应是一个由上下两个层次构成的完整的系统，上层为由国家或有权制定会计政策的机构制定的会计政策，我们可以称为国家会计政策或宏观会计政策;下层为由企业在国家或有权制定会计政策的机构制定的会计政策指导和约束下制定的适合于企业具体情况的会计政策,我们可以称为企业会计政策或微观会计政策。

正确理解会计政策的层次性,有利于我们对会计政策的正确运用。企业在进行会计政策选择时,要坚持多元立场观,并妥善处理好中立与倾向、稳定与调整以及成本与效益之间的关系。

双层主体观认为会计政策的制定主体包括有权制定会计准则的权力机关和企业两个主体。较具有代表性的解释是美国财务会计准则委员会在1980年5月发表的《会计信息质量特征》专辑中所指出的:人们所做的各种会计抉择至少有两个层次,第一个层次是本委员会所作的抉择,或其他有权作出规定的机构所做的决策,要求企业按照某些特定的方法提供报告,或者从反面来规定,禁用他们认为不适当的方法;第二个层次是各种抉择还在个别企业这一层次中作出,随着公布的会计准则越来越多,个别企业抉择的范围不可避免地会变得越来越窄。但是编制报告的企业在会计上总是有许多决定要做的,包括未颁布会计准则时,在各种可行方法中选用一种,或在奉行准则时,在各种允许方法中做一抉择,不仅现在如此,将来也会如此。

从一些西方国家成立的由会计职业团体和利益集团代表所组成的会计准则委员会来看,其制定和发布会计准则的目的也是规范企业会计工作,以最大限度地减少由企业自行制定会计政策所带来的种种问题,提高企业会计信息的有用性。因而,撇开上层干涉,片面强调企业对会计政策的决定权是不现实的。

近些年,一些国家已改组了会计准则的制定机构,逐步确立了政府部门在会计准则制定机构中的地位,或政府部门越来越多地参与会计准则的制定;有的国家通过设立会计准则的审查机构,审定民间机构制定的会计准则,以增强其法律效力,约束企业会计政策选择的空间和范围。这足以说明这些国家在逐步加强政府对企业会计工作的监管力度,片面强调企业对会计政策制定的自主权是不符合时代潮流的一种观点。此外,对于由国家政府机关对会计进行管制与立法的国家(如中国、日本、法国和德国)来讲,由于任何会计规范自颁布之日起就具有法律效力,企业只能在国家会计规范的指导和约束之下进行选择,无权超越国家会计规范去自主抉择。

综合上述分析,我们认为,双层主体观是目前比较符合现实环境和会计发展趋势的一种观点。

二、宏观会计政策

宏观会计政策是指由国家政府机关或有权制定会计政策的机构,在现实的政治、经济、法律环境下,对企业进行会计核算与编制会计报表所应遵循的会计原则和所应采用的具体会计处理方法作出的规范。一般由国家政府机关或有权制定会计准则的权力机构通过会计制度或会计准则予以发布。它体现的是国家意志,具有可选择性、适用性、指导性和约束性等特点,尤其是由国家政府机关制定、发布的会计政策,更具有法律约束力。考虑到宏观会计政策的地位和作用,任何一个国家的宏观会计政策都应做到既要具有现实性,同时又必须有一定的前瞻性和先进性,以避免政策的朝令夕改。

  宏观会计政策中所指的会计原则是指某一类会计业务所应遵循的特定原则,而不是笼统地指所有的会计原则。谨慎性原则、重要性原则、实质重于形式原则、客观性原则、及时性原则、历史成本原则等属于会计核算的一般原则,不属于特定会计原则。会计核算的一般原则不属于宏观会计政策,因为它是为了满足会计信息质量要求而进行的统一规定,企业必须遵守,没有选择余地。宏观会计政策中所指的具体会计处理方法是指对某一类会计业务所允许使用的各种会计处理方法,如果对某一类会计业务的处理只存在一种具体处理方法,则不能称其为宏观会计政策。所以说,可选择性应是宏观会计政策的首要特点。宏观会计政策的主要类型有如下几项:

  (1) 合并政策。它是指编制合并会计报表所采纳的原则。例如,母公司与子公司的会计年度不一致的处理原则、合并范围的确定原则,以及母公司和子公司所采用会计政策是否一致等。

  (2) 外币折算政策。它是指外币折算所采用的方法以及汇兑损益的处理。例如,外币报表折算是采用现行汇率法,还是采用时态法或其他方法。

  (3) 收入确认政策。它是指收入确认的原则。例如,建造合同是按完成合同法确认收入,还是按完工百分比法或其他方法确认收入。

  (4) 存货政策。它是指企业存货的计价方法。例如,企业的存货是采用历史成本法,还是采用成本与市价孰低法;对历史成本法是采用先进先出法,还是采用其他允许的计价方法,如具体辨认法、移动加权平均法、月末一次加权平均法等。

  (5) 周转材料摊销政策。它是指包装物和低值易耗品的价值转移方法。例如,包装物的摊销是采用一次摊销法,还是采用分次摊销法,或是采用五五摊销法。

  (6) 坏账损失政策。它是指坏账损失的具体会计处理方法。例如,企业在计提坏账准备时,是采用应收账款余额百分比法,还是采用账龄分析法。

  (7) 长期股权投资核算政策。它是指长期股权投资的具体会计处理方法。例如,企业对被投资单位的股权投资是采用成本法,还是采用权益法。

  (8) 固定资产折旧政策。它是指固定资产折旧的会计处理方法。例如,企业对固定资产计提折旧费时,是采用直线折旧法,还是采用加速折旧法;如采用加速折旧法,是采用双倍余额递减法,还是年限总和法等。

  (9) 借款费用政策。它是指借款费用的处理方法。例如,企业的借款是采用资本化的方法,还是采用费用化的方法。

  (10) 资产减值准备政策。它是指存货、固定资产项目在会计期末计提减值准备时所采用的方法。例如,对于存货项目,国家规定采用成本与市价孰低法予以期末计价、但企业在具体计算时是按投资总体计算,还是按存货类别或是单项存货计算。

三、企业会计政策

相对于宏观会计政策而言,企业会计政策也可以称为微观会计政策,是指在宏观会计政策的指导和约束下,企业根据自身情况所选择的适合于本单位使用、有利于最恰当地反映本单位财务状况和经营成果的会计政策。各单位由于所面临的内外部环境不同,所选择的会计政策不可能是一样的,即使是同一企业,由于在不同经营时期所处的内外部环境、经营策略和经营目标不同,会计政策也可能是不一致的。企业会计政策的选择既要受到宏观会计政策的约束,随宏观会计政策的改变而变更,又要受本单位经营环境、经营策略和经营目标的影响。当原有的会计政策不再能够最恰当地反映企业的财务状况和经营成果时,企业就应在不违反宏观会计政策的前提下,变更原有会计政策,去选择能够最恰当地反映企业财务状况和经营成果的新会计政策。总之,我们既要强调企业会计政策的相对稳定,又要允许企业在原有会计政策不能最恰当地反映其财务状况和经营成果时予以更正。

四、企业会计政策与宏观会计政策的联系与区别

(一) 企业会计政策与宏观会计政策的联系

(1) 宏观会计政策是企业会计政策的指导和规范。为企业会计政策提供了可供选择的领域和范围,而企业会计政策是宏观会计政策的具体化,只有被企业选用的会计政策,才能发挥作用。

(2) 两者所规范的都是有关会计核算与会计报表编制方面的具体会计原则和会计处理方法。

(3) 两者所要达到的最终目的是一致的,都是为了能够最恰当地反映企业的财务状况和经营成果,保证会计信息质量,提高会计信息的决策有用性。

(二) 企业会计政策与宏观会计政策的区别

1. 制定政策的主体不同

宏观会计政策的制定主体是国家政府机关或有权制定会计政策的其他机构,而企业会计政策的制定主体是企业。

2. 作用范围不同

宏观会计政策作用于一个国家或地区的所有企业单位或经济组织,而企业会计政策仅仅适用于一个企业。

3. 可选择性不同

宏观会计政策必须具有可选择性,否则,不能称其为宏观会计政策;而企业会计政策不具有可选择性,也就是说,企业的会计政策必须明确具体,一个企业对某一类会计业务,只

能选用一个会计政策,不能出现对同一会计业务有两个和两个以上会计政策并存的现象。

4. 目标侧重点不同

宏观会计政策侧重于提高所有企业会计信息的质量,强调不同企业之间会计信息的可比性,对于由政府制定宏观会计政策的国家而言,则以国家利益为重;而企业会计政策主要关注企业自身会计信息的质量,侧重于所选会计政策能否更恰当地反映本企业的财务状况和经营成果,能否使本企业受益,能否以企业利益或经营者利益为重。

5. 制定会计政策的依据不同

宏观会计政策的制定要考虑国家的各项财经政策、法律和法规,要做到与有关财经方针、政策相吻合、相协调;而企业会计政策的制定仅仅是在宏观会计政策范围内进行选择,一般无需考虑上述因素,它所关注的是哪项会计政策对企业最为有利。

第二节　会计政策的选择

一、会计政策选择的内涵

会计政策选择,顾名思义就是针对目前已有的会计政策法规和理论方法,在这其中进行选择。当前我国的会计政策可分为强制会计政策和可选择性的会计政策,强制性的会计政策就是企业没有选择的余地,必需按照相关的会计法律法规的规定来选择的会计政策,最能够表现强制性会计政策的当属企业会计核算的基本原则。而在当前的会计制度规定下,企业可以根据自身的需要来对相关的会计政策进行选择,这类政策多为企业在相关核算中的具体方法,如计提应收账款坏账准备、存货成本计价、固定资产计提折旧和长期股权投资等的核算方法。

二、选择会计政策的前提、基础和原则

(一)选择会计政策的前提和基础

一个国家或一个地区,其宏观会计政策是否具有可选择性、是否赋予企业会计政策的选择权,是会计政策选择存在的前提和基础。而一个国家或地区的会计规范是否给企业留有自主选择会计政策的余地,是否允许企业选择会计政策,在很大程度上与该国家或该地区的经济管理体制密切相关。

在高度集中的计划经济管理体制下,一方面,由于国家对企业实行全方位的集中统一领导、管理、考核,并统一评价企业的经营业绩,在会计事务中,国家负责制定内容详尽具体的会计法规制度,在会计事项的处理方法上,国家一般只允许企业采用一种具体的会计处理方法,基本不给企业留有任何选择的余地,企业必须无条件地遵照执行。另一方面,由于

企业无独立的生产经营和筹资的自主权,企业的供、产、销一律按照国家计划进行,且企业并不是完全意义上的市场主体,只是国家宏观计划的执行者,无需制订自己的经营计划和经营目标,也就没有选择会计政策的主观要求和积极性。

市场经济体制的建立,改变了国家与企业之间的关系,企业成为独立核算、自主经营、自负盈亏的经营者和管理者,具有完全的生产经营和筹资决策自主权,企业如何经营、采用何种筹资方式筹集资金、筹集多少资金完全由企业自己决定,国家不再直接干涉企业的生产经营活动,不再对企业实施行政管理,只能通过制定各种法规指导和约束企业的经营行为,只要企业能够依法经营、照章纳税,国家是无权干涉的。国家与企业之间的这种关系反映在会计问题上,客观上要求国家应改变传统的做法,实现会计规范从强制型向指导型转化,增加国家会计政策的选择范围,为企业制定会计政策创造宽松的环境,使企业能够从自身情况出发,建立适合企业需要的财务管理制度和会计核算制度,以充分发挥企业生产经营和管理的自主权。

尤其是进入20世纪90年代以来,随着世界经济一体化格局的形成,企业所面临的经济形势更是复杂多变,市场竞争更加激烈,对企业会计工作的要求更多也更高。从某种程度上讲,企业能否抵御来自国内和国际的风险与压力,能否在激烈的市场竞争中立于不败之地,国家宏观会计政策的制定将起到十分重要的作用。因此,在市场经济体制和当前的客观经济环境下,宏观会计政策的制定不仅是必需的,而且是必要的。在具体制定我国的宏观会计政策时,国家不仅应考虑我国的国情,使之具有中国特色,做到松而不散,管而不死,而且还应考虑在不影响国家利益的前提下,尽量与国际会计惯例相协调。这就是说,市场经济体制为企业选择会计政策提供了客观条件。那么,从企业角度考虑,企业有无自主制定会计政策的主观要求和积极性呢?

企业经营自主权的扩大,加大了企业的经营风险,拓宽了企业的经营领域和业务范围,也扩展了企业会计活动的范围,充实了企业会计业务的内容。但是,由于各个企业的经济实力、经营理念和经营目的不同,所涉及的具体业务也不一样。例如,有的企业不仅涉及国内贸易,而且涉足国外贸易;有的企业是单一化经营,而有的企业则是综合性经营;有的企业仅有国内投资,而有的企业则进行跨国经营等。经营业务的不同,又导致各企业对会计政策的需求和制定的出发点也不一样,所以国家很难制定出同时满足各企业需要的会计政策。此外,企业经营自主权的扩大、企业会计活动范围的拓宽和会计业务内容的充实,也提高了企业对会计工作的要求,改变了会计工作的目标。会计不再是仅提供历史数据的报账型会计,其必须贯穿于企业经营活动的全过程,对企业的经营活动进行全方面、多角度、多层次的反映和监督,既要发挥其事后反映的功能,又应充分发挥其事前分析、预测和决策的功能及事后考核评价的功能。会计所提供的历史数据,必须能够最恰当地反映企业的财务状况和经营成果,以满足企业内外部利害关系,集团对会计信息的需求,妥善处理企业与各利害关系人的经济关系、实现会计从传统的报账型向管理型的转变。这一切都决定了企业会计必须寻求和选择有利于恰当反映企业经营情况、全面满足企业会计工作要求、正确处理企业与各方面经济关系且切实可行的会计政策。

（二）选择会计政策应遵循的原则

1. 合法和合规性原则

会计政策选择是企业在宏观会计政策的指导和约束下进行的，不能超越宏观会计政策的规范范围。因此，企业在选择会计政策时，必须符合宏观会计政策的要求。

2. 适用性原则

企业选择会计政策的目的是使会计信息能够最恰当地反映企业的财务状况和经营成果，因此，企业在进行会计政策选择时，必须从企业自身情况出发，从企业当前面临的经济环境、所制定的经营目标和所建立的经营理念出发。

3. 成本效益原则

会计政策实际上就是具体会计事务中所应用的核算原则、程序和方法，制定会计政策的目的是能够最恰当地反映企业的财务状况和经营成果。向信息使用者提供决策所需要的会计信息。因此，企业在选择会计政策时，应权衡会计信息的提供成本与效益之间的关系，避免因盲目追求会计信息的质量而忽视信息提供成本，也要避免过分强调降低成本而忽视会计信息质量等偏激行为，力争做到在不影响会计信息有用性的前提下，尽量选取成本较低的会计政策。

4. 相对稳定原则

企业会计政策是指导企业会计工作的具体原则、程序和方法，是为了保证企业会计信息的可比性，使会计报告的使用者在比较企业不同会计期间的会计信息时，能够正确判断企业的财务状况、经营成果和现金流量的趋势而制定。一般情况下，企业应保持会计政策在不同会计期间的连续性，不应也不能随意变更会计政策；否则，既会使会计信息失去可比性，给信息使用者带来困难，影响其正确决策，又容易导致企业利用会计政策随意操纵利润，从而使会计信息缺乏可靠性。但必须指出，强调会计政策在前后会计期间的一致性，并不完全否定会计政策的变更，因为，经济环境是复杂多变的，当国家法律或会计制度发生变化，或会计政策的变更有利于提供有关企业财务状况、经营成果和现金流量等更可靠、更相关的会计信息时，企业应及时变更会计政策。

三、选择会计政策的立场

选择会计政策的立场，是指企业站在哪个利益集团的角度选择会计政策。在现代企业里，相关的利益集团主要有投资者、经营者、债权人、国家财政和税务部门、金融机构以及职工等，他们所追求的利益各不相同，对企业会计信息的要求也不一样。

会计政策的选择对于正确处理企业与各利益集团的经济关系、协调经济矛盾、分配经济利益起着十分重要的作用，对同一会计事项的处理，往往因选择的会计政策不同而产生不同的甚至是相反的会计结果,从而影响到各利益集团的经济利益。例如,按照稳健原则,采用加速折旧法计提固定资产折旧,使用备抵法处理坏账损失,使用成本与市价孰低法确定期末存货的价值,在物价上涨时采用后进先出法计算期末存货发出成本等,就会减少企业当期的应纳税所得额,减少国家的税收和投资者的收益。如果企业此时有准备上市、增发股票或发行企业债券的筹资计划,还会因利润额的下降而影响其筹资计划的落实,从而影响企业的利益。

因此,会计政策的选择绝不是一个简单的会计问题,也不仅仅是会计部门或会计人员的事情,企业内部各权力层都与之密切相关,选择正确的会计政策需要各职权部门的大力协作与密切配合。此外,由于会计信息是各利益集团进行决策的主要依据,不同的会计政策下产生的会计信息还可能导致各利益集团做出不同的决策。例如,在通货膨胀时期,采用先进先出法确定期末存货发出成本,很可能使投资者认为企业的盈利能力强,而向企业投入资本;反之,采用后进先出法或成本与市价孰低法进行计量,则可能会使投资者改变投资方向。因此,各利益集团在使用会计信息时,必须搞清企业选择会计政策的立场,以防决策失误。

同样,企业在选择制定自己的会计政策时,也应明确所持立场,以保证会计信息的透明度和清晰性,从而有效地为信息使用者服务。

选择是带有一定的倾向性的,何况会计政策的选择又涉及多方利益集团的利益。基于现代企业所涉及的利益集团,会计政策的选择立场可分为五种类型。

1. 投资者立场

投资者立场是以企业投资者或公司股东为主要考虑对象,服从投资者利益,以投资者或股东的投资收益最大化为选择会计政策的出发点和目标。一般在企业社会资金紧张、以社会筹资为主要筹资方式时较多采用。

2. 经营者立场

经营者立场是以经营管理者为主要考虑对象,立足于解除经营者的受托责任而选择会计政策、在经营者由行政指派,且经营者的报酬和其个人发展前途与上报利润数字有密切关系的情况下较多采用。

3. 国家立场

国家立场是以国家利益为主要考虑对象,选择有利于满足国家税收要求、扩大税源、增加国家财政收入的会计政策,一般在国家控制企业会计事务,且国家财政吃紧、税收任务较重时较多采用。

4. 劳动者立场

劳动者立场是以企业职工利益为主要考虑对象,选择的会计政策将有利于增加企业职工的收入、提高职工的福利待遇,以调动企业职工的工作积极性,一般在劳动力短缺或劳资关系紧张时较多采用。

5. 企业立场

企业立场是以企业的生存和发展为主要考虑对象,立足于保存企业财务实力、减少企业经营风险、促进企业长期稳定发展而选择会计政策,这是兼顾各方利益的选择立场。

四、我国企业选择会计政策应持有的立场

每一种会计政策的选择立场都代表了某一方的经济利益,都有各自所适用的经济环境。考虑到国家会计规范不允许企业随意变更会计政策,企业只能根据自身实际情况和所处的内外部经济环境,确立某一立场,选择会计政策。

任何一项会计政策都很难做到兼顾各方利益,达到双赢或多赢,我们只能尽最大努力做到"突出重点,兼顾一般"。由于上述五种选择立场中,投资者立场、经营者立场、国家立场和劳动者立场,都是突出某一方的利益、而忽视其他利益集团的利益,都会或多或少地损害其他利益集团的经济利益,是不可取的。而企业立场,虽然从表面上看,是站在企业立场去选择制定会计政策。究其实质,却是反映了所有利益集团的根本利益。因为任何一个利益主体,其利益的最终实现都不可避免地要建立在企业长期稳定和持续发展的基础之上,撇开企业的生存和发展,去追求个别利益主体的经济利益是没有现实意义的,也是不会长久的,具体分析如下:

(1) 企业作为我国国民经济的基本组成单位,其经营水平的高低、经济效益的好坏、财务实力的强弱,不仅决定了企业自身的生存和发展,而且会直接影响到我国的经济形势,站在企业立场上选择会计政策,有利于提高企业经营管理水平,优化企业资源配置,增强企业财务实力,促进整个国民经济形势的好转。

(2) 现代企业制度的建立,虽然使企业成为自主经营、自负盈亏的市场竞争主体,但企业适应市场经济所必需的自我约束、自我发展的能力还不强,其竞争应变能力、风险承受能力还相当脆弱。站在企业立场上选择会计政策,将有利于扭转上述现象。

(3) 从当前我国企业的经营现状来看,虽然已有很多国有企业实行了股份制改造,也有一部分改制后的国有企业扭亏为盈,经济效益有了一定的提高,但和发达国家的股份制企业相比,我国企业无论是在经营管理水平上,还是在经营理念和经营战略上,都有很大的距离。我国企业的市场竞争能力、抗风险能力都还比较低。在准确把握经济形势、正确处理企业与各利益集团的关系上还不尽如人意。此外,我国的资本市场尚不完善,人才市场尚不规范,在这样的环境下,我国企业最好能够站在企业立场选择会计政策,这既有利于缓解各利益主体之间的矛盾,协调企业与各利益主体之间的经济关系,又有利于企业保存财务实力,集中精力应对各种各样的竞争和挑战,争取经济效益的最大化。

需要注意的是,坚持企业立场选择会计政策,从短期看,可能会影响国家的财政收入以及投资者和企业员工的收益,但从长远来看、企业将因此而保存了财务实力,改善了经营环境,提高了经济效益,会为国家、为社会提供更多的财源,投资者、经营者、国家、劳动者也会

获得更多的收益,这正是我国进行经济体制改革的方向和目标。所以说,坚持企业立场,是选择会计政策的正确思路,也是完全符合我国现实的明智之举。

五、选择会计政策应处理的关系

为保证按照企业立场所选择的会计政策,既能实现企业的持续稳定发展,又能得到与企业有关的各利益集团的理解和支持,企业在选择会计政策时,必须妥善处理以下几种类型的关系。

1. 中立性与倾向性的关系

站在企业立场选择会计政策,无疑会或多或少地伤及其他利益集团的经济利益,过分强调企业利益,将可能引发其他利益集团的反对,使企业出现危机,阻碍正常的生产经营,上市公司尤其如此。因此,如何合理把握倾向性与中立性的关系至关重要。

2. 稳定性与调整性的关系

会计政策既不能绝对稳定不变,也不能朝令夕改,只能在一定时期和一定环境下保持相对稳定不变。我国允许企业在国家法律或统一会计制度发生变动时,或变更的会计政策能够提供有关企业财务状况、经营成果和现金流量等更可靠、更相关的会计信息时变更会计政策。对于前一种原因,由于纯属客观原因,企业很好把握,但后一种原因纯属主观原因,完全依靠企业的主观判断,会使企业在变更时机的把握上有一定的难度。因为频繁变更会有操纵利润之嫌,墨守成规则可能导致会计信息失真,所以,企业必须妥善处理会计政策的稳定与调整之间的关系,企业在变更任何会计政策时都应严格遵守谨慎性原则、重要性原则和实质重于形式原则的要求。

3. 成本与效益的关系

企业选择会计政策的最终目的是提供能够最恰当地反映企业财务状况、经营成果的会计信息,保证会计信息的质量、满足各信息使用者的信息需求,一般而言,会计信息的提供受两个因素的制约:一是信息提供成本,企业必须解决好信息所产生的效益与信息提供成本之间的关系,避免因盲目追求会计信息的质量而导致会计信息提供成本太大的现象发生;二是误差,由于会计分期假设的存在,使得一些会计业务必须依靠职业判断来进行,还有一些会计业务不能取得精确值,只能取近似值,会计信息中是允许有一定误差的,只要这种误差不致扭曲企业的真实情况,不降低会计信息的使用价值,不影响决策的正确性就是允许的。正确理解会计信息质量的两个制约因素,有利于企业在制定会计政策时权衡信息提供的成本与效益,以免在一些会计政策的制定上争论不休,徒耗精力。

六、会计政策选择后果

会计政策选择的经济后果大致包括两方面的内容,即间接经济后果和直接经济后果。对会计政策选择不同,其所产生的经济后果也会有所不同。

企业根据自己所选择的会计政策来编制会计报告,而企业、政府、投资者和债权人在日常的决策时都会以会计报告作为决策行为的重要依据,而任何一项决策行为都会对企业相关利益人带来一定的影响。选择不同的会计准则及会计政策,最后所生成的会计信息也会有所差异,这就会导致不同利益集团的利益受到影响,有受益的,有损失的。

会计政策选择会引发间接经济后果,即不同会计政策生成的会计信息存在差异,将促使各行为主体调整其经济决策,进而影响市场竞争中相关方的经济利益。而直接经济后果主要表现在企业外部利益关系人在取得经济利益时都是以企业的会计报表作为重要的依据,而不同的会计政策指导下所形成的会计报告信息也会有所不同,这就会给不同利益相关人的经济利益带来较大的影响。

复习思考题

1. 会计政策的含义是什么?
2. 会计政策的选择遵循的原则是什么?

课堂结账测试

班级_____ 姓名_____ 学号_____ 日期_____ 平时分_____

一、单项选择题(每小题6分,共30分)

1. 会计政策一般包括( )。
   A. 国家会计政策　　　　　　　B. 行业会计政策
   C. 国际会计政策　　　　　　　D. 可选择性会计政策

2. 国家会计政策的首要特点是( )。
   A. 适用性　　　　　　　　　　B. 指导性
   C. 可选择性　　　　　　　　　D. 约束性

3. 企业会计政策与国家会计政策的最大差异是( )。
   A. 适用性　　　　　　　　　　B. 不可选择性
   C. 约束性　　　　　　　　　　D. 指导性

4. 下列各项中,属于企业会计政策变更的是( )。
   A. 使用寿命确定的无形资产的摊销年限由10年变更为6年
   B. 劳务合同完工进度确定方法由已经发生的成本占估计总成本的比例改为已完工作的测量
   C. 固定资产的净残值率由7%改为4%
   D. 投资性房地产的后续计量由成本模式转为公允价值模式

5. 下列各项中,属于会计政策变更的是( )。
   A. 固定资产折旧方法由年限平均法变更为年数总和法
   B. 无形资产摊销年限由8年变为5年
   C. 发出存货方法由先进先出法变为移动加权平均法
   D. 成本模式计量的投资性房地产的净残值率由5%变为3%

二、多项选择题(每小题6分,共30分)

1. 国家会计政策的特点一般应包括( )。
   A. 适用性　　　B. 指导性　　　C. 可选择性　　　D. 约束性

2. 选择会计政策的立场一般包括（　　）。
   A. 投资者立场　　　　　　　　　　B. 经营者立场
   C. 国家立场　　　　　　　　　　　D. 企业立场

3. 选择会计政策应处理好的关系，一般包括（　　）。
   A. 稳定性与调整性的关系　　　　　B. 中立性与倾向性的关系
   C. 成本与效益的关系　　　　　　　D. 经营者与投资者的关系

4. 下列关于会计政策及其变更的表述中，正确的有（　　）。
   A. 会计政策涉及会计原则、会计基础和具体会计处理方法
   B. 变更会计政策表明以前会计期间采用的会计政策存在错误
   C. 变更会计政策能够更好地反映企业的财务状况和经营成果
   D. 本期发生的交易或事项与前期相比具有本质差别而采用新的会计政策，不属于会计政策变更

5. 下列各项中，不属于会计政策变更的有（　　）。
   A. 固定资产折旧方法由年数总和法改为年限平均法
   B. 固定资产改造完成后将其使用年限由6年延长至9年
   C. 投资性房地产的后续计量从成本模式转换为公允价值模式
   D. 租入的设备因生产经营需要由经营租赁改为融资租赁

三、判断题（每小题5分，共40分）

1. 企业必须在国家会计政策允许的范围内选择会计政策，我国企业一定要站在投资者立场选择会计政策。（　　）

2. 会计政策选择是所有企业在设计会计制度时都必然会遇到的。（　　）

3. 对于比较财务报表可比期间以前的会计政策变更的累积影响数，应调整比较财务报表最早期间的期初留存收益，财务报表其他相关项目的金额也应一并调整。（　　）

4. 企业难以将某项变更区分为会计政策变更还是会计估计变更的，应将其作为会计政策变更处理。（　　）

5. 会计政策是企业在会计确认、计量和报告中所采用的原则、基础和会计处理方法。（　　）

6. 会计估计以最近可利用的信息或资料为基础，不会削弱会计确认和计量的可靠性。（　　）

7. 企业应当在会计准则允许的范围内选择适合本企业情况的会计政策，但一经确定，不得随意变更。（　　）

8. 按照会计政策变更和会计估计变更划分原则难以对某项变更进行区分的，应将该变更作为会计估计变更处理。（　　）